교육심리학

임채식 · 권숙진 · 류관열

Educational Psychology

태영출판사

머리말

우리 교육사회에서 그 동안 수많은 교육활동을 통하여 인간 행동을 변화시키기 위한 노력을 꾸준히 기울이고 있지만 여전히 효과적인 교육목표를 달성하는 일은 가르치는 교수자나 배우는 학습자나 같은 과제를 안고 있고 또한 고민을 하고 있다.

특히 학습자의 심리상태를 단계별로 정확히 파악하고 그들에게 적합한 교수-학습 체계를 구축하는 일은 무엇보다 중요하다. 그럼에도 불구하고 실질적으로 투입에 비하여 의도한 만큼 교육적 결과를 기대하기는 어려운 경우가 많다. 이는 교수자도 인간이고 학습자도 인간이기 때문이다. 인간은 수많은 특성을 가지고 있고 같은 상황이라도 학습결과는 다르게 나타나게 되는데 이는 유전적 요인이나 자라나온 환경이 각자 다르기 때문이다.

하지만 이렇게 다른 결과가 있다고 하여 과학적 연구 없이 쉽게 교수-학습활동을 전개할 수는 없다. 그 중에서도 가장 심각하게 고려해야 하는 사항이 학습자의 심리와 관련된 분야이다. 여기에는 많은 학자들이 교육심리학에 대한 원리나 법칙, 그리고 사실 등을 적절하게 활용해 보고 그 결과를 제시하고 있다. 따라서 그러한 많은 이론이나 원리, 법칙 등을 다 수록하여 교재를 집필하면 바람직하겠지만 너무나 방대한 내용이란 점을 간과하기는 어렵다. 그리고 학습자들이 교재내용을 일정기간 내에 소화하기가 만만치 않을 거란 점도 적지 않은 부담으로 작용하였다. 물론 필자의 능력도 이러한 점에 한계가 있기 때문에 현실적으로 강조되어지고 있고 또 교육현장에서 학습자들과 교수-학습과정에서 쉽게 적용될 수 있는 내용을 중심으로 집필하고자 하였다. 아울러 고려했던 점은 학습자 스스로가 편안하게 교재내용에 접근할 수 있도록 하는데 더 큰 비중을 두고 고민하며 집필하였다.

또한 이론들에 있어서도 새로운 이론들이 많이 제시되고 있는 실정이지만 가급적 교육현장에 익숙한 이론들에 중점을 두어 수록하였다. 이는 새 이론들에 대한 검증이나 교육현장과의 연계문제를 좀 더 연구한 뒤에 수록이 가능하다고 보았기 때문이다.

이 책은 총 16장으로 구성하였는데 이는 일부 장에서는 분량이 많아 한 장으로 정리하기에는 어려운 점이 있었고 그렇다고 해서 다른 장 속에 첨부하여 정리하기에도 다소 이질적인 내용이 아닌가 하는 부담이 있어서 장을 별도로 분리하였다는 점이고, 또 다른 점에서는 일반적으로 학교 현장에서 14~16주 수업한다는 점을 고려했기 때문이다. 그리고 14장 인성부분은 근래 교육부에서 교사양성기관에서 중점적으로 강조한 교육내용으로 강좌 배정 및 실시 여부를 중요하게 거론하기에 한 장으로 분리하여 집필하였다. 아울러 양해를 구할 점은 여러 저자들의 학문적 업적을 적절히 참고하여 기술하였지만 일부 참고문헌에서는 원저자들의 연구 내용을 적절하게 반영하지 못한 점이 미흡한 요소로 남아 있다는 점이다. 하지만 감사함으로 남는 것은 저자가 이 책을 집필하면서 더 많은 교육심리학적 지식을 쌓는데 큰 보람을 느꼈다는 사실이다.

필자 나름대로는 교육심리에 필요한 부분이 어떤 부분인가에 대해 많은 고민을 하고 집필하였지만 너무나도 부족한 점이 많다. 따라서 선후배분이나 이 책을 접한 분들께서 지적한 부분이 있다면 언제든지 그런 내용을 귀중한 자료로 여기면서 꾸준히 보완해 나갈 것을 약속드린다.

끝으로 이 책이 나올 수 있도록 많은 협조를 해 주신 태영출판사 김현태 사장님과 정성을 다하여 출판에 노력을 기울이신 출판사 관계자 여러분에게도 감사를 올린다.

2017. 7.

저자 씀

차 례

제1장

교육심리학의 기초

1. 교육심리의 의미
2. 교육심리의 영역
3. 교육심리의 연구방법

1. 교육심리의 의미

1) 교육과 심리학

교육이 인간형성의 과정이라는 점에는 이의가 없다. 하지만 교육을 단순하게 정의 내리기가 쉽지 않기에 많은 학자들이 자신의 철학에 따라 교육을 정의하고 있다. 즉 문화적 측면, 경험적 측면, 자연적 측면, 사회적 측면, 개혁적 측면, 인간적 측면 등 다양하다.

또한 교육은 대상에 따라 영유아기 교육, 아동기 교육, 청소년기 교육, 청년기 교육, 장년기 교육, 노년기 교육 등으로 구분하기도 하며, 교육기관 별로는 유아교육, 초등교육, 중등교육, 고등교육으로 분류하기도 한다. 상황에 따라서는 가정교육, 학교교육, 사회교육, 평생교육, 사내교육, 사이버교육 등으로 나누기도 한다.

이와 같이 교육에 대한 철학적 관점이나 대상별 그리고 기관별로 내용이나 방법에 있어서는 다소 다른 점이 있다. 그러나 지향점은 어느 교육이든지 바람직한 인간형성을 위한 의도적이고 계획적이고 체계적인 과정이라는 점에는 이의가 없다. 이러한 지향점에 도달하고자 할 때 고민되는 점은 어떻게 하면 교육적 효과를 높일 수 있느냐는 점인데 여기에 관계되는 것이 학습자의 심리상태를 어떻게 파악하고 대응하느냐 하는 점이다.

이러한 점에서 심리학은 매우 중요한 학문이다. 한자로 심리학(心理學)을 단순하게 정리하면 마음의 이치를 다루는 학문이라 할 수 있다. 한자상 단순하게 정리하시반 실제로는 매우 복잡하다. 영어로는 Psychology로서 psycho와 logos로 이루어진다. 즉 마음이나 정신과 이념이 합쳐진 단어이다. 내용상에서 동서양의 어의적 차별은 없다 하겠다. 따라서 심리학은 행동과 정신과정에 관한 과학적 연구라고 할 수 있다. 과학적 연구란 조심스러운 관찰에 의해 자료를 수집하고 수집한 자료들에 대해 가설을 설정하고, 그리고 경험적으로 그 가설을 검증함으로써 문제에 대한 해답을 얻고자 한다. 심리학의 영역은 발달심리학, 생리심리학, 실험심리학, 성격심리학, 임상·상담심리학, 사회심리학, 산업 및 조직심리학, 범죄심리학, 교육심리학 등으로 나누어지며 산업발달이나 학문발달, 그리고 인간 성장·발달에 따라 그 영역이 넓어지고 다양화해질 수 있다(장동환 외, 1991).

심리학에 대한 정의도 학자들 별로 다양하게 정의를 내린다. 구성주의적 측면, 정신분석학적 측면, 기능주의적 측면, 행동주의적 측면, 인간(인본)주의적 측면, 형태주의적 측면, 인지주의적 측면 등이다. 이러한 여러 정의들을 조작적 정의에서 살펴보면 심리학이란 인간의 심리적 요소인 정신과정과 행동을 연구하는 학문이라 할 수 있다.

단 아쉬운 점은 인간의 심리를 파악하는데 있어서 인간을 실험대상으로 연구하는데는 한계가 있어 동물실험을 통한 대리적 연구결과를 인간에게 적용한다는 점이다. 따라서 어떠한 심리학적 결과가 동물실험을 통하여 예상했던 결과와 상이할 수도 있다는 개연성을 항상 염두해 두어야 한다.

2) 교육심리학

교육심리학은 순수 심리학과는 달리 응용심리학이라 할 수 있다. 즉 교육학과 심리학의 두 학문이 상호관계를 맺고 있는 학문이다. 교육심리학은 교육의 목적을 달성하기 위하여 교수-학습이론 측면에서 심리적 지원을 중요하게 다루는 학문이다. 이는 학습자의 성장, 발달, 교수-학습, 심리상태 등을 전인적 측면에서 다루는 학문이다.

일반심리학과 달리 교육적 가치를 창출하도록 하는 심리적 배려를 하는 것이 교육심리학이다. 교육심리학에 대한 학자별 정의를 살펴보면 다음과 같다.

Gates 등(1950)은 교육과 관련하여 일어나고 있는 여러 가지 문제들을 심리학적인 방법으로 연구하고 그 결과를 교육현장에 적용하여 자라나는 세대들 더 나아가 성장 · 발달이 가능한 모든 인간을 바람직한 인간으로 키울 수 있도록 하는 교육적, 기술적, 과학적 방법을 추구한다고 하였다.

Goodwin, W. L., Klausmeier, H. J.(1971)는 교육심리학은 '두 가지 목표를 가지고 있는 행동과학이다'라고 하였다. 그 하나는 인간학습과 아동에 관한 지식을 낳게 하는 것이라고 하였으며 이는 인간학습과 아동에 관한 지식을 이론이나 원리 및 관련 정보를 통하여 체계적으로 조직하려는 것이라고 하였다.

다른 하나는 교육심리의 기본목표가 교사들이나 기타 교육관계 인사들이 적절하게 활용할 수 있는 형태로 학습과 아동들에 관한 제반 원리, 이론, 지식들을 제공하고자 하는데 있다는 것이다. 즉 '교육심리는 교수자료, 교수방법 또는 학습활동이 아동들의 학습을 도와줄 수 있게 하는 방법들을 조사 연구하는 것이다'라고 하였다.

Clifford, M. M.(1984)은 교육심리학은 심리학으로부터 얻은 지식을 교실활동에 적용하는 학문 또는 교실과 학교생활을 연구하기 위해 심리학적 방법을 적용한 학문이라고 하였다.

Crow, L. D.(1959)는 교육심리학은 어린이가 출생해서 성장할 때까지 교육적인 발달이 진전함에 따라 개인의 학습 경험을 기술하고 설명하여 주는 과학적인 심리학이라고 하였다.

임규혁(1996)은 교육현상을 대상으로 하는 교육학과 인간행동을 과학적으로 이해하려는 심리학의 이론들을 접목시킴으로써 형성된 학문이다. 따라서 교육심리학은 교육학의 영역 중 인간의 행동과 관련된 심리학적인 측면을 교육심리학적인 방법론을 사용하여 이해하려는 학문적 성격을 갖는다고 하였다.

Goetz, Alexander와 Ash(1992)는 교육심리학은 학습과 교수 그리고 그와 관련된 요인들을 연구하는 학문이라고 하였다

앞에서도 언급하였지만 이상의 여러 학자들의 견해를 종합해 보면 교육심리학이란 교육목적을 달성하기 위하여 학습자들의 심리상태를 교수자들이 적절하게 파악하여 학습자의 성장 · 발달에 적합한 교육의 원리와 기술을 적절하게

제공 활용하는 실천적인 학문이라고 할 수 있다.

2. 교육심리의 영역

교육을 효율적으로 시키기 위해서는 많은 부분의 노력과 지원이 필요하다. 어떻게 가르치는 것이 효율적일까? 언제 가르치는 것이 보다 효율적일까? 어떤 것을 생각하며 가르치는 것이 효율적일까? 하는 문제이다. 이 영역들은 너무 광범위한 교육학의 영역이기에 이 자리에서는 주로 교육심리와 관련된 영역만을 다룰 것이다.

이와 관련한 국내 교육심리학 저서들이 교육심리학 영역으로 다루고 있는 내용을 몇몇 저자들 것만 살펴보면 다음과 같다. 단 내용에 있어서는 일부 저자가 요약하여 정리하였다. 장병림(1964)은 학습, 지능, 성격, 적응과 부적응, 집단지도, 특수아로, 민영순(1971)은 발달심리학, 학습, 성격과 적응, 생활지도, 김용래(1985)는 성장과 발달, 지능, 문제해결과 창의력, 학습이론, 학습자 시발행동, 불안, 전이, 기억과 망각, 연습, 태도와 인격, 행동수정, 학습부진아 등을 다루었다. 임승권(1993)은 성장 · 발달, 발달이론과 과제, 지능, 창의성, 학습과 동기, 학습이론, 기억과 망각, 교사의 자질, 학습집단, 성격, 학습평가, 부적응지도, 특수아, 생활지도이고, 김충기 외(2005)는 발달과 발달과업, 발달단계의 특징, 지능, 창의성, 성차와 경제적 지위, 특수한 학습자, 성격, 자아개념, 학습이론, 동기, 전이, 기억과 망각, 효과적인 수업, 적응과 부적응, 생활지도, 효과적인 평가이었다.

따라서 이 책에서도 교육심리의 영역을 교육심리학에서 일반적으로 통용되고 있는 성장 · 발달과 과업, 지능, 적응, 학습이론, 학습모형, 학습자 준비행동, 동기, 불안, 전이, 기억과 망각, 연습과 학습, 인성, 학습집단과 학교학습, 행동수정과 학습 등으로 정하였다.

하지만 교육심리 영역을 일정부분에만 한정하는 것은 적절치 않다. 왜냐하면 학습자의 심리적 요소가 교육과 관련이 있다면 모두 교육심리 영역으로 볼 수 있기 때문이다.

3. 교육심리의 연구방법

교육심리학의 목표는 교수와 학습 과정을 이해하고 이를 향상시키고자 하는 데에 있다. 교육심리학자들은 지식과 방법들을 개발한다. 즉 그들은 매일매일의 상황에서 교수와 학습을 연구하는 데에 심리학적 지식과 방법들을 이용하고 다른 관련 분야에도 활용한다.

서술적 연구와 실험적 연구는 모든 교사들에게 귀중한 정보를 제공한다. 상관관계는 교실에서 발생할 것 같은 사건들을 예측할 수 있게 해 주고, 서술적 연구는 인간사회에 관한 지식을 사실에 입각하여 발견하는데 더 큰 목적이 있는 연구이며, 실험적 연구는 인과관계를 밝혀 주고 바람직하게 변화하도록 돕는다.

교육심리학은 내용과 과정을 포함하는 학문이다. 연구에서 발견된 사실들을 특정 문제에 대해 가능성 있는 많은 해답을 제공하며 그 이론은 야기될 수 있는 거의 모든 상황을 분석하는 데에 대한 시각을 제공한다. 연구와 이론의 분석 과정은 교수에 대해서 비판적으로 사고할 수 있게 해 주기 때문에 어떠한 연구방법을 적용하느냐 하는 점은 매우 중요하다(김아영 외, 1997).

구체적인 교육심리학의 연구방법은 교육, 심리, 사회과학, 행동과학 등의 연구방법을 다 동원한다. 문헌연구, 경험적 연구, 관찰법, 실험법, 조사법, 면접법, 질문지법, 평정법, 투사법, 사회성 측정법, 사례연구를 통하여 연구할 수 있다.

인간을 대상으로 하는 모든 사회 및 행동과학의 연구방법이 그러하듯이 교육심리의 연구방법도 과학적 방법이어야 한다(장대운, 1989).

여기에서는 실제로 적용되고 있는 연구방법들을 몇 가지 밝혀 둔다. 단 이러한 연구방법이 인문사회과학에서도 종종 활용되고 있는 일반적인 방법이기 때문에 연구목적에 따라 적절히 활용해야 함을 밝힌다(김용래, 1985).

1) 관찰법

자연과학에서 일반적으로 이용되는 기본적인 방법이다. 심리학에서 모든 연구방법을 보면 일반적으로 관찰에 의존하고 있다. 물론 관찰자는 관찰할 대상을 공정하고 객관적이며, 과학적으로 잘 관찰할 수 있는 일정 능력을 소유하고 있어야 하며, 아니면 일정 교육을 받은 후 연구에 합당한 관찰 능력을 지녀야 한다. 관찰은 자연발생적인 행동이나 사실을 자연상태 그대로 자세히 관찰하여 이것을 기록하고 피험자의 내적 상태나 경험을 추정하는 방법이다. 여기에는 자연적 관찰(natural observation)과 실험적 관찰(experimental observation)이 있다.

자연적 관찰은 관찰 대상자가 자신을 관찰하고 있다는 사실을 모르는 채 진행되는 연구방법이기 때문에 가장 적나라한 자료로 활용될 수 있으나 연구와 관련한 예상행동이 나타나지 않은 어려움이 있다. 반면에 실험적 관찰은 통제적 관찰이라고도 하는데 관찰결과가 때로는 인위적인 조작이 관여할 여지가 있음이 아쉬움으로 남을 수 있다.

관찰시 유의할 점을 살펴보면 다음과 같다.

(1) 관찰계획이나 방법을 사전에 세밀하게 수립한다.

(2) 나타난 사실에 대해서는 언제나 객관적으로 편견없이 관찰한다.

(3) 행동진행을 일관성 있게 관찰한다.

(4) 적절한 기록 방법과 정리 방법을 융통성 있게 한다.

(5) 신속하게 빠짐없이 기록한다.

(6) 관찰 당시의 환경적인 조건을 상세히 기록한다.

(7) 피관찰자가 관찰자의 관찰사실을 모르게 관찰한다.

2) 실험법

관찰하려는 내용이나 조건 및 장면을 연구의 목적에 따라서 인위적으로 조작하여 실험 조건하에서 발생하는 행동이나 반응형태를 정확하고 엄밀하게 관찰하는 것이다. 이 방법은 관찰 이전에 인위적으로 주어진 조건에 따라서 어떠한 반응결과를 가져오는가를 분석하려는 것으로 중요한 연구방법 중의 하나다. 흔히 사용하는 집단은 통제집단(control group)과 실험집단(experimental group)을 두어 두 집단 사이의 반응결과를 비교 · 분석하고 있다. 실험 절차에 있어서는 6단계로 실시하는데 1단계 문제의 제기, 2단계 가설의 설정과 전개, 3단계 실험실시, 4단계 자료의 수집, 5단계 수집된 자료의 분석, 6단계 실험결과 진술 및 보고 등이다.

3) 면접법

면접법은 면접자와 피면접자가 직접 일대일로 대면하여 언어적 수단으로 피면접자의 특성을 관찰한다는가 또는 필요한 질문을 하여 자료를 수집하는 방법으로 구술 질문법이라고도 한다. 즉 면접은 대화를 통하여 서로의 생각과 태도를 교환함으로써 피면접자의 문제를 해결하거나 혹은 태도나 행동의 변화를 가져오게 하는 것이 그 목적이다.

면접법은 인터뷰라고도 하며 직접 대면하여 문제를 해결하는 경우다. 직접 대면시에는 상대방의 감정, 의지, 가치관, 사고, 표정 등을 고려하여 문제를 해결하기도 하고 문제를 발견하기도 한다.

면접법이 성공하기 위해서는 피면접자가 편안하게 호의적인 태도로 면접에 응할 수 있는 분위기를 만드는 것이 필요하다. 따라서 면접자가 권위적인 태도로 면접하거나 위협적인 분위기를 만들어서는 안 된다. 언어 사용도 피면접자의 수준에 맞도록 하여야 하며 면접한 내용은 누가 기록하여 차후 문제해결 자료로 활용하도록 한다.

면접의 장점은 질문자와는 달리 대화의 내용이나 의미를 잘 파악하지 못할 때 반복 보충 설명이 가능하므로 재확인하거나 심화시켜 문제점을 해결하기가 쉽다는 것이다. 대부분의 피면접자는 처음에는 긴장하거나 불편하게 면접에 임하는 경향을 보이기 때문에 면접자는 부드러운 말씨나 친절한 태도로 대해야 한다.

면접을 성공적으로 이끌기 위해서는 먼저 경계심을 풀고 신뢰할 수 있는 분위기가 선행되어야 한다. 무엇보다도 면접자와 피면접자 간의 인간관계, 즉 래포(rapport) 형성이 중요하다.

4) 질문지법

질문지법은 질문지나 면접을 통하여 이루어지는 경우를 말한다. 질문지법은 질문지를 만들어 질문하고 반응을 질문지에 표시한다. 하지만 효율적인 질문지는 반응자가 쉽게 응할 수 있도록 문항을 제작하는데 있다. 이 때 질문지의 질문에 따라 피험자들은 선택 반응하는 경우도 있고 자유반응을 하는 경우도 있다. 이 질문지법은 많은 대상을 짧은 시간에 일제히 실시할 수 있고, 이에 대한 결과도 신속하게 기계적으로 처리할 수 있다. 비용도 절약할 수 있으며 폭넓은 분야의 문제에 대하여 그 집단의 경향성을 쉽게 알 수 있다. 단 질문지가 신뢰롭지 못하면 결과나 해석의 오류가 있을 수 있으며 답변하는 대상자의 진실성이 결여될 때는 다소의 문제가 있을 수 있다.

5) 평정법

평정법은 질문 내용에 대하여 미리 정해 놓은 평정척도에 따라 평정하는 방법이다. 평정척도는 내용에 따라 3단계, 5단계, 7단계가 있다. 척도는 '매우 그렇다', '조금 그렇다', '보통이다', '조금 그렇지 않다', '매우 그렇지 않다' 등이거나 상 · 중 · 하, A · B · C · D · E 등 기술적 척도도 있고 '5점', '4점', '3점', '2점', '1점'이거나 '5', '4', '3', '2', '1' 등 수량으로 표시하는 경우가 있다. 때에 따라서는 기술척도와 수량척도를 같이 쓰는 경우도 있다.

이와 같이 평정법은 어떤 성질이나 특성을 일정 순위나, 높고 낮음의 등위로 표시한다. 이 평정법의 제일 큰 문제점은 평정자가 얼마나 평정을 객관적으로 하고 신뢰성과 타당성을 갖추느냐이다. 주관적인 평가로 평정하는 경우는 때로는 정실이 개입할 여지도 있음을 유념해야 한다. 가급적 여러 사람이 평정하여 이에 대한 결과를 제시하는 것이 타당성이나 신뢰성, 객관성을 입증하는데 도움이 될 것이다.

6) 검사법

검사법은 표준화된 검사도구를 사용하여 각종 검사를 진행하는 것을 말한다. 관련되는 검사는 지능검사가 시초이지만 이후 인성 · 적성 · 자아실현 · 창의력 · 흥미 · 욕구 · 성취도 · 학력 등 매우 광범위하며 지금도 효율적인 교육을 위하여 꾸준히 개발되고 있다.

대상이나 필요에 따라 다양한 표준화 검사도구가 있지만 여기에서는 주제통각검사(TAT: Thematic Apperception Test), 로르샤하 잉크반점검사(Rorschach-Ink blot Test), 적성검사, MMPI(Minnesota Multiphasic Personality Inventory), MBTI(Myers-Briggs Type Indicater) 등을 간략하게 살펴보고자 한다.

(1) 주제통각검사(TAT: Thematic Apperception Test)

TAT는 Murry의 욕구이론에 기초하여 Morgan과 Murray(1935)가 개발한 투사적 검사의 한 형태로 31개의 흑백카드로 구성되어 있다. 이 중 피검자의 성별이나 연령에 따라 20장의 카드를 선정하여 제시하는 것으로서 다양한 인간 관계상의 성격에 대하여 역동적인 관계를 검사하는 표준화 도구이다. 즉 주제통각검사는 인물과 상황을 묘사한 그림카드에 대해 느낀 대로 이야기하는 것을 통해 학생의 현재 심리를 진단하는 것을 말한다.

여기에는 사람들이 등장하는데 애매모호한 그림카드를 제시하고 그 카드에 대한 자신의 과거경험, 성상, 욕구, 갈등 등이 투사된 것을 보고 성격의 특징이라든지, 성장 · 발달 배경이나 환경과의 상호관계 등을 파악하게 된다.

검사 시간은 약 1시간 정도이며 두 번 실시한다. 이 때 검사의 간격은 적어도 하루 이상이어야 하는데 이는 피로효과를 최소화하여 피검자가 충분히 반응할 수 있도록 하기 위함이다. 일반적으로 첫 번째 검사시에는 1~10개 카드를 실시하고 두 번째 검사시에는 11~20개 카드를 시행하도록 하는 것이 좋다.

(2) 로르샤하 잉크반점검사(Rorschach-Ink blot Test)

Rorschach가 개발한 10장의 잉크반점으로 구성되어 있으며 각각은 크기가 $6\frac{3}{4} \times 9\frac{1}{2}$인치의 흰 카드 위에 그려져 있다. 각 잉크반점판은 Rorschach가 심리진단학에서 처음 지적한 독특한 특징을 가지고 있다.

일련의 카드 간의 공통적인 중요한 요인을 포함해서 그 밖의 모든 요인이 Rorschach카드에 다 나타난다. 따라서 각각의 반점은 형태, 색깔, 음영, 흰 공간같은 개개의 속성에 의해서 전형적인 반응을 나타내는 경향이 있다. 이들 독특한 각 반점의 특징을 규정하는 것이 되고 이로 인해서 Rorschach 기술을 다루는 학생들은 카드를 취급함에 있어서 더욱더 친밀감을 갖게 되는 것이며, 이러한 친밀성이 또한 반점에 대한 피험자의 반응을 이해하는데 도움이 되는 것이다.

Rorschach 잉크반점검사는 반응해야 할 부분에 피험자가 반응하도록 하고 이들 결과를 분석하여 피험자의 성격을 파악하는 것이다. 같은 부분을 보고도 어떤 피험자는 장미라 할 수 있고 어떤 피험자는 핏자국이라 할 수 있는데 이러한 반응을 보고 피험자의 성격을 파악하는 것이다. 구체적인 검사는 전문적인 능력을 필요로 한다.

(3) 적성검사

적성검사는 수년에 걸쳐 발달된 능력을 측정하고 앞으로 학습할 때 학생이 얼마나 잘할 것인가 예측하고자 한다. 적성검사는 각 학교에 교사나 학생들에게 학과 선택이나 직업 선택에 필요한 객관적인 자료를 제공해 준다. 적성검사 결과가 절대적인 것은 아니지만 표준화된 자료이고 시행착오를 거치면서 공정성과 신뢰성을 갖춘 자료로 발전되어 왔기 때문에 자신에 대한 객관적 적성을 파악하는데 도움이 된다.

이러한 적성검사는 내용에 따라 적성요인을 종합적으로 측정하여 어떤 직무가 적합한지 알아보는 종합 적성검사와 각 적성요인을 분리하여 개인이 어떤 특정 직무를 수행하는 능력을 갖추고 있는지 여부를 측정하는 특수 적성검사로 나누고 검사의 목적에 따라서는 진학검사와 직업 적성검사로 나눈다. 적성검사와 관련한 검사지는 한국적성연구소, 한국심리검사연구소, 한국행동과학연구소, 한국가이던스, 학지사, 한국교육개발원, 웅진출판사, 대한사립중 · 고등학교장회, 한국심리적성연구소 등 여러 곳에서 구입할 수 있다.

(4) MMPI

성격검사를 다차원적 입장에서 제작하여 임상적 목적으로 가장 널리 사용되는 것으로 미네소타 다면적 인성검사(Minnesota Multiphasic Personality Inventory: MMPI)를 들 수 있다. 이 검사는 우리나라에서도 표준화되었다(정범모 외. 1970, 한국심리학회, 임상심리분과회, 1988).

하위 요인은 다양하며 경험적 · 임상적 · 진단적 성격을 띤 검사로서 24개

영역에서 504개의 문항을 표집하며 10개(Hs, D., Hy, Pd, MF, Pa, PT, SC, MA, Si) 특성으로 나뉜다. 중복 문항 등 566개 문항으로 수정된 MMPI의 10개 특성은 다음과 같다. ① 건강염려증(Hs: Hypochondriasis), ② 우울증(D: Depression), ③ 히스테리아(Hy: Hysteria), ④ 반사회성(Pd: Psychopathic), ⑤ 편집증(Pa: Paranoia), ⑥ 정신쇄약증, 강박증(Pt: Psychasthenia), ⑦ 정신분열증(Sc: Schizophrenia), ⑧ 남녀성 흥미, 남성특성-여성특성(Mf: Masculinity Feminity), ⑨ 경조증(Ma: Hypomania), ⑩ 사회적 내향성(Si: Social Introversion)이다.

이 검사의 장점은 질문지법으로서 그렇다, 틀린다, 모르겠다로 질문하도록 되어 있기 때문에 실시 판정이 쉽고 또 채점도 용이하다. 단점으로는 피검자가 고의적으로 반응을 조작할 수 있다는 점이다. MMPI는 중 · 고 · 대 · 성인에 가능하며 문항이 너무 많아 축소판으로 간편 MMPI가 있다. 성격검사는 인성, 일반, 진단, 향성, 적응, 표준 등의 말이 붙어 각각 어의의 특성을 나타내고 있으며 초등학교 상급용, 중 · 고 · 대 성인용이 있다.

(5) MBTI

MBTI(Myers-Briggs Type Indicater)는 Jung의 심리유형을 근거로 하여 미국인 모녀 Katharine Cook Briggs와 Isabel Briggs Myers가 보다 쉽고 일상생활에 활용할 수 있도록 고안한 자기보고서적 성격유형지표이다. MBTI는 인식과 판단에 대한 Jung의 심리적 기능이론, 인식과 판단의 향방을 결정짓는 Jung의 태도 이론을 바탕으로 하여 제작되었다.

또한 개인이 쉽게 응답할 수 있는 자기보고 문항을 통해 인식하고 판단할 때의 각자 선호하는 경향을 찾고 이러한 선호경향들이 하나하나 또는 여러 개가 합쳐져서 인간의 행동에 어떠한 영향을 미치는가를 파악하여 실생활에 응용할 수 있도록 제작된 심리검사이다.

Jung은 인간은 인간마다 자신만의 독특한 특성을 가지고 있고 그 특성에 따라 느끼고 판단하고 행동하는데 자신만의 방법이 있다고 보았다. Carl Jung

의 성격유형이론은 각 개인별 정보를 수집하여 인식하며, 자신이 수집한 정보에 따라 행동하기 위한 결정 능력이 있어서 개인별로 선호하는 행동방법이 다르다는 것을 하나의 지표로 만든 것이다.

MBTI에는 다음의 네 가지 선호지표가 있는데 이를 설명하면 다음과 같다(http://blog.naver).

(가) 에너지의 방향: 외향(E)과 내향(I)

사람들을 활력의 원천으로 선택하는 사람은 외향성을 선호할 것이다. 반대로 기력의 회복을 위해 자신이 혼자서 조용한 시간을 보내는 쪽으로 선택하는 사람은 내향성으로 기우는 경향이 있다.

(나) 인식기능: 감각(S)과 직관(N)

선천적으로 직관을 선호하는 자신을 혁신적인 사람으로 여기는 반면 선천적으로 감각을 선호하는 사람은 자신을 실질적인 사람으로 여긴다.

(다) 판단기능: 사고(T)와 감정(F)

Jung은 비개인적인 선택기준을 사용한 사람들을 사고유형이라 하였으며 개인적인 선택기준을 사용하는 사람들을 감정유형이라 하였다.

(라) 생활양식: 판단(J)과 인식(P)

개방적 선택에 반하여 종결을 선택하는 사람들은 판단유형에 속하며 생활을 개방적이고 유동적인 상태에 두기를 선호하는 사람들은 인식유형에 속한다 할 수 있다.

네 가지 산호지표에 따라 MBTI(Myers-Briggs Type Indicator)의 16가지 성격유형을 살펴보면 다음과 같다(김형태, 2007).

① **ISTJ(내향성 감각형 / 빛과 소금형)**

- 성실하고 책임감이 강하며 법을 잘 지킨다. '걸어다니는 육법전서'
- 신중하고 분별력이 뛰어나며 공과 사를 잘 구별한다. 실수를 잘 하지 않는다. '돌다리도 두드려 본다.'
- 유머감각을 중시하지 않으며, 놀고 스트레스 푸는데 인색하다. 고지식하고 융통성을 별로 발휘하지 않는다. '깐깐하다.'
- 일을 철두철미하게 하며, 계획하는데 많은 시간을 투자하며, 다른 사람한테 일을 잘 맡기지 못한다. '내가 해야 속이 편하다.'
- 인내심이 강하나, 변화나 개혁을 싫어하며, 안정을 바란다.
- 마음은 따뜻하나 표현을 별로 하지 않는다. '차다는 인상을 받을 우려도 있다.'
- 예의를 중시하며 착한 애 역할을 할 경우가 많다. '조숙한 아이, 장남, 장녀 소리를 많이 듣는다.'
- 자기 신념이 강하고 내적으로 자기 주관이 뚜렷하다. '외곬수'

② **ISTP(내향성 사고형/백과사전형)**

- 무관심한 듯하면서 자기 나름대로 상황을 파악하고 있다.
- 장인기질이 뛰어나며 손재주가 많다.
- 조용하면서 모험이나 운동을 즐긴다.
- 자기 주관에 맞을 때 적극적으로 나선다.
- 순발력이 뛰어나 상황판단이 빠르며, 위기 상황의 대처가 뛰어나다.
- 언어표현이 괴변적이다.
- 특정한 분야에 대해 많은 일가견을 가지고 있다.
- 추상적인 개념이나 관념을 싫어하며, 논리적인 것에 기발하다.
- 자기표현이 거의 없으며, 마음에 없는 말을 잘 하지 못한다.
- 약속이나 책임에 구애받기를 싫어한다.

③ ESTP(외향성 감각형/활동가형)

- 호인 호걸형이 많으며, 관대하고 느긋하며, 수용적이다. 부담감을 안 준다.
- 사람이나 일을 좋아하며, 사람에 대한 선입견이 별로 없다.
- 멋과 풍류를 즐기며, 친구, 운동, 먹는 것을 좋아한다. '한량', '플레이보이 기질'
- 상식이 풍부하며, 정보수집을 많이 한다. '정보통'
- 환경장애를 디딤돌로 생각한다. '쉽게 잊고 쉽게 용서한다.'
- 활동을 많이 하며 행동을 통해 삶을 산다. 'action이 있는 곳에는 항상 존재'
- 모임을 주도하며 타고난 중재자이다.
- 마무리를 잘 못하며 천방지축으로 될 가능성이 많다.

④ ESTJ(외향성 감각형/사업가형)

- 확실하고 명료한 것을 선호한다. '뒤끝이 깨끗하다.'
- 솔선수범적이며 적극적이고 직선적이다. '주연 역할'
- 행정 능력이 뛰어나며 과업지향적이다. '일의 불도저, '일을 확실하게 가르쳐 줌'
- 정서적 표현이 서투르며 감정이 폭발적이다. '화끈하며, 솔직하다'
- 타인의 정서나 감정에 민감하지 못해 가끔 욕을 먹는다.
- 완벽주의적 경향이 있으며 성취지향적이다. '영웅 콤플렉스'
- 일과 관련된 상황판단을 잘하며 문제해결에 뛰어난 능력을 지니고 있다.
- 시작한 일은 싫증 나더라도 마무리를 짓는다. '책을 읽기 시작하면 끝까지 읽음'
- 강자에 강하고 약자에 약하다. '상사의 지시를 못 견뎌한다.'
- 서둘러 판단하고 행동하여 산통을 깰 때가 많다. '분위기 파악이 부족'

⑤ ISFJ(내향성 감각형 / 숨은권력형)

- 타인의 감정을 배려하며, 상처받고 상처 주는 것을 싫어한다.
- 조직적이고 꼼꼼하며, 단계적, 계획적으로 차근차근 일을 한다.
- 대범하지 못하며, 남 앞에 나서는 것을 싫어하나, 일단 나서기만 하면 잘 한다. '무대체질'
- 보수적이고 변화를 싫어하며, 안정을 추구한다.
- 인내심이 강하며, 따뜻하고 섬세하고 타인의 감정에 민감하다.
- 생각이 복잡하며, 갈등 상황을 잘 못견뎌한다. '우유부단하다.'
- 자신의 가치를 타인의 판단에 맡긴다. '귀가 여림'
- 표현을 억제하며 내적 피로감, 내적 부담이 신경성으로 나타난다.
- 비서, 참모 역할을 잘한다.

⑥ ISFP(내향성 감정형/성인군자형)

- 여유롭고 낙천적이다.
- 내일을 위해 오늘을 희생해야 하는 것을 이해하지 못한다.
- 조용하며 수용적이다. 마음이 여리다. 타인을 지도하거나 지시나 명령을 하기가 어렵다.
- 선천적으로 성인형이다.
- 모든 사람과 조화를 이루며, 덕이 밖으로 쉽게 드러난다.
- 욕심이 없고 모든 사람한테 친절하다.
- 순하면서 우직하다. 그러나 결정적인 데는 단호하다.
- 말없이 겸손하며, 나서기를 꺼려하나 일단 나서면 연기력을 발휘한다.
- 과중한 능력을 요구하여 자기능력을 불신하는 경향이 있으며, 상담을 주로 받고자 한다.

⑦ ESFP(외향성 감각형/사교형)

- 작은 일에도 감동을 잘하며, 쉽게 행복을 느낀다.

- 낙천적이고 긍정적 사고를 하며, 명랑 쾌활하다.
- 삶 그 자체가 재미있고 풍요롭다.
- 사람들을 좋아하고 이야기하는 것을 즐기며, 춤과 노래에 뛰어나며, 또한 즐긴다.
- 남의 일에 관심이 많으며 잘 도와준다.
- 앞뒤 재는 것 없이 순수하다.
- 복잡한 것을 싫어하며, 대강 철저히 하는 것을 선호한다.
- 분위기에 약해 충동구매할 가능성이 높다.

⑧ ESFJ(외향성 감정형/친선도모형)

- 타인에 대한 배려 및 동정심, 동료애가 강하다.
- 칭찬받으면 자신의 능력을 더욱더 발휘하나 비판은 감당하기 어려워한다.
- 자기 규정, 틀이 강해서 자기식으로 타인을 도와줄 때가 있다.
- 자기 틀에 맞지 않을 때는 흥분을 잘 한다.
- 봉사 헌신은 선천적으로 타고난다.
- 언어표현이 뛰어나며 파티에서는 주연 역할을 한다.
- 외모에 신경을 많이 쓴다.
- 일과 사람관계가 불명확하여 구별할 필요가 있다.

⑨ INFJ(내향성 직관형/예언자형)

- 내적인 의미와 진실을 추구하며, 실존과 관련된 방황을 많이 한다.
- 가능성에 대해 연연해하며, 강한 직관력과 통찰력을 지니고 있다.
- 정신적인 고고함을 추구하며, 신 안에서 인간을 찾으며, 인간 안에서 신을 찾고자 한다.
- 내면구조가 복잡하며, 타인이 알기가 힘든 사람 및 신비한 사람으로 보이기 쉽다.

- 중후한 인격에 도달한 사람이 많다(정신적 지도자).
- 조용하면서도 대담하다.
- 묘한 뉘앙스 및 재치가 기발하다.
- 현실에 동화를 잘 못한다.
- 연애를 잘 못한다.

⑩ INFP(내향성 감정형/잔다르크형)

- 목가적이며, 몽상가적 기질이 있다.
- 말없이 봉사하고 헌신적이다.
- 신념만 일치하면 아주 정열적이며, 명분과 의미를 추구한다.
- 조용하면서도 고집불통이다.
- 원리원칙, 약속, 시간에 얽매이는 것을 싫어하며, 자유롭고자 한다.
- 시작의 끝도 없다. 여러 가지 일을 동시에 시작하며, 마무리짓기를 어려워 한다.
- 내면의 가치가 완벽해지도록 추구하며, 현실감이 떨어진다.
- 관심분야가 많다.
- 인간애가 깊다.

⑪ ENFP(외향성 직관형/스파크형)

- 반복을 싫어하고 변화를 중요하게 여기며 창조적이다. '나날이 새로와짐'
- 결과보다는 과정을 중요시한다. 중도궤도 이탈을 즐긴다.
- 주위에 사람이 많으며, 다른 사람의 장점을 잘 계발한다.
- 씀씀이가 크며, 돈 버는 일에 약하다.
- 감정기복이 심하며 흥분을 잘한다.
- 열정적이며, 능동적인 참여를 하며 겁 없이 일을 저지른다.
- 관심분야가 많다.

- 인위적인 것보다 우연적인 것에 의미를 많이 둔다.
- 개성파, 자유분방하다. 따라서 규범, 공동체에서 문제시되기 쉽다.
- 많은 일을 벌려 놓고 마무리를 잘 못한다.
- 언어표현이 뛰어나다.
- 유머감각이 발달되어 있다.

⑫ ENFJ(외향성 감정형/언변능숙형)

- 타고난 교사형으로 인간을 위한 교육프로그램에 적극 참여한다.
- 미래 성장 지향적으로 자아성장에 관심이 많으며, 정서가 풍부하다.
- 제안은 많은데 실천은 적다.
- 자기가 좋아하는 사람을 맹목적으로 이상화하는 경향이 있다.
- 형용사적인 언어표현을 많이 하며, 분위기를 좋아한다.
- 부족한 상대방을 잘 돕는다.
- 인상깊었던 점을 맹목적으로 떠드는 경향이 있다.
- 가치 기준을 중요하게 여긴다.

⑬ INTJ(내향성 직관형/과학자형)

- 고집 및 신념이 강하며 자기주관이 뚜렷하다.
- 이론을 좋아하고 토론하기를 좋아한다. 연예, 가요계의 잡담, 환담조차 토론 하는 경향이 있다.
- 성취욕이 강하며, 일을 밀어붙이는 경향이 있다.
- 우유부단한 것을 싫어하며, 표현이 분명하고 직선적이다.
- 특정한 대상에게 쏟는 정이 유별하다. 무조건 좋아하며, 비논리성을 확인하지 못한다.
- 사교성이 높으며 파티, 액세서리 등을 싫어한다.
- 기준이 높고 자기비판이 강해 다른 사람도 비판한다.

- 속정은 많으나 덕이 없어 보인다.
- 경제관념이 희박하다.
- 다른 사람의 말에 별로 영향받지 않는다. '홀로서기를 잘함'
- 본인은 그렇게 생각하지 않으나 지적인 능력 및 재능이 특별해 보인다.

⑭ INTP(내향성 사고형/아이디어형)

- 분석적 · 비판적이며, 이를 인간관계에도 적용한다. 사고를 통해 감정을 느낀다.
- 지적 욕구가 강하며, 아이디어가 많다.
- 지적이고 거시적인 분야에 관심이 많다. 책을 사기 전에 목차부터 본다.
- 일상에서 파격적이고 충동적인 것을 선호하는 경향이 있다.
- 주제가 있는 대화를 즐기며, 요점이 없는 대화는 딱 질색이다.
- 현실감각이 둔하며 황당무계한 공상을 많이 한다.
- 시대 학풍의 흐름에 민감하다.
- 단순한 것을 복잡하게 하는 경향이 있다.
- 정의감이 강하다.

⑮ ENTP(외향성 직관형/발명가형)

- 성취지향적이다.
- 진문가적 기질이 있다. 관심 있는 분야에서는 박식하며, 관심 없는 분야에는 잘 모른다.
- 논리적이고 분석적이며, 불티나는 토론 및 논쟁을 좋아한다.
- 변화를 좋아하고 도덕적이며, 분화구 같은 열정을 지니고 있다.
- 권위를 싫어하며, 따라서 관습에 도전하기 쉽다.
- 기호감각을 선별하며, 기호에 맞지 않을 경우 무기력해진다.
- 감정은 소년, 지적 성숙은 성인이다.

• 자기 주장적이며, 이를 관철시키고자 한다.
• 아이디어가 풍부하다.

⑯ **ENTJ(외향성 사고형/지도자형)**

• 타고난 지도자형으로서 타인에게 지시나 명령을 내리고 가르치는 것을 좋아한다.
• 조직적이고 과업지향적이며, 불도저 같은 추진력이 있다.
• 남을 잘 설득시키지만 설득당하지는 않는다.
• 다른 사람을 잘 꿰뚫어 본다.
• 지적 호기심이 강하며, 이를 통해 자아실현을 하고자 한다.
• 일에 있어 철두철미하며, 1인 3역의 활동을 한다.
• 마음만 먹으면 온정적이나, 그렇지 않을 경우는 무서워 보인다.
• 여성일 경우 집안에서 살림만 하고는 못산다.

참고 문헌

김형태(2007). 교육심리학. 서울: 태영출판사.

김아영, 백화정, 설인자, 양해영, 이선자, 정명숙(1997). 교육심리학. 서울: 학문사.

장대운(1989). 현대교육심리학. 서울: 동문사.

김용래(1985). 교육심리. 서울: 도서출판 세광공사.

장동환, 김형채, 손정락 역(1991). 심리학 입문. 서울: 박영사.

Clifford, M. M.(1984). *Thoughts on a Theory of Constructive Failure, Educational Psychologist*. 19. New York: Macmillan. pp. 108~120.

Gates, A. L., et al.(1950). *Educational Psychology*. New York: Macmillan Co.

Goodwin, W. L., Klausmeeir, H. J.(1971). *Learning and Human Ability*. N.Y: Harper & Row.

Goetz, E. T., Alexander, P. A., & Ash, M. J.(1992). *Educational Psychology. A Classroom Perspective*. NY: Macmillan Publishing Company.

http://blog.naver.com/utimegps/220632408950

제2장

성장 · 발달과 학교학습

1. 성장 · 발달의 의미와 원리
2. 발달단계와 과업

1. 성장 · 발달의 의미와 원리

성장은 신장, 체중, 골격 등의 변화와 같은 단순한 양적 변화를 말한다. 주로 신체적 특성의 긍정적 변화를 의미한다. 성장은 세월이 흐르면 특별한 외적 자극이 많지 않더라도 일정한 시기가 되면 자연히 변화된다. 즉 개체의 발달에서 정신적 · 신체적 양면에서 구조와 기능면이 자라는 것이다.

성숙은 발달과정에서 생리적 · 신체적 특성을 배경으로 하여 가능하게 되는 변화를 말한다.

성숙은 유전인자가 발달과정을 방향짓는 기제를 뜻하며 환경의 영향과는 전적으로 무관한 유전적 특성에 의해 이루어지는 발달적 변화에 국한된다. 따라서 성숙은 주로 유전으로 결정되고 발달과정에 있어서 특수한 경험이나 훈련에 의해서 좌우되는 일이 적다. 신체가 성장해서 생리적으로 성생활이 가능하게 되면 성적으로 성숙했다고 하고 친구를 사귀고 자기가 할 일을 하게 되면 사회적으로 성숙했다고 한다. 성숙은 성장과 발달이 일정수준에 도달되었을 때를 말하며 신체적 변화에 있어서 최고조에 달했을 때를 말한다.

사람이 인간의 생명이 시작되는 수정의 순간부터 태어나고 세상을 마감할 때까지 평생 동안 정신적인 부분이나 신체적인 부분의 꾸준한 변화가 일어난다. 이 변화를 발달이라 칭한다. 학자별로 발달의 개념을 정리하는 것을 보면 다음과 같다.

Hurlock(1974)은 발달이란 크기의 변화, 비율의 변화, 새로운 특징의 획득과 낡은 특징의 소실 등으로 구분하고 이것이 서로 작용해서 일어나는 과정이라고 하였다.

발달이란 인간의 생명이 시작되는 수정의 순간부터 죽음에 이르기까지 전 생애를 통해 이루어지는 모든 변화의 양상으로서 그 변화의 과정에는 신체, 운동기능, 지능, 사고, 언어, 성격, 사회성, 정서, 도덕성 등 인간의 모든 특성들이 포함된다(송명자, 1995).

여러 학자들이 주장하고 있는 발달의 원리를 제시하면 다음과 같다(김충기 · 장선철, 2005).

1) 발달은 성숙과 학습의 상호작용의 산물이다. 또 발달은 유전과 환경이 상호작용하며 변화하는 것을 말한다. 하지만 발달 특성 간에도 상호작용을 하고 있다. 유전과 발달의 상호작용의 문제는 신체적 · 정신적 발달 전체 과정에서 일어난다.

2) 발달에는 개인차가 있다. 남녀의 차이, 환경조건과 신체적, 지적, 정신적인 면에서 개인차가 있다. 교육현장에서는 이러한 점을 고려하여 각 학습자에게 적절한 교수-학습을 전개하여야 한다.

3) 발달은 계속적이고 점진적인 과정이다. 발달은 끊임없이 연속적이며 낮은 단계에서 높은 단계로 점진적으로 진행된다. 발달은 초기와 말기는 증가하고 중간은 완만하다. 일반적으로 발달은 대개 청년기까지를 의미한다. 이는 좁은 의미의 발달이라 할 수 있다.

4) 발달은 일정한 순서에 따른다. 선행단계가 있고 후속단계가 뒤 따른다. 인간행동의 변화도 간단한 것에서 복잡한 단계로 이행하며 중심부에서 말초부로, 전체적인 것에서 특수한 것으로 진행된다. 발달 중 하나가 생략될 수도 있으나 순서가 바뀌진 않는다.

5) 발달은 분화 과정임과 동시에 통합의 과정이다. 발달은 전체적인 기능에서 부분적, 특수적인 기능으로 분화되며 그 분화는 세분화에 그치지 않고 분화된 각 부분은 일정한 계열에 따라 조직되고 통합되어 전일적인 체제로 형성되어 중심화를 이룬다.

6) 발달에는 결정적 시기가 있다. 결정적 시기는 인간 전체 성장 · 발달과정 중에서 특정한 발달을 가져오는 결정적인 시기가 있다는 것이다. 예를 들면 언어를 습득해야 할 중요한 결정적 시기가 있으며, 지적인 능력 중에서도 특정한 능력이 발달하는 그런 시기가 있다는 것이다. 아이들이 유난히 호기심을

많이 가지고 있고, 자꾸 말을 하고자 한다면 그 아이는 지금 언어발달의 결정적 시기가 왔음을 의미한다.

2. 발달단계와 과업

발달단계는 태내발달, 영아발달, 유아발달, 아동발달, 청년기발달, 성년기발달, 중년기발달, 노년기발달 등으로 구분하고, 이어서 영역별로는 언어발달, 신체발달, 인지발달, 사회성 발달, 정서발달 등으로 구분하지만 여기에서는 발달단계는 태내발달, 유아발달, 아동발달, 청년기 발달을 다루고, 각 발달단계별로 필요 영역별 발달내용을 다루도록 한다.

1) 태내발달

여기서 태내발달이란 정자와 난자가 결합하여 한 수정란으로서 약 280일간(9개월, 40주) 모체 내에서 자라는 기간의 발달을 의미한다. 수정란은 완전히 착상하기까지 약 1주일이 걸리며 착상과 동시에 배아가 시작된다. 태내에서 신체부분의 발달은 머리쪽에서 아래로 발달하고 중심부에서 말초부분으로 발달한다.

태내발달과 가장 밀접하게 관련되는 것은 산모이다. 산모의 영양, 건강, 정서, 임신연령, 흡연, 질병 등은 태아발달에 지대한 영향이 있다. 임산부의 영양부족은 임산부에게도 문제지만 태아가 정상적으로 발육하는데 문제가 있다. 영양부족은 뇌와 신경계에 영향을 준다. 단백질이 결핍할 경우는 골격이나 신장, 기타 장기관의 발육이 저해되며, 비타민 부족은 신체기형이 일어날 수 있고, 철분부족은 자율신경계의 이상을 가져오기 때문에 임산부의 영양관리는 매우 중요하다. 정서불안은 태아에게 그대로 전달되어 주의산만이나 정서불안아가 될 수 있으며, 임신연령은 25~29세 정도가 성장에 가장 좋은 태내 환경조성이 이루어진다고 하고 있기 때문에 너무 어리거나 노령인 경우 정상적인 태아발달을 저해할 수 있다. 흡연은 산소 공급과 영양분을 줄이게 되기도 하지만 제일 문제되는 것은 니코틴이다. 가임 연령의 여성들이 흡연하는 행동은 건강한 태아 출산을 위해서도 삼가야 하는 행동이다.

흡연으로 인한 니코틴의 침적은 태아의 저체중, 비뇨기 이상, 행동이상, 성장저하, 정신지체 등을 낳을 수 있다. 임산부의 풍진, 후천성면역결핍증, 매독 등은 태아를 기형으로 만들거나 사망하게 할 수 있다. 풍진은 선천성 풍진 증후군을 일으킬 수 있으며 태아가 출생 후 백내장, 심장질환, 청각장애 등을 일으킬 수 있다. 매독균에 감염되었을 경우 매독 인자가 태반 막을 통과하여 태아에게 매독을 일으킬 수 있다. 태아의 매독 감염은 1만 명 중 1명 정도로 나타난다(송인섭 · 최명구 외, 2006). 알코올 중독이나 각종 약물 중독, 마약 중독 등도 태아발달에 악영향을 끼친다. 임산부를 떠나 가임여성들은 사전에 이러한 위험요소를 최소화하는 것이 차후 태아에 미치는 부정적 영향을 최소화할 수 있다.

근래에는 모기가 감염하는 지카바이러스에 의한 소두증 태아 생산문제도 사회적 문제가 되고 있기 때문에 이에 대한 예방책 강구도 필요하다.

이와 같이 태아가 태내환경도 중요하지만 태외환경이 태내에 미치고 있다는 점도 매우 중요하다고 이미 여러 학자들이 주장하고 있다. 우리나라 전통사회에서도 태외환경이 태아발달에 매우 중요하다는 점을 역설하고 있다. 임신시 보는 것, 듣는 것, 먹는 것 등에 신중해야 한다는 점은 이점을 중시하고 있다는 반증이다. 또한 '뱃속에서 10개월이 태어나서 10년간 영향을 미친다'는 속담도 임신시 태내발달이 매우 중요하다는 점을 인식하고 있다는 점이다.

근래는 산업발달로 인한 각종 산업공해가 우리 인간생활에 지대한 영향을 미치고 있는데 이러한 물, 공기, 토양 등의 오염이 직 · 간접적으로 임산부를 통하여 태아에게 전달됨으로써 태아발달에 예기치 못한 발달 장애가 발생하고 있다.

2) 영아발달

여기서 영아기란 0~3세 미만을 말한다. 피아제는 이 때를 감각운동기라고 하였으며 생득적인 반사가 기초가 되어 감각적 운동이 발달하는 시기라 하였다.

언어발달은 개인차가 있지만 일반적으로 1세경의 언어발달은 지적 발달에 비하여 늦다. 13개월이 되어야 처음으로 단어를 사용하고 두 개의 단어를 사용하려면 몇 달이 더 필요하다.

신체발달은 어느 시기의 발달보다 빠르다. 눈의 추적운동도 고정적인 것을 보는 것으로부터 시작하여 수평추적, 수직추적 순으로 발달하며 4개월경에는 색을 보는데 있어서 파란색이나 빨간색에 집중하고 원형을 좋아한다. 4~6개월부터는 기기 시작하며 생후 9개월에는 혼자 앉을 수 있다. 10개월경에는 바로 설 수 있으며, 13개월경에는 걷기 시작한다.

사회성 발달은 웃음이나 미소를 자주 띠며 마중을 하며 매우 즐거워한다. 4개월경 친근한 목소리에 반응을 보이며 가까운 사람끼리 통하는 의사소통이 가능해진다.

지적 발달은 1개월째는 내적 반사가 많은 시기이다. 2~3개월째는 침팬지 정도의 지적 발달 상태이다. 4~6개월경에는 행동을 하는데 있어서 목적적이며 흥미와 중요한 결과를 가져오는 반응을 반복적으로 실시하면서 자신의 행동을 수정하기도 한다. 7~10개월경에는 자신의 일을 위하여 방해요소를 제거할 줄 알며 새로운 환경에도 모두 반응하지는 않는다. 11~12개월경에는 목적 달성을 위한 과정에서 시행착오를 하지만 보다 적극적으로 환경을 탐색한다. 18개월경에는 행동하기 전 행위의 중요성에 대하여 생각하는 것을 배운다

또 이 시기는 시행착오를 통하여 의도적인 행동에 익숙해지며 2세경에는 주위를 보는 능력이 발달하여 시행착오가 줄어들며 문제해결을 할 수 있다.

3) 유아발달

유아기는 일반적으로 3세 이후부터 초등학교 입학 전까지를 말한다. 이 시기의 유아는 걷고, 뛰고, 멈추고 도약하는 과정을 통하여 방향잡기와 운동능력이 신장한다. 만 3세의 경우는 자전거를 탈 수 있고, 5~6세경에는 기구를 사용하여 종합적인 운동 협응을 할 수 있는 두발자전거를 탈 수 있다.

인지능력의 발달은 Piaget에 의하면 전조작기에 해당한다. 이 때는 다시 전 개념적 사춘기와 직관적 사춘기로 구분한다. 전 개념적 사춘기는 2~4세로서 상징적 행동이 처음 나타나 모방과 놀이 활동을 통하여 환경과 사물 및 대상을 개념화하고 내면화한다. 직관적 사고단계인 4~7세 때는 환경의 자극에 대한 반응이 직관적인 지각에 의하여 일어난다.

보존개념도 직관에 의해서 일어나므로 같은 양의 밀가루를 뭉쳐 놓고 길게 늘여 놓으면 긴 것이 많다고 생각하는 단계이다. 정서적 발달도 생리적 발달과 정서적 경험의 증가로 정서적 자극에 대한 반응이 빠르고, 강하고, 빈번하며 다양하게 나타난다. 사회성 발달은 부모관계, 형제관계를 중심으로 이웃, 동료 등에 대해 개념화하고 가정집단과 사회집단에 대한 규율, 윤리, 질서 등을 이해하고 사회화가 형성된다. 요약하여 제시하면 다음과 같다(김제한 외, 2015).

(1) 걸음걸이를 배운다.

(2) 고형질의 음식을 먹기 시작한다.

(3) 말을 배우는 시기이다.

(4) 배실물을 동세할 수 있다.

(5) 성차와 성적 성숙학습이 이루어진다.

(6) 생리적으로 안정되어 간다.

(7) 사회적 · 물리적 환경에 대하여 간단한 개념이 형성된다.

(8) 자신을 부모, 동기 및 타인과 정서적으로 관련 맺기를 한다.

(9) 선악의 구별과 양심이 발달되는 시기이다.

4) 아동발달

아동기는 취학 후 약 11세까지 초등학교 시기를 말한다. 이 시기의 지적 발달은 위치, 방향, 원근, 부피 등 공간지각이 발달하고 선생님의 시범 체조를 모방하여 따라하게 된다. 특히 기계적 기억이 가능하기 때문에 이 특징을 고려하여 교육내용을 조직할 필요가 있다.

정서발달은 정서표현이 다양해지고 정서표현 방법도 간접적으로 언어적 표현을 하거나 다른 아동 때문에 참는다든지 정서표현을 억제하는 경우도 있다.

사회성 발달은 가정에서 쌓은 도덕을 기초로 학급집단과 학교사회를 통한 확대된 사회성이 형성된다. 선생님, 선배, 동료, 후배들의 관계로 확대되면서 아동은 보다 자율적으로 되고 규범과 규칙을 익히고 새로운 생활에 적응해 나간다. 즉 또래집단, 분단, 학급, 학교 등의 집단을 통하여 아동 특유의 인간관계, 사회성, 집단의식도 발달하고 사회적으로 소속 욕구도 충족되며 인기아, 배척아, 고립아, 단짝, 삼각관계 등도 형성되므로 이점을 파악하여 철저한 지도를 하여야 한다. 근래에는 연령이 낮아지면서 사회적 관계가 반사회적 모습을 보인 아동이 늘고 있음을 유의하여야 한다.

Havighurst의 아동기 발달과업은 다음과 같다(김제한 외, 2015).

(1) 보통 경기에 필요한 신체적 기능을 습득한다.

(2) 성장하는 유기체로서 자기에 대한 건전한 태도를 형성한다.

(3) 동년배 친구와 사귀기를 배운다.

(4) 성의 적절한 사회적 역할을 배운다.

(5) 읽기, 쓰기, 셈하기의 기본적 기술을 학습한다.

(6) 일상생활에 필요한 개념이 발달된다.

(7) 양심적 · 도덕적 가치척도가 발달한다.

(8) 인격적 독립의 성취를 학습한다

(9) 사회적 집단과 사회제도에 대한 태도가 발달한다.

5) 청소년기 발달

청소년기는 사안별로 연령의 구분을 다양화하지만 일반적으로 13~23세까지를 의미한다.

청소년기 운동 발달은 남녀의 차이가 크고 개인차에 따라서도 많이 다르다. 남자는 거친 운동에 관심을 보이지만 여성은 섬세한 운동에 관심을 보인다. 신체적 변화로는 성적 성숙이 급격하기 때문에 보다 현실적인 성교육이 필요한 시기이다.

지적 발달은 자신의 지적 발달에 있어서 정점을 이루는 시기이다. 고도의 논리력이라든지, 추리, 판단력이 성장하는 시기이다. 자기 정체감이 형성되고 인생관이 정립되는 시기이다. Piaget는 제4지능발달 단계로서 형식적 조작기라고 하였다. 이 때는 인지작용이 최고조에 달하는 시기이므로 많은 학습과 경험을 통하여 청소년기에 도달할 수 있는 최고조의 지적 발달을 도모해야 한다.

정서적 발달은 성숙된 정서와의 갈등이나 신체적 변화, 그리고 부모나 성인들과의 윤리적 저항, 그리고 사회경험에서의 긴장 등으로 정서가 다시 불안정해지고 동요하는 경향을 보인다. 기분적인 행동을 하는 경우도 있기 때문에 지속적인 지도가 필요하다. 때에 따라서는 이성이나 다른 사람들로부터 인정받기 위하여 허세를 부릴 때도 있고 여의치 않으면 반항하기도 한다. 정서는 자신에게 주어진 여건이나 사회적 지위, 건강 등으로 인하여 불안한 경우가 있기 때문에 자기 정서를 통제하며, 자신의 정서적 역량을 키워나갈 수 있도록 지도가 필요하다.

사회적 발달 측면에서는 자아정체성이 생기기 때문에 내적 참조체제(internal frame of reference)에 의해 공감적 이해가 되므로 자기의 정체성이 뚜렷해진다. 자아는 자기실현의 기본조건이 되므로 정확한 이해가 필요하고 청소년기의 자아발달은 다음 발달과 인간생활에 중대한 영향을 주기 때문에 자아발달 지도가 중요한 교육이다.

이러한 청소년기의 특징을 모아 Havighurst는 청소년기 발달과업을 다음과 같이 요약하여 제시하고 있다(김제한 외, 2015).

(1) 남녀 간의 새롭고 보다 성숙한 관계를 이룩하는 것을 배운다.
(2) 남성으로서의 역할과 여성의 역할이 무엇인지를 학습한다.
(3) 부모나 다른 성인과의 정서적 독립을 이룩한다.
(4) 경제적 독립의 필요성을 절실히 느낀다.
(5) 직업의 선택과 그 준비에 몰두한다.
(6) 시민적 자질로서 필요한 의지적 지능과 개념이 발달한다..
(7) 결혼과 가정생활의 준비를 한다.
(8) 적절한 과학적 지식에 맞추어 가치관과 윤리체계를 습득한다.
(9) 사회적으로 책임있는 행동을 하며 이를 실천하는 습관을 기른다.
(10) 자기체격을 인정하고 신체를 효과적으로 구사하는 것을 인식한다.

참고 문헌

김충기, 장선철(2005). 교육심리학. 서울: 태영출판사.
송명자(1995). 발달심리학. 서울: 학문사.
김제한, 권순달, 이현주(2015). 교육심리학, 경기: 양서원.
송인섭, 최명구(2006). 교육심리학, 서울: 학지사.

Hurlock, E. B.(1974). *Chjild Development.* New York: McGraw-Hill.

제3장

지능과 학교학습

1. 지능의 의미와 요인

1) 지능의 의미

1905년 Binet에 의하여 지능검사지가 만들어진 이후 지금까지도 지능이 우리 교육이나 삶에 영향을 미치고 있다는 점을 부정하기는 어렵다. 이는 인간이 지능을 가지고 있는 고등동물이며 생활하는 데도 직접적으로 관여하고 적용되고 있기 때문이다. 이러한 지능은 사회가 변하고, 의학이 발달하고, 교육수준이 향상되고, 문화가 진보되면서 다양하게 지능을 정의하기에 이르렀다. 따라서 모든 지능에 대한 정의를 다 다룰 수는 없지만 일부 정의들을 제시함으로써 지능의 의미에 대한 식견을 넓히고자 한다.

이성진(1996)은 지능은 지적 능력으로서 환경 속의 여러 사상을 자각하고 인지하며 그 속에 내포된 문제를 해결하는 일반적인 능력을 말하는데 명석함, 사물을 이해하는 능력, 문제해결 능력, 경험을 학습하는 능력 등을 모두 포함한다.

Webster's New Collegiate Dictionary를 통한 지능에 대한 사전적 정의를 살펴보면, 지능은 배우고 이해할 수 있는 능력 또는 새롭거나 복잡한 상황에 대처할 수 있는 능력으로 정의된다(임정훈 외, 2014).

Stern은 지능이란 사고 작용을 통하여 새로운 요구에 의식적으로 작용하는 일반적인 능력이라고 하였다.

지능은 학교학습에 있어서 학업성취를 예언하는 강력한 학습자 변인으로 연구되어 왔으나 지능의 정의에 관하여는 통일된 결정적 정의는 내리지 못하고 있다. 그러나 일반적으로 지능을 학습능력으로 보는 견해, 정신적 적응능력으로 보는 견해, 고등정신 능력으로 보는 견해가 있다(임창재, 1999).

첫째, 지능을 학습능력으로 보는 견해는 지능이란 교육을 받을 수 있는 능력의 정도라고 보는 것이며, 지능이 높은 사람은 지적인 학습을 할 수 있는 능력이 높고 지능이 낮은 사람은 학습할 수 있는 능력이 낮다는 정의이다.

둘째, 지능을 정신적 적응능력으로 보는 견해에 따르면 지능이란 개인의 전체 환경에 내한 적응력이며 생활의 새로운 문제와 상황에 대한 일반적인 정신적 적응능력이라고 정의한다. 개인의 주위에는 여러 가지 새로운 문제나 생활이 지속적으로 일어나고 있는데 이러한 문제나 생활에 부딪쳤을 때 개인의 행동을 보다 효과적이고 적절하게 재구성하여 적응하도록 하는 능력을 지능으로 보는 관점이다.

셋째, 지능을 고등정신 능력으로 보는 견해에 따르면 지능은 추상적 사고를 할 뿐만 아니라 그것을 구체적 사실과 관련시키는 능력이라고 정의하고 있다. 즉 어떤 추상적 개념이 구체화되는 현상을 파악하는 것과 구체화된 현상을 관련시킬 수 있는 능력을 지능이라고 보는 입장이다. 그러므로 지능이란 어떤 목적을 향하여 행동하고 합리적으로 사고하며, 환경에 효과적으로 대처해 가는 인간의 종합적인 능력이라고 정의하고 있다.

Sternberg와 Detterman이 주관하는 학회지 「Intelligence」에서 주최한 1986년 심포지엄을 통하여 지능의 모형이 사회적 맥락을 보다 광범위하게 반영해야 한다고 말하고 있다. 이는 보다 사회적이고 범문화적이고 실생활에 필요한 것이 지능이라고 보는 점이다. Sternberg의 '삼위일체 지능론'은 메타요소, 수행요소, 지식-습득요소의 기능에 따라 신기성에 대한 반응 혹은 정보처리의 자동화와 관련된 경험의 연속선에서 '어떤 시억에서 상황적으로 적설한 행동을 방출하는 정신능력'으로 지능을 정의한다. Sternberg의 삼위일체론은 또한 이론화의 영역을 요소(내부세계), 상황(외부세계), 경험을 포함하는 것을 기존에 의한 또는 둘만을 강조했던 이론들을 포괄하고 있다. 또한 삼위일체론은 이론의 검증을 위해서 수로 일차적으로 자극 변량 변인에 초점을 맞춰 구해진 요인점수(정보처리 혹은 인지 방법)를 이차적으로 피험자 변인에 초점을 맞춰 구해진 요인점수(심리측정 혹은 차이방법)와 관련시킨다는 점에서 종래의 대표적인 두 연구방법을 하나로 통합하려 한다. 요컨대 삼위일체 이론은 과거에 흔히 서로 대립되는 것으로 인식되던 여러 이론들을 이론화의 형태, 영역 및 방법론적인 면에서 통합하는 하나의 종합적인 지능이론이다(김형태, 2007).

또한 Sternberg와 Berg는 지능의 정의, 측정, 향후 지능연구의 과제에 관해서도 내용을 분석한 결과 현대지능의 개념은 과거의 것과 상당부분 중복되면서도 변화된 지능 개념을 나타내는 특징과 새로운 동향을 밝혀 내었다. 우선 지능을 환경에 대한 적응능력으로 정의하고 지각, 감각, 주의 집중 등의 기초적인 정신과정과 추상적인 추리, 표상, 문제해결, 의사결정 등의 고수준의 정신과정을 통해 정의한 것은 유사점이다.

그러나 1986년 심리학자들에 의해 정의된 지능의 개념에선 메타인지와 지식의 역할, 문화 내에서 가치 있게 여기는 역량, 실생활 능력을 통해 지능을 정의하고 있으며, 생리학적 연구의 필요성이 강조된다. 또한 1921년 교육심리학자들이 정의한 지능의 개념은 심리 측정적 접근의 경향이 우세한 반면 1986년의 연구동향은 정보처리적, 생물학적, 상황주의적 접근 경향으로 지능을 정의하고자 하였다. 지능이 일반적인 하나의 능력인지, 다수의 능력으로 이루어져 있는지에 대한 논쟁은 여전히 지속되고 있으며, 지능의 개념을 인지 이외의 사회성이나 동기, 성격, 정서, 창의성, 도덕성, 실생활 능력 등을 포함하여 정의하는 지능의 범위에 대한 논쟁도 미해결 과제로 지속되고 있다.

이러한 지능에 대한 정의 외에도 여러 학자들이 지능의 정의를 정리하였는데 홍순정(1993)이 요약한 정의를 살펴봄으로써 지능에 대한 이해를 넓히고자 한다.

- 터만(L. M. Terman): 추상적으로 사고하는 능력을 말한다.
- 우드로우(H. Woodrow): 습득된 정신능력을 말한다.
- 손다이크(E. L. Thorndike): 진실과 사실에 있어서 옳게 반응할 수 있는 능력을 말한다.
- 디어본(W. F. Deaerborn): 개인이 경험에 의해서 학습하고 자기 자신을 풍부하

게 할 수 있는 능력을 말한다.

- 피터슨(J. Peterson): 생물학적 기능을 말한다.
- 비네(A. Binet): 복잡한 정신능력인 인식능력이나 이해, 창조, 판단, 추리하는 능력을 말한다.
- 야스퍼스(K. Jaspers): 합목적적으로 이용하는 일체의 도구를 말한다.
- 웩슬러(D. Wechsler): 개인이 목적적으로 행동하고 합리적으로 사고하며, 능률적으로 환경에 적응하는 종합적 능력을 말한다.
- 스토다드(G. D. Stoddard): 곤란성, 복잡성, 추상성, 경제성, 목표에의 순응성, 사회적 가치, 독창성의 출현을 특징으로 하는 여러 활동, 전력의 집중과 정서적인 힘에 대한 저항을 필요로 하는 조건하에서 그들이 여러 활동을 지속할 수 있는 능력을 말한다.
- 콜빈(S. S. Colvin): 환경에 개인 자신을 적응할 수 있도록 학습할 수 있는 능력을 말한다.
- 피아제(J. Piaget): 제반 외적 조건에 대응하고 내적인 인지구조 작용이 고도로 발전된 균형상태, 생명적, 활동적 조직체계, 균형화에 이르는 동화 · 조절의 모든 과정을 말한다.
- 서스톤(L. L. Thurstone): 사물을 개념적으로 생각하거나 부호를 추상적으로 사고하는 고도의 추상적 사고능력을 말한다.

이상에서 제시한 지능에 대한 견해를 종합적으로 정리하면 앞에서 언급한 학습능력 입장, 추상적 사고능력의 입장 및 적응능력의 입장임을 이해할 수 있으며, 이러한 능력을 지닌 지능이 결국은 개인의 성공적인 생활의 구성요소임을 수용할 수 있을 것으로 보인다. 하지만 지능이 긍정적, 발전적 측면에서 모든 능력의 가능자 역할을 할 수 있을 것이라는 절대적인 과잉기대는 조심스럽게 접근해야 한다.

2. 지능의 발달

지능이 높다는 것은 여러 능력의 가능성을 의미하기 때문에 지능을 발달시킬 수 있는 방법이 있다면 그 방법을 모색하고 이를 실행하고자 한다. 일반적으로 지능은 유전이 절대적이라고 생각하는 시대가 있었지만 근래에는 많은 연구 결과가 지능은 발달되는 것이며 환경, 문화 등에 영향을 받는다고 밝히고 있다.

1) 지능발달에 대한 학자들의 이론

(1) Diamond의 발달이론

Diamond는 지능발달에 대한 연구를 통하여 다음과 같이 정리하고 있다(임정훈 외, 2014, 재인용). 지능은 유아기에 현저히 발달하고 11~12세경까지 거의 직선형으로 상승하며 발달한다. 5~6세부터 11~12세까지 전체 지능발달의 50%가 성장한다.

신생아의 뇌 무게는 400g 정도 된다고 한다. 생후 반년 만에는 두 배로 증가하며 성인남자인 경우는 뇌 무게가 1,350g(여자는 1,250g) 정도가 된다. 이렇게 뇌 무게가 증가하는 것은 회로를 형성하기 때문이다. Diamond는 Rosenzweig와의 연구에서 자극적인 환경에서 자란 쥐일수록 시각령이 발달하였고 세포간의 연결이 증가하기도 하지만 불필요한 연결이나 뇌세포 가지가 계속 솎아내기도 하고 정리되기도 한다고 하는데 쓰지 않는 세포 연결, 불필요한 가지가 정리되어 사라지기 전에 적절하고 풍부한 자극환경이 필요하다고 하였다.

쥐의 경우 지루한 환경이 계속되자 나흘 만에 대뇌피질의 두께가 얇아졌고 인간의 대뇌피질의 경우도 풍부한 자극환경이 대뇌피질의 두께를 증가시키는 정도보다 자극이 없는 지루한 환경이 대뇌피질의 두께를 얇게 하는 정도가 더 크다고 이 연구는 지적한다. 이러한 연구를 결과로 Marian Diamond는 다음과 같이 결론을 내렸다.

첫째, 풍부한 자극이 주어지는 환경 안에서 아이의 대뇌피질을 두텁게 만드는 것이 아이의 지능을 계발하는 데 유익하다.

둘째, 이러한 '풍부한 자극'은 태아 시절에 뇌가 쓰지 않는 불필요한 뇌세포들을 솎아내기 전에 주어져야 한다. 즉, 인생 초기에 결정적 시기가 존재한다.

셋째, 적절한 시기에 뇌를 발달시키지 못했을 경우엔 영구히 회복 불가능할 수도 있지만 그렇지 않을 수도 있다.

이러한 연구결과를 바탕으로 Diamond는 영재교육, 외국어교육, 사고력교육 등의 중요성을 뇌과학적인 측면에서 주장하기도 했다.

(2) Thurstone의 발달 이론

Thurstone에 의하면 지능발달 곡선은 대체로 10세경까지는 지속적으로 발달하다가 9~12세 사이에 변곡점이 나타나고 지능이 낮은 사람은 높은 사람에 비해서 변곡점이 빨리 나타나서 지능발달이 일찍 정체된다고 주장한다. 이 연구 결과들을 종합해 볼 때 지능의 결정적 시기가 유아기부터 청소년기까지인 것으로 볼 수 있다. 따라서 이 시기에 가정과 학교에서 풍부한 교육적 환경과 자극을 제공할 필요가 있다.

20세가 넘은 뒤에도 어떤 지적 능력, 예를 들어 평가력, 종합력, 해석력 등과 같이 경험의 양적 증가와 관련된 능력들은 지속적으로 발달한다. 이와 같은 증거는 19세, 50세, 61세 100명을 대상으로 수행된 연구에서 나타난다. 이 연구에서 수학점수는 19세 때 최고였으며 나이가 들어감에 따라 서서히 내려갔다. 그러나 추리력 검사에서 나타난 점수는 바로 그 반대였다. 추리력 점수는 계속적으로 올라갔으며 61세 때 최고였다. 언어능력 점수는 19세 때보다 50세 때 높았으나 61세 때는 조금 내려갔다. 총점은 19세 때보다 50세 때 훨씬 높았고 그 후 조금 내려가는 경향을 보였다(강태훈 외, 2013). 이 연구는 최소한 현재의 지능검사로 측정된 지능이 나이가 들어감에 따라 결코 하강만 하는 것은 아님을 말해 준다.

또한 Thurstone은 단일한 지능으로부터 다요인 구조의 지능으로 전환되는 결정적인 계기를 만들었는데 그는 다요인 분석 이론을 개발하고 그것을 적용하여 다음과 같은 7개의 기본정신 능력을 확인하였다(임규혁, 1996).

언어이해 요인은 단어의 이해력을 측정하는 요인으로 동의어와 반의어를 포함하는 어휘력 검사와 독해력 검사로 측정된다.

단어 유창성 요인은 단어의 신속한 산출을 요구하는 검사에 의해 측정된다. 예를 들면 T로 시작하는 단어를 제한된 시기에 가능한 한 많이 나열하라. 또는 gy로 끝나는 단어를 생각나는 대로 많이 들어보라는 식으로 측정하는 것이다.

수요인은 더하기, 곱하기 혹은 더 큰 숫자 찾기 등과 같은 기초적인 산수문제에 의해 측정된다. 왜냐하면 이 능력은 전형적으로 계산과 추리 모두를 크게 강조하지만 사전 지식의 범위는 상대적으로 거의 강조하지 않기 때문이다.

공간지각 요인은 각종 상징이나 기하학적 도형과 정신적인 회전을 필요로 하는 검사에 의해 측정된다. 즉, 이 요인은 공간 속에서 어떤 물체를 전환시켰을 때의 성장 능력, 시각화 능력을 보고자 하는 것이다. 따라서 주로 깃발검사, 도형검사, 카드도형검사 등이 사용된다.

기억요인은 기본적으로 단순한 기억력을 검사한다. 따라서 단어나 문장의 회상과 기억검사 등이 주로 사용된다.

추리요인은 주어진 자료에서 일반 원칙을 알아내어 적용하는 능력을 측정하는 요인이다. 따라서 태양, 낮, 달과 같은 유추의 문제와 2, 5, 9, 15 등과 같은 수열완성형 검사에 의해 측정된다.

지각속도 요인은 상징들의 신속한 제언을 요구하는 검사에 의해 측정된다. 여기에는 같은 숫자 찾기 검사, 얼굴검사, 거울보기 검사 등이 포함된다.

(3) Piaget의 인지발달이론

Piaget는 스위스에서 태어나 1918년 Neuchatel에서 생물학 박사학위를 받고 Binet와 Simon의 가르침을 받으면서 지능에 대하여 연구하게 되었다. 피아제의 인지발달이론에서는 도식, 적응, 동화, 조절, 평형화가 중요한 개념이다(김이영 외, 2014). 도식은 사물이나 사건에 대한 전체적인 윤곽을 말한다. 즉 도식은 지식의 기본단위로서 유기체가 외계의 사물을 인지하기 위해 사용하는 이해의 틀에 해당한다. 빨기나 잡기와 같은 최초의 도식들은 본질상 반사적이다.

적응은 환경과의 직접적인 상호작용을 통해 도식이 변화하는 과정이다. 적응은 개인의 욕구를 충족시키기 위해 이루어지는 개인 또는 환경이 수정을 포함하는 매우 복잡한 과정이다. 적응은 동화와 조절이라는 두 가지 수단을 통해 진행된다.

동화는 새로운 환경자극에 반응함으로써 기존의 도식을 사용해 새로운 자극을 이해하는 것을 말하며 조절은 자신이 기존에 가지고 있는 도식으로 새로운 사물을 이해할 수 없을 때 기존의 도식을 변경하는 것을 말한다. 이러한 조절이 나타날 때 도식의 형태에 질적인 변화가 일어나거나 새로운 도식이 획득된다.

평형화는 동화와 조절의 균형을 말한다. 즉 새로운 환경에 접했을 때 기존의 도식으로 접근할 수 없을 때 조절과정이 나타난다. 이 과정에서 평형화가 나타나게 되고 이 불평형 상태는 기존의 도식이 변형되거나 새로운 도식을 습득함으로써 평형상태를 이루게 된다.

Piaget는 인지발달을 감각운동기, 전조작기, 구체적 조작기, 형식적 조작기로 나누었는데 이를 살펴보면 다음과 같다(신명희 외, 2001; 이달석, 1997; 이옥형 외, 1993; 김아영 외 역, 1997).

(가) 감각운동기(0~2세)

감각운동기는 아동들이 주로 감각이나 운동활동을 통하여 환경을 경험해 나가는 생의 초반기에 해당한다. 아이가 태어날 때는 생물학적 기능으로 물건을 빨거나 잡는 등의 신체적 활동을 한다. 그러나 이러한 단순기능은 자라면서 다양한 감각운동적인 도식으로 변화하며 체계화한다. 이 과정을 거치면서 아이들은 점차 자신을 다른 대상과 구별할 수 있게 되고 처음의 반사적인 행동이 점차적으로 목적이 있는 행동으로 변하게 된다. 감각을 동기가 끝날 즈음에는 아이들은 언어와 같은 기본적인 상징도식을 가짐으로 인해 자신의 주변에서 일어나는 일들에 대해서 사고하고 정신적인 표상을 할 수 있게 된다. 감각운동기에 일어나는 가장 중요한 인지발달의 변화는 대상영속성의 개념이다.

대상영속성 개념은 우리 자신을 포함하는 모든 대상들이 독립적인 실체로서 존재하며, 대상이 한 곳에서 다른 곳으로 옮겨지더라도, 또는 시야에서 사라지더라도 다른 장소에 계속 존재한다는 사실에 대해 인지할 수 있음을 의미한다. 아동이 처음에 태어날 때는 대상영속성의 개념을 가지고 있지 않다. 즉 어떤 물건이 시야에서 사라지면 그것이 없어진 것처럼 행동하거나 시야에서 가려지면 아동은 그것을 찾지 못한다. 그러나 아동들은 자라면서 어떠한 물건이 시야에서 가려진다 하더라도 여전히 존재한다는 것을 알며 그전에 그 물건을 보았던 장소로 가서 그 물건을 찾는 행동을 하게 된다. 다른 기본적인 개념들, 예를 들어 공간이나 시간, 인과성에 대한 개념들 역시 태어나면서부터 존재하지 않고 아동들이 자라면서 아동들의 행동도식으로 통합된다.

(나) 전조작기(2~7세)

전조작기를 다시 2~4세경의 전개념적 사고단계와 4~7세 사이의 직관적 사고단계로 구분한다. 전개념적 사고기는 표상을 유아가 여러 가지 형태의 상징 또는 기호로 표현하는 기호적 기능이 사고의 주축을 이루며, 직관적 사고기는 여러 개념이 발달하나 직관적 사고에 한계가 있다.

2~4세경의 전개념 단계에는 가상놀이(소꿉놀이, 기차놀이, 병원놀이, 학교놀이) 등으로 심상능력과 창의력을 배양하며, 특히 우리나라의 3~5세 유아의 전체놀이

중 가상놀이가 차지하는 비율은 45% 정도이며, 소꿉놀이가 대표적인 형태이다(김은기, 1984). 또한 전조작기는 언어를 사용하는데 있어서 자기중심적이다.

전조작기 아동은 논리적이지 못하므로 조작을 하지 않고 보존의 개념도 없이 직관적으로 사물을 판단한다. 조작이란 흔히 사고라는 개념과 동일하게 사용된다. 그러나 여기에서는 외적 조작을 의미한다. 외적 조작이란 어떤 사물의 본질을 설명 · 확인시키기 위해 가시적이고 절차가 확실하여 누구나 수행하면 그 본질을 확인할 수 있는 과정에 의해 사물이나 현상을 정의하는 방법을 말한다.

(다) 구체적 조작기(7~11세)

구체적 조작기의 아동들은 논리적 추리력을 갖는다. 사고가 안정성이 있고 일관성이 있으며 조직적이다. 구체적 조작기의 아동들은 감각적 · 동작적 활동이 없이도 인지적 조작을 할 수 있다. 예를 들면 이 시기의 아동들은 손가락으로 셈했던 산수 과제를 손가락 없이 암산만으로도 셈할 수 있다. 이 단계의 아동들은 자기중심성이 약해지면서 다른 사람의 견해를 받아들일 수 있기 때문에 사회성을 발달시킬 수 있다. 이 단계가 끝날 때쯤 되면 일상생활에 필요한 대부분의 규범을 습득할 수 있기 때문에 사회생활을 영위하는 데 거의 불편이 없을 정도의 지식을 갖는다. 이와 같이 논리적 사고는 현실에 존재하며 구체적으로 관찰할 수 있는 실제 사실에만 한정되어 있다.

이 단계에 습득하는 주요 특징은 탈집중화, 보존성, 서열화 등이다. 이 단계의 아동들은 동시에 여러 차원에 주의를 기울일 수 있는 탈집중하가 발달한다. 전 단계인 전조작기 아동들은 한 번에 하나의 차원 밖에는 주의를 기울이지 못하는데 이는 사물을 여러 측면에서 볼 수 있는 분산적 사고를 하지 못하기 때문이다. 예를 들면 전조작기인 5세 아동과 구체적 조작기인 8세 아동에게 나무로 된 20개의 흰색 구슬과 7개의 갈색 구슬을 보여주고 이들 중 갈색 구슬과 흰색 구슬 중 어느 것이 더 많으냐고 질문을 하면 두 아동 모두 '흰색 구슬'이라고 잘 대답한다. 그러나 흰 구슬과 나무 구슬 중 어느 것이 더 많으냐고 물으면 8세 아동은 '나무 구슬'이라고 잘 대답하나 5세 아동은 질문을 잘 이해하지 못하며 '흰구슬'이라고 틀리게 대답한다. 5세 아동은 구슬이 흰색과 갈색으로 되어 있다고 일단 생각하면 그것을 다른 개념으로 생각하지 못하는데 비해 8세 아동은 동시에 여러 차원으로 사고할 수 있기 때문이다. 즉, 5세 아동은 구슬이 나무로 된 것인지 아닌지를 생각하지 못하나 8세 아동은 구슬의 색깔과 성분을 동시에 생각할 수가 있다.

구체적 조작기 아동들의 사고를 가장 잘 나타내는 것은 보존개념이다. 보존성이란 어떤 수 · 양 · 길이 · 면적 · 부피 등의 차례나 모양이 바뀌어도 그대로 그 특질을 유지한다는 것을 이해하는 능력이다. Piaget는 유명한 액체 보존 실험을 통하여 양의 보존성을 증명하였다. 즉 같은 양의 물임에도 4세 아동은 넓고 낮은 유리병보다 좁고 높은 쪽의 물이 더 많다고 보는 경향이 있다. 하지만 8세 아동인 경우는 유리병이 달라도 물이 같다는 답을 한다. 이는 용기가 다르더라도 그 양은 일정하다는 점을 알기 때문이다.

이 단계에서 가역성의 개념이 이해되어야 보존성의 조작이 이루어진다. 가역성이란 처음 조작을 반대방향으로 하면 원래의 결과가 된다고 생각하는 것이다. 아동들의 보존성의 발달은 구체적 조작기 동안 완성되나 과제의 종류에 따라 발달되는 시기가 다소 다르다. 양의 보존성 및 수의 보존성은 7세경에 발달하고 무게 보존성은 9세경에 발달하며 부피 보존성은 11세경에 나타난다. 아동이 보존성을 갖게 되었다는 것은 전조작적 사고에서 구체적 사고로의 전이를 나타내는 것으로 보존성을 획득함으로써 확고하고 기본적인 논리적 규칙이 발달할 수 있다.

구체적 조작기 동안에 아동들은 무게나 크기 등의 수량적 차원에 따라 여러 사물들의 등위를 매길 수 있는 서열화 능력을 발달시킨다. 4세 아동과 8세 아동에게 10개의 나무막대를 주고 짧은 것에서 긴 것으로 나열하라고 하면 4세 아동은 한쪽 측면만 순서대로 맞추고 다른 측면은 고려하지 못하나 8세 아동은 잘 해 낸다. 이 서열화는 전환성에 의해 습득되어진다. 전환성이란 사물의 성질을 어느 한 차원에서 볼 때 여러 사물들이 일정한 고정된 관계를 지닌다는 것이다. 예를 들면 'A가 B보다 길며, B가 C보다 길면, A는 C보다 길다.'는 것이다. 구체적 조작기의 아동은 전환성이 있기 때문에 A, B, C를 직접 하나하나 대조해 보지 않아도 이 법칙의 타당성을 이해한다.

우리나라 아동의 친척 이름 서열화에 대하여 연구한 결과 한국 아동의 친척 이름 서열화가 일어나는 도약 시기는 6~8세로 보았다. 6세 아동은 잘못 수행하는 경우가 많지만 8세 아동은 거의 대부분 잘 수행하였다. 즉 한국의 복잡한 친척 관계 서열화 인지능력은 구체적 조작기인 8세경에 습득되는 것으로 밝혀졌다(이순형, 1986).

(라) 형식적 조작기(11세~성인)

학생들 별로는 개인차가 있는데 피아제의 발달단계에서도 이러한 현상은 같다. 어떤 학생은 전 학년에 걸쳐 아직도 구체적 조작기에 머무는 학생이 있는 반면 심지어는 일생 동안 머무는 경우도 있다. 그러나 대부분 학교에서 일어나는 새로운 경험들은 결과적으로 학생에게 구체적 조작만을 사용해서는 해결할 수 없는 문제들을 제공한다. 실험실의 실험에서처럼 많은 변수가 상호작용하면 어떻게 되는가? 그렇다면 변수를 통제할 수 있고 가능성을 통해 작업할 수 있는 정신제거 체계가 요구된다. 이것이 Piaget가 '형식적 조작'이라고 불렀던 능력이다.

형식적 사고를 하는 사람은 가설적 상황(사람이 잠을 자지 않는다)을 고려할 수 있고, 또 연역적으로 추론(일반적인 가정에서부터 특수한 의미까지 포함된)할 수 있다. 형식적 조작은 일반적 원리들을 규명해 내기 위하여 귀납적 추론 또는 특수한 관찰을 사용하기도 한다. 예를 들어 경제학자는 주식 시장에서 특수한 변화를 많이 관찰하여 경제 주기에 대한 일반적 원리를 규명하려 한다. 형식적 조작기에 사고를 하는 사람은 가설을 설정하고 그것을 검증하기 위한 정신적 실험을 설정하고 그리고 가설에 대한 타당한 검증을 완수하기 위하여 변수를 고립 또는 통제시킨다.

형식적 조작의 조직적이고 과학적인 사고가 요구하는 것은 학생들이 주어진 상황에 대한 여러 가능성을 체계적으로 생성해 내는 것이다. 다음의 실험은 형식적 조작을 적용하는 학생들을 확인해 내는 것을 도와줄 수 있는데 그 목적은 개인이 상당히 제한된 틀 안에 존재한 여러 가능, 즉 "다음의 옷들을 가지고 얼마나 다양한 옷차림을 만들 수 있을까: ① 세 벌의 웃옷- 폴로 셔츠, 와이셔츠, 티셔츠, ② 세 벌의 바지- 청바지, 반바지, 정장바지. ③ 세 벌의 재킷- 점퍼, 블레이지 코트, 청재킷"이다. 형식적 조작을 할 수 있는 학생은 그 가능성을 체계적으로 늘어 놓으면서 시작할 것이다. 먼저 각 재킷과 폴로 셔츠와 청바지, 다음에 각 재킷과 폴로 셔츠와 반바지, 그 다음은 각 재킷과 폴로 셔츠와 정장바지, 그리고 나서 재킷에 와이셔츠와 청바지, 다음에 와이셔츠와 반바지 등의 여러 가지 가능성을 체계적으로 늘어 놓아본다. 그러나 구체적 조작기의 학생은 훨씬 덜 체계적일 것이다. 즉 호감이 가는 옷에서 시작하여 선호하는 순서대로 계속할 것이다. 구체적 수준으로 조작하는 학생에게 있어서 각 의복을 단 한 번만 사용하면서 3개 정도의 옷차림을 말하는 것은 특별한 일이 아닐 것이다. 그러나 조합의 기초를 이루는 체계는 아직 가지고 있지 않다.

형식적 조작기에서 또 하나의 특징은 청년기 자기 중심성이다. 자기 중심적 사고란 어린 아동과는 달리 청소년들은 다른 사람이 서로 다른 지각과 신념을 가질 수 있다는 것을 부인하지는 않는다. 단지 자신의 이이디어에 초점을 맞추게 될 뿐이다. 그들은 자신의 신념과 태도를 분석한다. 타인들의 사고를 반영하지만 종종 모든 다른 삶들도 그들의 사고 감정과 행동에 자기들처럼 관심이 있다고 가정한다. 이것은 '상상적 청중 감각', 즉 모든 사람들이 자기를 쳐다보고 있다고 느끼는 Elkind(1981)의 설명으로 연결시킬 수 있다. 따라서 청소년들은 자기를 다른 사람들이 분석하고 있다고 믿는다. "모든 사람들이 내가 이번 주에 이 셔츠를 두 번 입었다는 것을 안다." "학급 전체가 나의 대답이 바보 같았다고 생각한다." "모두들 나의 새로운 CD를 사랑하게 될 것이다." 만일 "사람들이 쳐다본다면" 사회적 실수라든지 외모의 결정이 치명적일 수 있다는 것을 알 수 있다. 다행히도 "무대 뒤에 선 듯한" 이러한 감정은 14~15세의 청소년 초기에 절정을 이루는 것으로 보인다.

이 단계에서는 단순히 분류한다는 관련성에 대한 논리적인 것 이상으로 변하며 어떤 명제들 사이에 보다 복잡한 관련성을 인식할 수 있다는 점이다. 여기에서 기본적인 특징을 정리해 보면 다음과 같다.

첫째, 추상적인 것을 포함한 논리적인 사고가 가능하다.

둘째, 장래의 가능성에 대해 추상적으로 사고하는 것이 가능하다는 점이다.

(4) Gardner의 다중지능 이론

Guilford(1959)는 다요인설 관점에서 Thurstone의 기본정신 능력을 확대 · 발전시킨 지능구조 모형을 제안하였다. 그는 인간의 지능은 3개의 필수적 차원이 존재한다고 보았다. 정신능력에 포함되는 내용의 차원과 그 요인에서 요구하는 조작의 차원, 그리고 조작이 내용에 작용하여 나타나는 산출의 세 가지 정신능력에 필수적으로 요구되는 차원이라고 보고 이러한 내용, 조작, 결과를 조합하면 거기에는 특정한 요인이 발생한다고 가정하였다. 이 3차원은 처음에는 내용에 4개 차원, 조작에 5개 차원, 산출에 6개 차원으로서 120개 요인이 제시되었지만 후에는 지능구조 모형을 5개의 내용차원, 6개의 조작차원, 6개의 산출차원으로서 총 180개의 특정요인이 상호결합하여 정신능력을 구성한다ᄀ 하였다.

하지만 최근에는 Sternberg의 시능의 삼위일제 이론과 Gardner의 다중지능 이론이 중요하게 거론된다. Srernberg는 지능을 구성적 부분, 경험적 부분, 맥락적 부분으로 나누었다. 구성적 부분은 개인의 내적 세계와 관련되고 지능작용에서 가장 중심적인 기능을 한다ᄀ 하였다. 기본적 처리를 위해서는 메타요소, 수행요소, 지식습득요소로 구성된다. 경험적 부분은 지능의 구성이 인간의 경험과 밀접하게 관련되어 있어 인지활동을 하는데 반드시 고려해야 할 부분이라고 하였다. 이에 따른 하위요소로는 신기성을 다루는 능력, 정보처리를 자동화하는 능력 등이 있다. 맥락부분은 외적 세계에 대처하여 적응할 수 있는 기능으로 현실상황에서 적응력을 강조한다. 이 맥락적 능력은 전통적인 IQ나 학업성적과는 무관하다. 이 부분은 정규적인 학교교육을 통해서 길러지는 것이 아니다. 하위요소로는 적응, 선택, 조성 등이 있다(신명희 외, 2001). 이들 내용에 대하여 보다 구체적인 언급을 필요로 하지만 여기서는 Gardner의 다중지능 이론에 대하여 살펴보고자 한다.

Howard Gardner(1993)의 다중지능 이론은 상관계수와 요인 분석에 기초하여 발전된 것이 아니라 두뇌의 해부학적 구조와 개인이 속한 문화의 시각에서 지적 능력을 분석하여 이론화하였다. Gardner는 비교적 독립적인 여덟 개의 각 지능이 있음을 주장하고 있다.

어떤 면에서 Gardner의 이론은 요인분석적 접근처럼 보일 수가 있다. 그것은 이 이론이 특정 종류의 지능을 반영하고 있는 것을 보이는 여러 능력을 나열하고 있기 때문이다. Gardner는 현존하는 심리검사들을 전적으로 부정하지 않았고 다양한 심리측정검사들에 대해 요인분석에만 의존하는 것도 아니었다. Gardner는 정보처리 접근, 뇌에 기반을 둔 생리학적 접근 등 종합적인 관점에서 지능을 이해하고자 하였다.

Gardner는 자신이 설정한 준거에 의하여 현존하는 지능검사는 분석능력이나 언어능력만을 측정하는 협소한 개념이라고 비판하면서 7개의 지능을 제안하였다. 누구나 이 지능들 중 최소한 한두 개는 강점으로 소유하고 있다고 주장하면서 이러한 지능이 제대로 기능할 수 있도록 학교교육의 역할이 이루어져야 함을 시사하고 있다. 최근에 Gardner는 자연이해 지능을 첨가하여 8개의 지능을 다중지능으로 주장하고 있다. 또한 준거에 부합하지 않는다고 생각하는 실존지능을 후보지능으로 올려놓고 있다. 이를 살펴보면 다음과 같다(Gardner, 1999; 김이영 외, 재인용).

(가) 언어적 지능

언어 및 단어의 습득을 좋아하는 것, 언어의 여러 기능, 즉 어휘의 소리, 리듬, 의미 그리고 언어의 서로 다른 기능을 예민하게 파악하는 것이다. 시인, 연설가, 언론인, 소설가 및 랩 가수들에게서 발견된다.

(나) 음악적 지능

작곡과 연주에 필요한 고차 수준의 재능이다. 절대 음과 톤에 대해서 민감하고 리듬, 장단, 음색을 만들고 감상하며, 음악적 표현을 이해하는 능력이다. 작곡가들과 성악가, 연주가, 지휘자, 가수 등 음악가들에게서 나타난다.

(다) 논리-수학적 지능

수학, 과학 문제들을 해결하고 논리적 사고를 하며 길게 이어지는 논증을 처리하는 능력이다. 과학자, 수학자들에게서 나타나며 주로 천재들에게서 발견되는 능력이다.

(라) 시각공간적 지능

시각적 · 공간적 세계를 정확하게 지각하고 초기의 지각을 변형하는 능력, 예술과 항해에서 매우 유용하게 사용할 수 있는 능력이다. 항해사와 조각가, 건축가, 사진가, 미술가에게서 나타난다.

(마) 신체-운동적 지능

자신의 신체운동을 조정하고 사물을 기술적으로 처리하는 능력으로 무용가와 운동선수, 마술사에게서 발견된다.

(바) 인간관계 지능

다른 사람의 기분, 기질, 욕구 등을 분별하고 적절하게 반응하는 능력으로 심리치료가나 외판원, 카운슬러, 종교인, 사상가 등에게서 발견된다. 감성이나 Thorndike가 말한 사회지능과 유사하다.

(사) 자기이해 지능

자신의 정서를 이해하고 감정들 사이의 차이를 구분하고 그에 따라 행동을 조절하고 자신의 행동을 이끌기 위해서 그 정서들을 적절히 활용할 줄 아는 능력으로 섬세하고 정확한 자기 자신에 대한 지식을 가진 사람들에게서 발견된다.

(자) 자연이해 지능

사물들을 조직화하거나 기능하는 방식으로 또는 이 두 가지 모두를 사용하여 패턴들을 재인하는 능력으로 식물계와 동물계를 재인하는 능력이다. 생물학자나 물리학자 등 자연과학자들에게서 발견된다.

Sternberg의 삼위일체 이론과 Gardner의 다중지능이론은 상호보완적 관계를 가지고 있다. 즉 Gardner가 주장하는 특정 영역의 지능도 메타요소, 실행요소, 지식습득 요소의 세 성분으로 구성되어 있다고 할 수 있다. 따라서 각 영역의 지능을 증진시키기 위해서는 이 세 가지 성분을 중심으로 교육 프로그램이 개발되어야 한다는 것을 시사하고 있다(나동진, 2005).

Sternberg와 Gardner는 지능의 측정은 언어와 수학검사들에서의 점수들 외의 다른 요인들을 바탕으로 평가해야 한다고 주장하고 있다. 이 점수들에만 의존하는 것은 음악적 또는 체육적 능력과 같은 개인의 다른 강점들을 간과할 수 있기 때문이다. 이는 기존의 협소한 지능 개념에서 벗어나 광범위하게 볼 것을 제안하고 있는 것이다.

3. 지능검사

지능검사는 분류기준, 목적에 따라 여러 가지 방법으로 나눌 수 있다(신명희 외, 2001).

첫째, 일반 지능검사는 여러 가지 정신능력을 종합적으로 측정하는데 반해 특수 지능검사는 추리력검사, 기억력검사, 주의력검사와 같이 각 정신능력을 독립적으로 측정하도록 구성되어 있다.

둘째, 언어검사와 비언어검사로 나눌 수 있다. 언어검사는 검사문항이 주로 언어에 의존하고 있어 피험자가 주어진 언어자극을 통해 문제를 이해하고 언어를 사용해서 문항에 대답하게 되어 있다. 이런 검사를 알파검사라고 부르기도 한다. 비언어검사는 문항구성이 언어자극을 최소화시킨 검사이며 주로 취학 전 아동이나 문해자, 장애자들을 위해 개발된 지능검사이다. 주로 도형, 그림, 기호 등을 사용하여 실제작업을 통해 측정하며 이런 검사를 베타검사라 한다.

셋째, 동작검사와 필답검사로 구분한다. 피험자로 하여금 구체적 자료를 가지고 어떤 작업을 요구하는 검사를 동작검사라고 하며 나무토막, 그림, 나사, 종이, 간단한 기구 등을 통해 실제 작업을 하게 하여 지능의 수준을 판단한다. 반면 필답검사는 종이 위에 검사문항이 제시되어 읽고 답을 쓰기만 하면 된다. 동작검사는 주로 개인 지능검사이며 필답검사는 집단 지능검사이다

넷째, 한 번에 한 피험자를 대상으로 하는 경우를 개인 지능검사라고 하며 한 번에 여러 사람에게 동시에 실시하도록 구성되어 있는 검사를 집단 지능검사라고 한다. 개인 지능검사는 타당성, 실시의 정확성, 임상적 해석 가능 등의 장점을 가지고 있으나 실시가 복잡하고 고도의 훈련과 기술이 요구되며 검사시간도 오래 걸린다. 반면 집단 지능검사는 한 번에 여러 사람을 측정할 수 있지만 여러 가지 오차요인을 통제하기 어렵기 때문에 그 신뢰성이 떨어진다. 우리나라의 개인 지능검사는 고대-비네검사, K-WISE, 인물화 지능검사, 아동

용 개인 지능검사(KEDI-WISC)가 있으며 대부분은 집단 지능검사이다.

4. 지능지수와 분포

지능지수는 지능을 표준화 검사도구를 사용하여 그 결과치를 수치로 표현한 것이다. 지능지수는 1905년 Binet가 처음 제작하였다. 일반적으로 지능지수는 정신연령(M.A) 지능지수(I.Q), 편차지능지수(deviation I.Q) 등의 표준척도로서 표현하고 있다.

정신연령을 양적화한 것이 지능지수이다. 정신연령은 지능면에서 각 연령집단이 가지고 있는 평균치인 발달수준을 그 연령집단의 정신연령으로 보는 것이다. 가령 5세 아동이지만 6세 아동이 풀어야 할 문제를 푼다면 지능의 발달지수인 지능지수는 6세에 해당하는 것이므로 정신연령은 6세가 되는 것이다. 흔히 '머리가 좋다'라는 표현은 같은 나이 중에서 지적 부분에 앞서 있는 정신연령을 의미한다 할 수 있다. 하지만 이러한 정신연령을 구성하는 요소는 학자들에 따라 다양하게 제시하고 있다.

1) 지능지수

지능을 수량화하는 것을 말하는데 1912년 독일의 심리학자 Stern이 공식화한 것이 오늘날의 I.Q의 개념이다. 이를 공식으로 표시하면 다음과 같다.

$$I.Q = \frac{M.A(\text{정신연령})}{C.A(\text{생활연령})} \times 100$$

2) 지능지수의 분포

지능검사에서 나타난 수치를 통하여 그 지능의 단계와 분포 비율을 살펴보면 〈표 3-1〉과 같다.

표 3-1 지능지수와 분포(Cronbach, 1960).

지능단계	지능지수	백분율(분포)
최우수	140 이상	1.3
우수	130~139	8.2
	120~129	8.2
평균상	110~119	18.1
평균	100~109	23.5
	90~99	23.0
평균 하	80~89	14.5
장애한계	70~79	5.6
정신지체	69 이하	2.6
노둔	50~69	
치우	25~40	
백치	20~25	

* 노둔, 치우, 백치 부분은 임창재 교육심리(1995)를 참고함.

편차지능지수와 백분위의 규준은 [그림 3-1]과 같다.

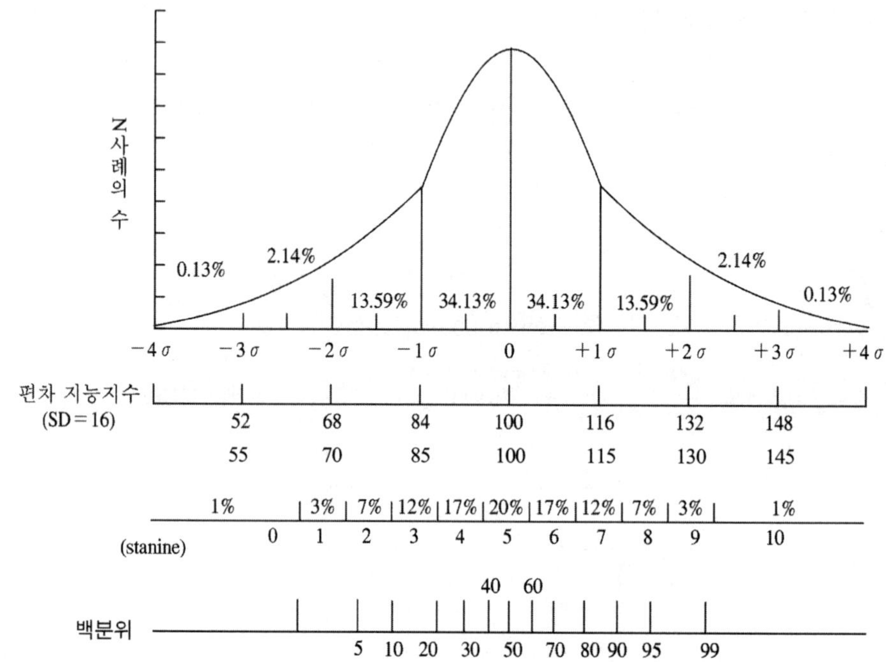

[그림 3-1] 편차지능지수와 백분위의 규준

참고 문헌

강태훈, 이대석, 이주하, 이정원, 조삼호(2013). 최신교육심리학. 서울: 학이당.

김아영, 백화정, 설인자, 양혜영, 이선자, 정명숙 역(1997). 교육심리학. 서울: 학문사.

김은기(1984). 유아의 상상놀이에 관한 일 연구. 이화여자대학교 교육대학원 석사학위 논문.

김이영, 백경숙, 진재선, 최윤희, 한용기, 홍성훈(2014). 교육심리학. 경기: 양서원.

김형태(2007). 교육심리학. 서울: 태영출판사.

나동진(2005). 교육심리학: 인지적 접근. 서울: 학지사.

신명희, 박명순, 권영심, 강소연(2001). 교육심리학적 이해. 서울: 학지사.

이달석(1997). 교육심리학. 서울: 학지사.

이성진(1996). 교육심리학 서설. 서울: 교육과학사.

이순형(1986). 한국아동의 친인척명의 인지발달: 친족관계의 분류, 서열, 군집, 동시성 및 항상성 인지 비교. 서울대 대학원 박사학위논문.

이옥형, 이종숙, 임선빈(1993). 교육심리학. 서울: 집문당.

임규혁(1996). 학교학습 효과를 위한 교육심리학. 서울: 학지사.

임정훈, 한기순, 이지연(2014). 교육심리학. 경기: 양서원.

임창재(1999). 교육심리학. 서울: 학지사.

홍순정(1993). 지능과 창의성. 경기: 양서원.

Elkind, D. Obituary-Jean Piaget(1896-1981). *American Psychologist*, 36, 911~913.

Gardner, H.(1993). *Multiple intelligence : The theory into practice.* New York: Basic Books.

Gardner, H.(1999). *Intelligence reframed: Multiple intelligence for the 21st centry.* New York: Basic Books.

Guilford, J. P.(1959). *Three faces of intellect. American Psychologis, 14*, 469-479.

Sternberg, R. J., & Berg, C. A.(1986). Quantitative integration: *Definitions of intelligence: A comparison of the 1921 and 1986 symposia. In R. J. Sternberg, & D. K. Detterman(eds.). What is intelligence?: Contemporary viewpoints on its nature and definition*(pp. 155~162). Norwood, NJ: Ablex Publishing Corporation.

제4장

정서지능

1. 정서지능의 개념
2. 정서지능의 구성요소
3. 정서지능이 우리 생활에 미치는 영향
4. 지능지수와 정서지능지수로 본 교육모델

1. 정서지능의 개념

정서지능을 다루기 전에 정서(emotion)에 대한 개념을 정리해 보면 정서란 사람의 마음에 일어나는 여러 가지 감정을 불러일으키는 기분이나 분위기를 말한다. 어원적인 입장에서 라틴어의 emotus에서 나온 것으로 원래의 뜻은 운동이라는 뜻이며 내적 요구에서 생긴 외계에의 행동 혹은 행동 경향을 의미한다.

따라서 정서에는 다음의 4가지 요소가 있다.

첫째, 유기체 내부의 생리적 동요: 이것은 정서표출의 호흡, 맥박, 내분비, 안면표정 등의 변화를 말한다.

둘째, 자극대상: 이것은 물체뿐만 아니라 기호, 언어, 문장, 사회조건, 관념, 기억 등이 포함된다.

셋째, 자극: 이것은 자극 대상이 유기체 내부에 유발하는 감정 체험이다.

넷째, 행동: 정서에 수반해서 나타나는 행동이다. 이 중에는 화냄과 같은 공격적 파괴행동, 연애, 기쁨과 같은 정서 표출의 접근행동, 공포의 정서에 나타나는 도피 반응, 우울 및 비참함의 정서표출에 나타나는 반응의 정지 등이 있다.

또한 정서에 관한 심리학설에는 진화설, 말초 기원설, 갈등설, 정신분석학설 등 네 가지가 있는데 이를 살펴보면 다음과 같다(교육학대사전, 1980).

첫째, 진화설은 정서의 기원, 정서적 표현의 기원에 관한 것이다. 스탠리(Stanley, H. M.)는 정서는 모든 심적 능력이 발생하는 모태이며 심적 능력의 발달은 정서의 여하에 따라 결정된다는 설이다. 최근에는 라크미크(Rackmick, C. A.)가 비슷한 주장을 하고 있다. 스펜서(Sepencer, H.)와 다윈(Darwin, Ch.)의 정서에 관한 진화론적 기원설은 정서의 연구에서 뿐만 아니라 일반심리학에까지 절대적인 영향을 미치고 있다. 그것은 현대인의 복잡한 심리현상을 원시인의 심리나 행동을 분석함으로써 설명하려는 것이 특징이다.

둘째, 말초 기원설은 제임즈(James, W.)와 랑게(Lange, C. G.)가 거의 동시에 정서는 신체적 · 유기적 감각의 인지에 지나지 않는다는 주장을 했다. '우리들은 슬프기 때문에 우는 것이 아니라 울기 때문에 슬픈 것이다'라는 유명한 James-Lange Theory을 주장했다.

이 설은 여러 가지 비판을 받았으며 슬픈 감정은 실제 울기 때문에 생기는 것이 아니라 울려고 하는 준비태세와 함께 생긴다는 수정론이 생겼다.

셋째, 갈등설은 생물이 적당히 대처할 수 없는 사태에 대하여 느끼는 상태라는 설로서 샌드(Sand, A.), 퍼얼란(Paulhan, F.)이 주장하는 학설이다. 캐넌(Cannon, W. B.)은 정서의 응급설(emergency theory)을 주장하고 있다. 이것은 정서활동을 하는 사이에 간장에서 글리코겐이 혈액 속에 흘러나오며 심상의 고동이 급해짐으로써 비상사태에 적응할 수 있도록 한다는 설이다.

넷째, 정신분석학설을 강조한 프로이트(Freud, S.)는 어릴 때의 강렬한 정서가 무의식계에 억압되어 남아 있게 되며, 이것이 신경증 및 그 이외의 부적응행동의 원인이 된다고 주장하고 있다.

그렇다면 정서지능의 개념은 어떻게 내려야 할까? 정서지능에 대한 문제가 거론되는 데에는 그동안 꾸준히 강조되었던 인지적 지능, 그리고 그 지능을 측정하고자 한 지능지수의 한계가 계속적으로 제기되어 왔기 때문이다. 이러한 한계에 부딪치는 것은 지능지수가 높다 하여 학업에 반드시 성공하거나 사회적으로 훌륭한 삶을 산다는 정적 상관관계가 계속 유지되지는 않는다는 점이기 때문이다. 또 하나 정서지능이 대두된 배경에는 신경생리학의 발달이라는 점이다. 신경생리학적으로 볼 때 이성을 관장하는 뇌의 신피질은 출생 당시 완전히 발달되지 않은 상태지만 감성을 관장하는 편도는 대부분 출생 시부터 거의 완전한 형상을 갖추고 있고 유아기에 걸쳐 빠르게 성장한다. 즉 이성을 관장하는 뇌가 생성되기 이전부터 감성을 관장하는 뇌가 존재했다는 점이다. 특히 돌발상황 시 대뇌 변연계가 두뇌 전체의 기능을 제압하므로 신피질의 이성적 판단이 개입할 여지도 없이 신체반응을 유발한다는 것이다(정옥분 외, 2007).

이러한 이유로 인하여 정서지능에 대한 관심이 높아지고 중요성이 부각되기에 이르렀다. 그러면 정서지능에 대한 개념은 어떻게 정리할 수 있을까? 이에 대하여 김형태(2007, 재인용)의 정리를 인용하여 보면 다음과 같다.

Salovey와 Mayer(1990)는 다양한 인지적 및 사회적 문제해결 과제에는 정서적 정보가 개입되고 그런 정보는 인지적 정보와는 다르게 처리되며, 또한 그 정보를 다루는데 개인차가 존재한다고 가정하고 정서지능이란 개념을 제시하였다. '정서지능이란 자신과 타인의 정서를 평가하고 표현할 줄 아는 능력, 자신과 타인의 정서를 효과적으로 조절할 줄 아는 능력, 그리고 자신의 삶을 계획하고 성취하기 위해서 그런 정서를 이용하여 활용할 줄 아는 능력이다(Mayer & Salovery, 1990, pp. 185~211)'라고 하였다. 이 정의에 의한 정서지능 개념 모형 안에는 정서의 언어적 및 비언어적인 평가와 표현, 자신과 타인에 대한 정서의 조절, 문제해결에서 정서적 내용의 활용과 같은 3가지 요소가 포함된다.

Salovey와 Mayer는 지능이라는 말에 담긴 '과도한 주장(overblown claim)'을 의식해서 정서지능이란 용어 대신에 '정서능력(emotional competency)'이라는 말을 사용하려고 했지만 그들의 견해를 전통적인 지능문헌과 연계시키기 위하여 지능이라는 용어를 사용했다.

Goleman(1995)은 '정서지능이란 정서를 지각하고 정서를 조절하며 스스로에게 동기를 부여하고 타인의 정서에 대해 인식하며 대인관계를 이루는 것이다'라고 하였다. Goleman의 이러한 정서지능의 개념은 능력 모델처럼 정서지능을 정서와 관련된 어떠한 능력으로만 보는 것이 아니라 동기를 부여하거나 다른 사람들과의 원활한 관계를 맺는 것과 같은 성격적 특성이 포함된 개념으로 본 것인데, 이러한 관점 때문에 Goleman의 정서지능의 개념이 많은 사람들에게 대중화되는 데 큰 기여를 하게 되었다.

전통적인 지능문헌에서 정서지능과 관련되는 개념은 사회적 지능(social intelligence)이다. 지능연구에서 사회적 지능개념은 한편으로는 Thorndike(1920)

이래로 오랜 역사를 지니고 있지만 다른 한편으로는 학자들의 관심의 기복이 심한 역사를 가지고 있다(Walker & Foley, 1973). 이것은 지능이론가들이 사회적 구인의 중요성을 인식하면서 사회적 지능 구인의 본질이 모호해 경험적 연구를 수행하는데 어려움이 있었음을 암시한다. Thorndike는 사회적 지능을 '타인에 대한 민감성과 인간관계에서 현명하게 행동하는 능력'으로 정의하면서, 사회적 능력이 하나의 필수적인 인간능력이라 주장했다.

Cronbach(1960)는 지난 50여 년 간 간헐적으로 수행되어온 사회적 지능연구를 개관하면서 '사회적 지능은 아직 정의되지 않았고 측정되지 않은 상태로 남아 있다'라고 회의적인 결론을 내렸다. 그러나 오늘날 사회적 지능에 대한 관심이 여러 지능이론가들에 의해 재개되고 있다(Cantor & Kihlstrom, 1987; Epstein & Feist, 1988; Ford, 1982; Gardner, 1993; Sternberg, et al., 1981).

Salovey와 Mayer(1990)는 정서지능이 일종의 사회적 지능이고 사회적 지능은 전통적인 지능 연구에서 오랜 역사를 갖고 있기 때문에 정서와 지능을 결합시켜 정서지능이란 말을 사용하는 것은 모순되지 않는다고 언급했다. 그들은 정서지능이 특히 Gardner(1983)의 다중지능(MI)이론에서 개인지능과 중첩된다고 간주한다. MI이론에서 개인지능은 다시 내성지능(interpersonal intelligence)과 대인관계 지능(interpersonal intelligence)으로 구분되는데, Gardner와 Hatch(1989, p. 6)에 따르면 내성지능은 자기-지향적인 구인으로서 '자기 자신의 감정과 강점에 접근하고 그들을 변별하며 행동을 유도하기 위해서 그들을 끌어들이는 능력이다.' 또한 대인관계 지능은 타인-지향적인 구인으로서 '타인의 기분, 기질, 동기, 욕구를 분별해서 그들에게 적절하게 반응하는 능력이다.'

개인지능의 이런 개념은 정서지능만큼 정서의 역할을 강조하고 있지는 않지만 다른 사회적 지능이론보다는 자신과 타인의 정서와 감정에 대한 평가와 조절, 그리고 그런 정서적 정보를 활용하는 내용을 담고 있어 분명히 더 중첩되는 개념이다.

EQ에 대한 이와 같은 개념은 인간이해에 대한 새로운 관점과 지평을 열어 놓았으며, 새로운 인생항로로 나아가기 위한 지혜를 제공해 주는 것으로 이해된다. EQ에 교육학적 의의를 부여한다면 우리의 학교교육에 대한 새로운 반성과 'IQ에서 EQ에로의 전환' 혹은 'IQ와 EQ의 상호보완'을 요구하고 있다는 것이다.

그러나 이러한 EQ에 대한 논의는 IQ에 대한 대안이며 인간의 능력평가 기준으로서 좋은 잣대가 될 수 있지만 워낙 추상적인 면이 있고, 수치화될 만큼 발달된 개념이 아니어서 측정하기가 힘들다. 또한 측정했더라도 개인 간에 비교해서 서열화 하는 것이 바람직하지 못하므로 해석의 어려움도 따른다.

결국 사람의 인성이나 성품을 수치로 측정하기는 불가능한 일이지만 IQ라고 하는 수치적인 잣대로만 평가하는데서 벗어나 '실질적이고 진정한 지능'의 측정이라는 점에서 EQ의 의미를 찾아야 한다.

2. 정서지능의 구성요소

정서지능의 구성요소들은 정서지능의 개념 속에 함축되고 표현되어 있다. 정서지능의 구성요소 역시 Salovey와 Mayer(1990, 1997)가 제안한 정서지능의 개념에 잘 나타나 있는데 문용린 등(1999)은 이들이 1990년에 제안한 정서지능의 구성요소를 '3영역 10요소' 모형으로, 1997년에 제안한 정서지능의 구성요소를 '4영역 4수준 16요소 모형'으로 명명하여 설명한다. Salovey와 Mayer가 제시한 정서지능의 하위 구성요소들은 매우 복잡하게 구성되어 있기 때문에 문용린 등이 언급한 모형으로 이해하면 보다 단순화시켜 정서지능의 하위구성요소들을 이해할 수 있다는 장점이 있다. 문용린 등의 논의를 중심으로 Salovey와 Mayer가 제안한 정서지능 구성요소의 모형을 살펴보면 다음과 같다(임정훈 외, 2014, 재인용).

1) 정서지능 구성요소의 초기 모형: 3영역 10요소 모형

이 모형은 정서지능을 크게 정서의 인식과 표현, 정서의 조절, 그리고 정서의 활용 세 가지 영역으로 구분하고 각 영역별로 2~4개의 하위 요소들을 제시하고 있다. 먼저 정서의 인식과 표현 영역은 정서지능에서 가장 기본적이면서도 중요한 영역이다. 왜냐하면 자신의 정서를 보다 빠르게 지각하고 반응하는 사람이 자신의 감정을 보다 적절히 반응하며, 나아가 타인에게 자신의 정서를 잘 표현할 수 있을 뿐만 아니라 타인의 감정과 기분을 이해하며 공감할 수 있기 때문이다.

다음으로 정서의 조절 영역은 자신과 타인의 정서를 통제하고 조절하는 능력과 관련이 있다. 이 영역은 감정이나 기분 상태를 처리하는 과정에 보다 강조점을 둔 것으로서 처리과정의 숙련도에 따라 특정 목표에 도달하는 능력으로 간주할 수 있다. 정서조절은 자기 자신의 정서조절과 타인의 정서조절 두 가지 요소로 분류된다.

정서의 활용 영역은 사고 추리, 문제해결, 창의적 과제 등을 해결할 때 정서를 적응적으로 활용하는 능력과 관련이 깊다. 이 영역은 문제의 성격에 따라 자신의 정서와 기분을 적응시켜 보는 능력을 다루고 있다. 융통성 있는 계획을 세우고 창의적으로 사고하며 주의집중을 전환시키거나 정서를 동기화시키는 데 있어서 정서를 적절히 활용하는 능력 요소들이 이 영역에 해당된다.

이를 표로 정리하면 〈표 4-1〉과 같다

표 4-1 정서지능의 요소: 3영역 10요소 모형

3영역	10요소
영역 I. 정서의 인식과 표현	• 요소 1: 자기정서의 언어적 인식과 표현 • 요소 2: 자기정서의 비언어적 인식과 표현 • 요소 3: 타인 정서의 비언어적 인식과 표현 • 요소 4: 감정이입

영역 2: 정서의 조절	• 요소 5: 자기의 정서 조절 • 요소 6: 타인의 정서 조절
영역 3: 정서의 활용	• 요소 7: 융통성 있는 계획 세우기 • 요소 8: 창의적 사고 • 요소 9: 주의집중의 전환 • 요소 10: 동기화

출처: Salovey & Mayer(1990).

2) 정서지능 구성요소의 후기 모형: 4영역 4수준 16요소 모형

정서지능 구성요소의 후기 모형은 4영역 4수준 16요소 모형으로 나누어지는데 이를 살펴보면 다음과 같이 나누어 볼 수 있다.

첫째, 정서지능 구성요소의 후기 모형은 두 가지 측면에서 종전의 모형과 다르다. 첫째는 정서와 사고를 좀더 명백하게 관련시켜 정서지능과 일반지능의 공통성을 어느 정도 부각시키면서 다른 한편으로는 일반지능과의 변별성을 높이고자 노력하였다. 둘째는 정서지능을 구성하는 여러 가지 능력들을 능력의 중요성에 따른 '위계'와 복잡성의 증가에 따른 '수준'으로 배열했다는 것이다. 즉 정서는 영역 Ⅰ부터 Ⅳ의 순서대로 단계적으로 구성되어 있는데 가장 기본적이면서도 단순한 것이 정서의 인식과 표현능력이며, 가장 높은 수준의 정서가 정서를 반영적으로 조절하는 능력이라는 것이다.

아울러 각 영역별로 발달 단계적 측면에 비추어 볼 때 수준 I은 발달 초기에 나타나는 능력이며 II, III, IV수준으로 갈수록 발달 후기에 나타나는 능력이라는 것이다. 먼저 정서의 인식과 표현 영역은 인간 각자가 정확하게 정서를 파악하는 능력척도와 관련된다. 유아기에 자신의 정서를 지각하고 인식하는 능력에서 출발하여 타인이나 무생물 대상의 정서까지 그 범위를 확대한다. 그에 따라 자신의 욕구와 감정을 표현하는 능력도 발달하게 되며 그 발달의 수준별로 4가지 수준에 따라 4요소가 포함된다.

둘째, 정서적 사고의 촉진 영역은 정서가 지능에 영향을 미칠 수 있다는 가정 하에 중요한 변화와 사건에 주의를 기울이게 하여 사고를 형성하고 촉진하게 한다는 정서적 능력과 관련되어 있다. 이 영역 또한 발달수준별로 4수준에 따라 4요소가 포함된다.

셋째, 정서의 이해와 분석 영역은 정서적 지식의 활용 영역이라 불리기도 하는데 정서를 이해·분석하고 정서적 정보를 담고 있는 지식을 활용하는 능력과 관련되어 있다. 인간은 성장하면서 복잡하고 상반된 정서가 동시에 존재할 수 있다는 점을 이해하게 되면서 이를 인간관계에 활용하게 되는 단계가 이 영역이라 할 수 있으며, 이 영역 역시 수준별로 4수준에 따라 4요소가 포함된다.

넷째, 정서의 반영적 조절은 가장 높은 수준의 정서지능 영역으로서 정서적 지적 성장의 향상을 위하여 정서를 의식적으로 조절하는 능력과 관련이 있다. 특히, 인간이 발달함에 따라 자신의 기분과 정서를 반영적 혹은 반성적으로 인식하고 조절하는 능력에 초점으로 두고 있는 영역이며, 이 영역 또한 4수준에 따라 4요소가 포함된다. 이러한 4영역 4수준 요소 모형은 〈표 4-2〉와 같다.

표 4-2 정서지능의 구성요소: 4영역 4수준 16요소 모형

4영역	수준 및 하위 구성요소
영역 I: 정서의 인식과 표현	• 수준 1 : 자신의 정서를 파악하기 • 수준 2 : 자신 외부의 정서를 파악하기 • 수준 3 : 정서를 정확하게 표현하기 • 수준 4 : 표현된 정서를 구분하기
영역 II: 정서를 통한 사고의 촉진	• 수준 1 : 주의를 집중하여 사고의 우선순위 정하기 • 수준 2 : 정서를 이용하여 판단하고 기억하기 • 수준 3 : 정서를 이용하여 다양한 관점 고려하기 • 수준 4 : 정서를 활용하여 문제해결, 창의적 사고하기
영역 III : 정서의 이해와 분석 (정서적 지식의 활용)	• 수준 1 : 미묘한 정서 간의 관계 이해하고 명명하기 • 수준 2 : 정서 속에 담긴 의미를 해석하기 • 수준 3 : 복잡하고 복합적인 감정을 이해하기 • 수준 4 : 정서들 간의 전환을 분석하고 이해하기

영역 Ⅳ : 정서의 반영적 조절	• 수준 1 : 정적, 부적 정서를 개방적으로 수용하기 • 수준 2 : 정서에 거리를 두거나 반영적으로 조망하기 • 수준 3 : 자신과 타인과 관련된 정서를 반영적으로 조망하기 • 수준 4 : 자신과 타인의 정서를 관리 · 조절하기

출처: Mayer & Salovey, 1997.

Mayer와 Salovey는 이후 Caruso와 함께 4영역 4수준 16요소 모형을 수정하여 인지와 정서 체계를 통합하여 정서지능을 정서의 지각, 정서의 통합, 정서의 이해, 정서의 관리 네 가지 요인을 중심으로 한 정서지능의 4요인 모델을 제안하기도 하였다(Mayer, Salovey, & Caruso, 2000).

3) Goleman의 정서지능 구성요소

Goleman은 정서지능의 개념을 대중화시키는데 큰 공헌을 했는데 그는 1995년 정서지능이라는 책에서 정서지능의 구성요소를 자기인식(self-awareness), 자기조절(self-management), 자기 동기화(self-motivating), 감정이입(empathy), 사회적 기술(social skill) 등의 다섯 가지로 제시하였는데 구체적 내용은 〈표 4-3〉과 같다(김형태, 2007).

표 4-3 Goleman의 정서지능 구성요소

정서지능의 구성요소	내 용
자기인식	자신이 느끼는 감정을 재빨리 인식하고 알아차리는 능력으로 정서지능의 초석이 된다.
자기조절	자기조절은 인식된 자신의 감정을 적절하게 처리하고 변화시킬 수 있는 능력이다.
자기 동기화	어려움을 참아 내어 자신의 성취를 위해 노력할 수 있는 능력이다.
감정이입	타인이 느끼는 감정을 자신의 것처럼 느끼고 타인의 감정을 읽어 내는 능력이다.

사회적 기술	인식한 타인의 감정에 적절하게 대처할 수 있는 능력을 말하며, 적절한 정서표현력을 말한다.

3. 정서지능이 우리 생활에 미치는 영향

정서지능을 정확하게 측정하기에는 아직 측정도구 개발에 많은 노력이 필요한 때이지만 정서지능이 우리 생활에 미치는 영향은 절대 소홀할 수 없는 부분이다. 이 내용을 구체적으로 정리하면 다음과 같다(김충기, 2001).

(1) 성공을 결정하는 것은 IQ가 아니라 EQ이다. 성공을 결정하는 요인 중 IQ의 기여도는 20%에 불과하고 성공을 결정짓는 요인의 80%는 사회적 지위에서 행운에 이르기까지 IQ 외적 요소이다.

골드만은 성공적인 삶을 이끄는 요소는 정서지능, 즉 스스로를 동기화하는 능력, 좌절감을 극복할 수 있는 의지력, 충동을 조절하고 즐거움을 찾을 수 있는 능력, 공감하고 희망을 가질 수 있는 능력, 감정을 조절하는 능력, 사고의 늪에 빠지지 않는 능력, 공감과 희망을 가질 수 있는 능력에 있다고 한다.

(2) 정서적으로 불안하면 정상적인 사고를 할 수 없다.

정서불안은 인간의 지적 능력에 손상을 일으키며 학습할 수 있는 능력을 저하시킨다. 걱정을 많이 할수록 학업 성취도가 낮다. 기분이 좋을 때 긍정적인 일을 더 잘 기억하고 적극적으로 생각하고 모험이나 위험이 닥쳤을 때 어려운 일을 더 잘 감당한다.

(3) 우울을 조절하면 좌절을 극복하게 되어 최고의 창의력이 발휘된다.

따라서 우울감을 극복하기 위해서는 사교적 관계가 필요하다. 즉 외식이나 영화관람, 운동경기, 자원봉사활동, 종교활동 등이 효과적이다.

(4) 낙관적인 사고는 위대한 동기촉진제이다.

낙관적인 생각과 삶은 어떤 일에 대해 긍정적으로 보기 때문에 실패를 이겨낼 수 있다. 일에 있어서 다소의 긴장감을 감소시켜 일의 성취를 맛볼 수 있다.

(5) 분노를 억압하지 말라. 그러나 그것에 따라 행동하지 말라.

분노조절은 휴식이나 운동으로 신체적 흥분상태를 식혀 줌으로써 분노감정이 이완되고 건설적이고 추상적인 방법으로 다른 사람들과 이야기한다. 심하게 분노를 억압하게 되면 일시적인 분노의 폭발로 오히려 인간관계나 자신의 건강 등에 역효과가 있을 수 있다.

(6) 미래의 지도자는 정서지능이 높은 사람이다.

감성지능이 높은 사람은 유머가 있고 사물을 여유롭게 대함으로써 현명한 판단을 하게 된다. 따라서 정서지능이 높은 사람은 능력 있는 미래의 지도자가 될 수 있다.

그러므로 정서지능이야 말로 우리 일상생활에 크게 영향을 미치고 있음을 인식하고 여기에 현명하게 대처하는 능력을 키워야 한다. 따라서 인간이라면 누구나 정서적 삶을 산다는 점을 당연한 삶의 요소로 받아들인다면 정서지능이 매우 중요하다는 점을 무시할 수는 없다. 일반적으로 인간의 정서를 7가지로 분류하는데 이는 희로애락애오욕(喜怒哀樂愛惡慾), 즉 기쁨, 노함, 슬픔, 즐거움, 사랑함, 싫어함, 욕심을 나타내는 감정을 말한다. 이러한 감정을 어느 정도로 표현하고 억제하며 자제할 수 있는가 하는 능력을 정서능력이라고 한다. 우리는 이러한 정서능력을 잘 통제할 줄 알아야 가정, 학교, 사회생활에 잘 적응하는 유능한 인간이 될 것이다.

4. 지능지수와 정서지수로 본 교육모델

지능지수가 무엇을 어떻게 아느냐? 이라면 정서지수는 무엇을 어떻게 느끼느냐?, 그리고 어떻게 그 감정을 조절하느냐? 하는 정서의 영역를 말한다.

이러한 지능지수와 정서지수에 대한 교육모델을 4가지로 구분할 수 있는데 어떻게 교육하느냐에 따라 교육적 결과에 차이가 있을 수 있다. 교육모델별 내용을 살펴보면 다음과 같다(김형태, 2001).

1) 지능지수 위주의 교육(IQ모델)

'IQ 모델'은 IQ만을 강조하는 교육이다. 이는 수리, 지식 및 논리를 강조하여 머리는 발달되지만 가슴으로 느끼는 EQ가 없기 때문에 냉정한 사람이 되기 쉽고 도덕 및 윤리성이 낮은 사람이 된다. 가정과 사회에 해악을 주는 영악한 꾀돌이 지식인을 만들기 쉽다. 따라서 'IQ 모델'은 전인교육에서 인성교육 부분이 약하다. 근래에 인성교육의 중요성이 강조되고 있고 법령까지 제정한 상태이기 때문에 IQ만을 강조한 교육은 그리 추천할 만한 교육이라 보기 어렵다.

2) 먼저 지능지수, 후에 정서지수 교육(IQ-EQ모델)

'IQ-EQ 모델'은 먼저 IQ교육을 시키고 다음에 EQ교육을 시키는 모델이다. IQ만을 강조하는 교육보다는 낫다고 볼 수 있으나 나이가 든 후에 시키는 EQ교육은 그만큼 효과가 느리다. EQ교육은 좋은 감성을 갖게 하고 훈련을 통해 이를 습관화한 EQ의 사람이 되도록 도와주는 것이 중요하다. 따라서 인성교육의 원천인 EQ교육은 출생 이전 어머니 모태의 태아교육에서부터 시작하여 출생 후에도 계속하여야 효과가 높다. 그러나 EQ교육이 늦었다 하더라도 꼭 EQ교육을 시켜야 더 좋은 사람이 될 수 있다는 점이다. 인간의 전인교육은 평생을 통하여 이루어지는 평생교육이기 때문이다.

3) 정서지수 위주의 교육(EQ 모델)

'EQ 모델'은 EQ만을 강조하는 교육이다. EQ만을 강조할 경우 남을 위하여 살고자 하는 풍성한 정은 가질 수 있으나 이성적인 논리가 약하여 인정에 이끌리어 준법정신이 약해지기 쉽다. 때로는 사람 좋은 우유부단한 사람으로 인정될 수 있다. 이성적인 논리의 발달은 IQ교육으로 가능하다. 그리고 현대교육(IQ교육)을 받지 못하면 시대에 뒤지고 경쟁하는 사회에서 생활력이 약화된다. 따라서 EQ만을 고집하는 'EQ위주의 교육'은 바람직한 교육 방법이라 할 수는 없다.

4) 먼저 감성지수, 후에 지능지수 교육(EQ-IQ모델)

'EQ-IQ 모델'은 먼저 EQ교육을 시키고 다음에 IQ교육을 시키는 모델이다. EQ교육을 먼저 시키는 것은 인성교육 위주의 수직문화를 먼저 교육시키고 생활에 필요한 현대교육을 중심한 수평문화를 갖추게 하는 모델이다. 따라서 EQ-IQ 모델의 교육을 따를 경우 학생에 대해 좋은 성품을 갖고 가정과 사회에 유익을 주는 지식인으로 만들 수 있다. 그러므로 가장 바람직한 교육 모델은 EQ-IQ 모델이다.

정통파 유대인들은 이 모델을 사용한다. 그리고 유대인의 IQ교육 방법도 두 가지가 있다. 먼저 유대인의 IQ 계발은 성경과 탈무드를 가르치는 과정에서 이루어진다. 물론 이 때에 자녀의 지능만 높아지는 것이 아니고 성격적 조직문화를 함께 교육시키게 된다. 그리고 그 이후에 세상의 현대문학(IQ교육)을 첨가한다. 이 점이 IQ 계발 방법과 다르다(김언주 외, 1998).

참고 문헌

교육출판공사(1980). 교육학대사전. 서울: 만리사인쇄사.

김언주, 이군현(1998). 우리 아이 EQ 높이기. 서울: 학지사.

김충기(2001). 교육심리학. 서울: 동문사.

김형태(2001). 교육의 심리학적 이해. 서울: 동문사.

김형태(2007). 21세기를 위한 교육심리학. 서울: 태영출판사.

문용린(1996). 한국 학생들의 정서지능 측정 연구, 새로운 개념, 감성지능. Peter Salovey교수 초청강연 자료집. 삼성생명 사회정신건강연구소/서울대연구소.

문용린a(1997). EQ가 높으면 성공이 보인다. 서울: 금이랑.

문용린b(1997). 삼성 EQ 검사 결과보고서. 서울대학교 교육학과 도덕교육 연구실.

문용린, 곽윤정, 이강주(1999). 정서지능 연구의 성과와 전망. 교육학 모노그래피. 서울대학교 교육연구소.

문용린(1999). EQ 검사. 서울대학교 교육학과 도덕교육 연구실.

임정훈, 한기순, 이지연(2014). 교육심리학. 경기: 양서원.

정옥분, 정순화, 임정하(2007). 정서발달과 정서지능. 서울: 학지사.

Cronbach, C. J.(1960). *Educational psychology*(2nd ed.). New York and Burlingam: Harcourt, Brace, World.

Gardner, H.(1983). *Frames of mind: The theory of multiple intelligence*. NY: Basic Books.

Goleman, D.(1995). *Emotional intelligence*. New York: Banton Books.

Mayer, J. D. & Salovey, P.(1997). *What is emotional intelligence*. In P, Salovey, P., and Sluyter, D. J. (Eds), *Emotional development and emotional intelligence*. New York: Basic Book.

Mayer, J. D. Salovey, P., & Caruso, D. R.(2000). *Emotional intelligence as zeitgeist, as personality, and as a mental ability*. In R Bs-On, & D. A. Parker (Eds), *The handbook of emotional intelligence: Implications for educator. San Francisco: Jossey-Bass.*

Salovey, P., & Mayer, J. D.(1990). *Emotional intelligence. Imagination, Cognition, and Personality, 9*(3), 185~211.

제5장

적응심리

1. 적응의 의미
2. 갈등
3. 적응기제
4. 적응지도

1. 적응의 의미

적응이란 인간 개개인이 자신이나 환경에 대하여 만족한 관계를 유지하거나 아니면 환경을 개선하여 조화를 이루는 과정을 말한다. 적응은 자신의 종의 생존을 용이하게 하는 생물학적 구조 및 기능의 변화라고도 할 수 있다(김충기 외, 2005). 삶을 살아나가는데 잘 순응한다는 것은 곧 적응을 잘한다는 의미이다. 따라서 적응은 생명체를 유지하고 발전시키기 위한 과정으로 환경에 순응하는 경우와 자신의 욕구를 충족시키기 위해 환경을 변화시키고 개선하며 통제하는 경우로 생각할 수 있다(Lazarus, 1976).

적응이란 인간이 환경과 조화로운 관계를 유지하기 위하여 생물학적 · 심리학적으로 개인의 욕구를 충족시키는 능동적인 작용이라고 할 수 있다(신용일, 1997; 김충기, 2005, 재인용). 적응은 생명을 유지하는 일이기도 하다. 어려운 여건에서도 스스로 그들과 공유된 삶을 산다면 이는 적응하고 있는 것이다.

이와 같은 심리학적 적응의 입장은 상사의 꾸중에서 오는 스트레스를 해소하기 위하여 음악 감상을 하거나 토론을 벌이거나 인간관계를 개선하게 된다. 그래서 정서적 안정과 균형을 얻고 스트레스를 해소하여 적응하는 것은 심리학적 적응의 한 예이다. 적응을 위한 조건으로서는 개인의 행동이 사회의 규범이나 관습에 합치하며 개인과 사회적 환경 사이에 적절한 관계가 유지되고 있으며, 개인은 정서적 안정을 얻는 것이다(半島義友外編, 1977, p. 664). 이와 같은 적응에 관한 심리학적 입장은 몇 가지 계통이 있다(장대운, 1989, 재인용).

(1) 정신분석학파의 전통적 입장으로서 욕구론의 계통이다. 자아(ego)가 이드(id)와 초자아를 잘 통정하여 이들 양자가 현실과 조화를 이룰 때를 적응이라 설명한다(Freud, 1954).

(2) 자아이론 계통으로서 자아는 자신에 대한 태도나 감정의 체계와 행동과 적응을 통제한 심리적 과정의 집합체계로 설명되는데 자아가 후자의 기능을

잘 수행할 때를 적응이라고 보고 있다(Hall, C. S. and Lindzey, G., 1970).

(3) 행동학습론의 계통으로서 욕구충족을 위한 행동과정에서 생기는 장애를 해결하는 문제해결 행동을 적응으로 설명하고 있다(MsCelland, D. C. and Atkinson, J. W., 1963).

(4) 인간주의적 입장으로서 자기실현의 계통이다. 인간의 내면적인 과정과 인간의 적극적인 과정을 더욱 중시하고 인격체로서 인간의 정신건강, 성장 · 발달, 자기실현 등을 더욱 의미있게 설명하려 한다(Maslow. A., 1978, p. 16).

이와 같이 적응의 의미에 대하여 여러 학자들이 다양하게 주장하는 내용을 종합적으로 정리해 보면 적응은 인간이 자발적으로 행동하고 보다 적극적으로 환경을 이용하며 사회적 변화에 능동적으로 참여하는 개인과 환경과의 능동적 상호관계를 의미한다. 따라서 중복된 의미가 있지만 적응을 합리적인 측면에서 정리해 보면 적응이란 사회의 요구나 질서에 수동적으로 일한다는 소극적인 의미만을 가지는 것이 아니고 개인과 환경의 관계에서 상호 교섭적이며 역학적인 성격을 띤 것으로 사회의 요구나 문제에 당면해서 그것을 적극적으로 해결하려는 고도의 조화된 발전을 창조하는 과정이라 할 수 있다(김제한 외, 2015).

2. 갈등

갈등이란 두 개의 욕구가 주어졌을 때 이를 실현하는 과정에서 이를 성취 못해서 마음의 결정이 대립될 때 생기는 심리적 양상이다. 이러한 갈등을 적절하게 해결하지 못하게 되면 심리적 부담으로 스트레스를 받거나 신경증 발생의 요인이 될 수 있다.

갈등 상황은 개체와 목표와의 위치관계, 또는 목표의 종류에 따라 분류하는데 레빈(Lewin, K., 1935)은 위상심리학에서 다음과 같이 세 가지 갈등 유형으로 분류하였다.

1) 접근접근 갈등

접근접근 갈등(approach-approach conflict)은 거의 비슷한 힘을 가진 두 개의 적극적 유의성의 욕구 사이에 개체가 존재하는 것으로서 어떻게 행동하여야 좋을지 모를 때 나타나는 정서적 긴장현상으로서의 갈등이다. 개체가 두 개의 유의성 가운데 한 가지를 선택하려고 하면 그 방향으로 행동하려는 방향과 힘이 강화되어 그 쪽의 유의성에 의하여 욕구를 충족하게 된다. 그리고 그 유의성은 없어지지만 선택되지 않았던 쪽의 행동하려는 방향과 힘이 작용하여 그 유의성은 아직 남아 있어서 개체는 정서적인 동요를 갖게 되며 후회하게 된다.

2) 접근회피 갈등

접근회피 갈등(approach-avoidance conflict)은 긍정적인 유의성과 부정적인 유의성의 욕구 사이에 개체가 존재하는 것으로서 긍정적인 유의성으로 행동하려는 방향과 힘이 작용하게 되면 부정적인 유의성으로 행동하려는 방향과 힘 때문에 두 개의 목표를 모두 충족하지 못하는 현상이다. 긍정적인 유의성이 목표에 접근하면 할수록 유의성의 강도는 증대하지만 반면에 부정적인 유의성의 강도도 증대하는 정서적 현상이다. 이 현상도 회피회피 갈등과 같이 그 장면으로부터 회피하고 다른 행동을 하여 정서적인 안정을 얻으려는 현상으로서 부적응 행동을 유발하게 된다.

3) 회피회피 갈등

회피회피 갈등(avoidance-avoidance conflict)은 거의 비슷한 힘을 가진 두 개의 소극적 유의성의 욕구 사이에 개체가 존재하는 것으로서 이럴 수도 없고 저럴 수도 없는 이른바 진퇴양난에 빠져서 일어나는 갈등의 현상이다. 그러나 개체는 이와 같은 현상에서 어느 한쪽을 선택하지도 않고 둘 다 기피할 수도 없는 상황에 직면하게 되는데 이 때에 개체는 이 장면에서부터 회피하여 이것과는 관계없는 다른 행동을 하고 그것에 만족함으로써 정서적인 안정을 얻으려는 형상이다.

이상과 같은 갈등의 세 가지 현상에서 회피회피 갈등과 접근회피 갈등은 같이 해결할 수 없는 갈등상태에 놓이게 되는데 그것은 그 장면이 폐쇄되고 있어서 도피가 성립되지 않기 때문이다.

그러나 갈등상황에 놓여진 개체는 심리적인 긴장, 불안을 강하게 느끼기 때문에 그 긴장이나 불안을 해소하려는 방법을 모색하게 된다. 이 때에 그 장면에서부터 도피하려는 태도가 일어나는데 만일 그것이 현실적인 수준에서 도피가 불가능할 경우에는 비현실에의 도피가 일어난다. 따라서 이러한 공상의 세계에서 비현실적인 목표가 충족되면 어느 정도의 대상의 효과를 가져오게 된다. 이와 같은 장면도피가 습관화되면 늘 비현실적인 세계에서 만족을 얻으려는 태도가 형성된다. 따라서 개체는 현실적인 행동에서부터 비현실적인 자기의 체계를 구축하여 자폐적인 인성을 형성하게 되는 것이며 이것이 신경증의 기초가 되고 이로 인하여 부적응 현상이 촉진될 수 있다.

3. 적응기제

1) 적응기제의 의미

우리가 삶을 살아 나갈 때 크고 작은 문제에 당면하게 된다. 그럴 때는 이를 해결하고자 하는 욕구가 나타나는데 이 때의 심리상태는 긴장상태가 동반된다.

긴장상태는 문제 상황에서 적절하게 해결되고, 환경과의 관계에서 욕구가 충족되면 즐겁고 마음의 평정을 이루지만 그렇지 못할 경우는 좌절하게 되고 긴장상태가 지속된다. 이는 심리적 불안 상태를 지속하게 하며, 생활의 리듬을 깨지게 하는데 이러한 상태를 평형상태로 유지하려고 한다.

우리에게 어떠한 부적응 문제가 발생하면 사회적 · 심리적 · 생물학적으로 당면한 욕구불만이나 긴장상태를 해결하고자 하는 것이 인간이다. 하지만 이 일이 쉽게 해결되지 않으면 불안해하고 자아가 위협을 느끼게 되는데 이 때에 이를 해결하고 보호하려는 무의식적인 노력을 하게 된다. 이러한 개인의 노력을 적응기제라 한다. 일명 방어적 기제라고도 불린다. 이러한 적응기제는 매우 다양하지만 일반적으로 방어형기제, 도피형 기제, 공격형 기제로 분류한다.

2) 적응기제의 유형

(1) 방어형 기제

방어형 기제로는 합리화, 보상, 억압, 동일시, 승화, 전위, 반동형성 등이 있는데 이를 살펴보면 다음과 같다.

(가) 합리화

자기변명이나 그럴듯한 이유를 들어서 정서적 불안이나 당면한 난처한 입장을 은폐함으로써 사회적으로 용인받으려는 적응방법을 말한다. 합리화의 방식에는 다음과 같이 4개형으로 분류할 수 있다.

① 신 포도형

어떤 행동목표를 달성하려 했으나 실패한 사람이 처음부터 그것을 원치 않았다고 변명하는 것이다. 이솝우화의 '여우와 포도'처럼 포도를 따 먹으려 했으나 실패하고 나서 '나는 저 포도가 시어서 따먹지 않겠다' 하면서 자기 변명을 하는 것이다.

② **달콤한 레몬형**

현재 자기 상황을 과시하는 형태로서 이러한 일들은 바로 자기가 원했던 행동이라고 변명하는 행동이다. 우연히 음식 먹는 자리에 참여했을 때 '나는 먹을 복이 많은 사람이야' 하는 식으로 자기 입장을 합리화시키는 형이다.

③ **투사형**

자신의 결점이나 결함을 다른 사람이나 물건에 전가하는 행위를 말한다. 즉 테니스 공이 다른 데로 날아갔을 때 자신이 잘 못 쳤음에도 애꿎은 테니스 채를 쳐다보는 행동이다.

④ **망상형**

자기가 원하는 일이 성취되지 못했을 때 자신의 허구적인 자신의 능력을 믿으며 실패의 원인을 합리화시키는 경우다. 예를 들면 자신은 과학자가 될 수 있는 충분한 능력을 소지하고 있는데도 가르치는 선생님이 학생의 성공을 싫어하기에 일부러 성적을 나쁘게 준다고 생각하는 경우다.

(나) 보상

자신의 욕구를 실현하려 했으나 자신의 능력으로 좌절을 느낄 때 다른 만족할 수 있는 방법으로 대치하여 자신의 욕구를 충족시킴으로써 자신의 능력 부족으로 생긴 열등감이나 무력감에서 벗어나 보고자 하는 행동이다. 예를 들면 자신의 무식을 읽지도 않은 책을 책장에 진열하는 것으로 자신의 열등의식을 보상받으려 하는 행동이다.

(다) 억압

불안함으로 인하여 마음의 안성을 가시시 못할 때 이를 스스로 인징하지 않으려는 행동이나. 즉 자기가 하고 싶은 일을 달성할 수 없을 때 의식에서 배제하거나 감추려고 한다. 하지만 억압에 실패하게 되면 다시 의식으로 나타나게 된다. 역설적이기도 하는데, 예를 들면 슬픔을 억제하기 위하여 미친듯이 웃는다든지, 내성적인 사람이 의도적으로 자신의 행동을 과도하게 외형적으로 표현하는 경우 등이다.

(라) 동일시

자기가 달성하지 못한 욕구불만이나 감정적 결함을 이미 달성한 대상과 동일시함으로써 만족을 찾고 그 대상의 특별한 성질을 내부로 끌어들여 동일하게 인정받고자 하는 행동이다. 친구가 사회적으로 성공을 거두었을 때 그 친구가 자신의 친구라는 점을 부각시켜 자신과 동일한 대상으로 인정해 주기를 바라는 심리적 상태이다. 동일시는 자기애적 동일시와 목표지향적 동일시가 있다. 자기애적 동일시는 자기 자신에 집착하는 자기애적인 경우며 자기의 신체적, 성격적 특성이나 특수한 소유물 등에서 만족을 구한다. 목표지향적 동일시는 처음부터 자기가 원하는 목표를 달성한 대상과 말을 하거나 사인을 받거나 그 사람과 같은 특성을 가진 것으로 동일하게 보는 상태를 말한다. '내 친구가 유명한 어떤 축구선수이다' 등의 표현을 한다.

(마) 승화

승화는 달성하고자 하는 목표 달성이 곤란하거나 문제가 많고 불만스러울 때 오히려 이를 극복하고 사회적으로 승인되는 가치 있고 윤리적인 어려운 활동으로 대치하여 인정을 받음으로써 정신적 갈등이나 불만을 해소하는 방어기제이다. 개인의 욕구불만을 종교적, 예술적, 사회봉사적 활동으로 발전시키는 것으로 사회적, 윤리적으로 만족할 수 없는 욕구를 발산하여 부적응에서 자기를 방어할 수 있는 기제로써 교육적으로 잘 활용하면 부적응 행동을 지도할 수 있다. 예로 공부를 못하는 학생이 봉사활동을 헌신적으로 함으로써 인정받는 행위가 여기에 해당한다.

(바) 전위

일명 치환이라고 하는 전위는 본능적 충동의 표현을 재조정해서 위험을 덜어주는 상태로 대처하는 행동기제의 일종이다. 아이들이 축구공을 가지고 싶었지만 여러 사정으로 이러한 목표가 달성하기 어려워지면 탱탱볼을 가지는 것으로 만족해하는 적응기제를 말한다.

(사) 반동형성

자기가 생각하는 방향과는 정반대로 감정을 표현하고 행동하는 기제이다. 즉 어떠한 위협과 불안을 해소하기 위하여 이와는 반대되는 태도나 행동을 함으로써 자신을 보호하려는 기제를 말한다. 계모가 전실 자식을 사랑하지 않으려하지만 그렇게 할 수 없어서 오히려 친자식 이상으로 더 챙기며 사랑하는 심리적 기제를 말한다.

(2) 도피형 기제

(가) 고립

일반적으로 열등감이나 자신감이 없으면 주변 환경인 친구들이나 친척들과 잘 어울려 놀지 않으며, 자신 없는 문제를 회피하고 오히려 그들을 멀리 함으로써 자신의 안정적 정서를 유지하기 위한 행동기제를 말한다. 사업에 실패한 사람이 은둔하는 경우라든지, 학교 다닐 때는 공부도 잘했지만 그 이후에 일이 또는 사업이 잘 풀리지 않아 동창들 만나는 것을 피한다든지 하는 적응기제를 말한다. 이러한 학생은 자신의 신분을 나타내지 않으려 하기 때문에 일반적인 문제를 일으키지는 않지만 지속적으로 고립행동을 하는 것은 바람직하지 않기 때문에 이에 대한 지도가 필요하다.

(나) 퇴행

퇴행은 자신이 가진 불만을 만족시킬 방법을 찾기 위하여 과거 만족했던 시기의 행동으로 퇴보하며 적응하는 기제이다. 이러한 적응기제를 수용하는 것은 오히려 유아에게 악영향을 미치므로 여러 지도를 통하여 수정하도록 해야 한다. 예를 들면 자신이 혼자였을 때 사랑을 듬뿍받았지만 동생의 탄생으로 사랑을 빼앗겼다고 느낄 때 말을 잘하던 유아가 동생같이 어눌한 언어를 쓰는 등 어리광을 부리는 행위를 통하여 적응하려 하는 태도이다.

(다) 백일몽

백일몽은 현실에서 만족할 수 없는 욕구나 소원을 꿈의 세계에서 충족하고자 하는 도피기제를 말한다. 공상의 세계는 자신이 하고 싶은 소망을 마음대로 조절하고 구상하여 만족을 누리는 것이기 때문에 허황될 수 있지만 마음의 긴장을 해소하는데 도움이 된다. 이러한 백일몽은 정복자형과 순교자형이 있는데 정복자형은 전쟁에서 다른 상대방에 승리한 영웅 같이 크게 성공한 꿈을 꾸는 것을 말하고, 순교자 형은 비극의 주인공으로 핍박을 과대시하여 자신을 학대하고 스스로 모든 고난을 감수하는 비극적 영웅형을 말한다. 백일몽은 불유쾌한 적응문제에서 도피하는 수단이다. 백일몽의 세계는 현실의 세계로 바꾸어지고 제한이 많은 세계에서 피하여 아무런 제한도 받지 않는 꿈의 세계로 도피하는 것이다.

(라) 거부

거부는 흔히 유아들에게서 볼 수 있는 것으로 일반적으로 2~4세 유아에게 나타난다. 이 때는 자기라는 의식이 몹시 강하게 싹트는 시기여서 성인이 어떤 행위를 요구하면 싫다고 거절을 잘한다. 반대로 자기가 하고 싶은 것은 어디까지나 고집을 부리고 그것이 성취되지 않으면 울고 떼를 쓴다. 아동시절의 반항은 자아를 찾아가는 시기이기 때문에 당연한 것이라 생각하고 교육적으로 접근하여야 한다. 성인의 경우에는 충고를 받는다는 것이 충고를 주는 사람보다도 부족하다는 이유에서 좋은 충고임에도 타인의 충고에 반대한 경우가 많다. 즉 사기는 충고를 해 주는 사람보다 부족하지 않다는 것을 보이기 위해서 타인의 충고를 무시하고 반대한다.

이러한 성인의 부정적 태도는 타인의 충고에 대해서 뿐만 아니라 사회적 관습, 즉 법률이라든지, 도덕에 반항하는 태도로 나타나기도 한다. 그런 의미에서 범죄도 거부적 태도의 하나라 볼 수 있다.

거부는 적응의 한 유형으로서 가장 졸렬한 부분적 욕구충족 조차도 얻을 수 없다. 인간의 욕구에 대한 긴장을 풀지 못할 뿐더러 열등감을 버리지도 못한다. 거부는 곤란한 문제에 대한 유아적인 비성숙한 해결방법이다.

(마) 억압

억압은 자신의 안정감을 위협하는 실패와 좌절의 우려가 있는 욕구를 의식적이고 자주적인 억제에 의해서 의식적으로 말살, 제거시켜 거기서 심리적 안정을 지키려고 하는 기제를 말한다. 즉 현실적인 필요를 묵살함으로써 오히려 자신의 안정을 유지하려는 행동이다. 억압은 일시적인 해결에 불과하며 의식적으로 억압한 욕구는 불안과 무력감을 키울 수 있다. 우리의 욕구를 너무 과도하게 억압하게 되면 오히려 이상한 행동이 나타날 수 있다. 즉 슬픈데 웃는다던지, 겸연쩍은데 아무렇지도 않은 것처럼 행동한다던지, 소심한 사람이 배짱 좋은 사람처럼 고성을 내고 방종한 행동 등을 하는 경우다.

(바) 고착

고착상태에 있는 사람은 앞길에 위험이나 곤란한 상태에 놓여 있기 때문에 그 다음 단계로의 전진을 두려워하며 발전적인 현실에서 도피하여 현재 상태로 머무는 형상이다.

(3) 공격형 기제

공격형 기제는 방어기제나 도피기제와 같이 수동적인 태도가 아니라 능동적 태도로서 어떤 욕구불만에 대한 반응 양식이 공격적 태도로 대응하는 것을 말한다. 이러한 기제에는 직접공격형 기제와 간접공격형 기제가 있다.

(가) 직접공격형

직접공격형 기제는 욕구불만의 해소책으로 폭행, 공격, 파괴, 싸움 등 힘을 통하여 적응하려는 기제를 말한다. 이 공격형 기제는 일시적으로는 효과적일 수 있으나 장기적인 안목에서는 바람직한 행동으로 보기는 어렵다.

(나) 간접공격형

간접공격형 기제는 물리적인 공격이 아니라 조소, 비난, 비판, 욕설 등을 통하여 적응하려는 기제이다.

참아서 병이 되는 것보다는 적응 방법으로 공격형 기제를 활용할 수 있겠지만 직접공격형 기제인 물리적인 힘을 통하여 적응하는 방법을 선택하는 것은 옳지 않으며, 되도록 간접공격형 기제가 되도록 하여 다른 사람들이 피해를 보지 않도록 한다.

4. 적응지도

교육은 바람직한 인간행동의 변화를 도모하는 일이다. 이러한 교육적 활동을 통하여 각 개인들이 여러 상황에서 효율적으로 적응할 수 있는 능력을 기르게 하고 또한 개인들의 부적응을 해소시켜 그들이 바람직한 인간으로 성장할 수 있게 지속적인 지도를 해야 한다. 이는 부적응한 학습자에게도 도움이 되지만 장기적인 측면에서 사회적으로나 국가적으로도 사회적 비용을 줄일 수 있는 일이다.

방법적 측면에서 보면 학생들의 내재적 욕구를 건전한 방향에서 찾도록 하고 개인적이나 사회적인 문제를 현명하게 해결할 수 있는 적응력을 길러야 한다. 적응을 잘하는 사람은 스스로의 활동에 대한 목표달성에 보다 빨리 접근할 수 있으며, 삶이 보람차고 정서적으로 안정되어 있다. 하지만 항상 불안공포와 반감에 사로잡힌 사람은 부적응 상태에 빠지게 된다. 따라서 정서적 지도가 중요하게 거론된다는 점이다.

적응지도는 행동에 대한 인지적 측면의 파악이 필요하다. 학습의 부적응에 빠져 있는 학생이 있다고 하면 그런 원인이 어떤 욕구좌절에서 온 것인지 지능의 부족이나 학습습관의 잘못에서 오는 것인지, 사회적 환경인 학습 집단 문제로 인한 요인인지, 혹은 교사의 태도 때문인지, 아니면 열등의식에서 오는 것인지에 대한 올바른 파악이 필요하다. 올바른 파악을 하기 위해서는 학습자를 이해하기 위한 종합적인 조사를 하여 다각적인 진단을 하여야 하고 이후에 진단에 따른 원인을 해소하여야 한다.

한 예로서 불만스러운 감정이나 스트레스를 강하게 억압할 경우 오히려 행동이나 태도를 과장하고 충동적인 반응을 보이는 등 부적응 행동을 하게 되는데 실제적인 불만은 남아 있게 된다. 이러한 현상을 반동현상이라 한다. 이는 대부분 본인 자신이 모르는 상황에서 이루어진다. 사실은 난잡하고 질서 없는 생활을 하는 사람이 오히려 질서정연한 생활로 과장하지만 은폐된 난잡한 성향은 은폐되었을 뿐 없어진 것이 아니다.

그러므로 근본적인 지도를 통하여 원인을 규명하고 이를 제거하거나 반동형상이 일어나지 않도록 근본 대책을 강구하며, 사회적으로 가치롭고 용인되며,

본인에게도 계속 자기 성장을 유지 · 촉진시킬 수 있는 합리적인 방법으로 문제 사태를 해결하여 적응해 나가도록 하여야 한다.

적응을 잘한다는 것은 사회에서 이탈하지 않으면서 그 개인의 욕구가 충족되기를 바라는 것이고 그러한 적응계열 속에서 재체제화되어 바람직한 행동 변화를 가져오게 할 뿐더러 조화롭고 통합된 인간으로서 성장하는 것이다.

적응은 고정되어 있는 것이 아니고 끊임없이 전진하는 반응적 행동의 변용이라 볼수 있으며 사회적 환경이 발전하고 복잡해짐에 따라 적응현상도 복잡하고 다양하게 된다는 점이다. 따라서 개인의 적응을 돕기 위해서 유의해야 할 점은 성장의 구체적 증거를 밝혀 내고 적응의 방향을 제시하면서 조정을 하여야 한다.

적응지도를 하는데 있어서 또 하나 중요한 점은 학생들이 생활현실을 직시하고 소신껏 모든 노력을 총동원하여 가끔씩 일어나는 좌절이나 실망을 극복할 수 있다는 자신감을 갖도록 끊임없는 지도를 하여야 한다는 점이다.

장대운(1989)은 적응지도의 고려점을 다음과 같이 요약하여 정리하고 있다.

1) 변화하는 세계에서 최대 발달을 하도록 지도하여야 한다.

현대사회의 급변하고 가속화한 다양한 사회변화는 인간의 성장 · 발달과 인성에 영향을 주며. 때로는 다양한 요구와 변화의 속도가 우리의 개인적인 적응을 더욱 어렵게 하기도 한다. 그러나 동시에 좀더 단순하고 고정된 사회보다는 이렇게 변화가 심한 사회에 더 많은 개인적인 성장과 성취의 기회가 있다는 점을 인정해야만 한다(Atwater, 1980). 이와 같은 급격하고 다양한 변화는, 그리고 가속화하고 확산해가는 변화는 적응을 어렵게 하고 변화가 시기적절하지 못하거나 지나칠 때 우리는 변화에 대한 강한 저항마저 하게 된다. 사실 변화의 무분별한 수용보다 선택적으로 변화를 변형, 전향, 가속, 감속시키기 위한 창조적 전략으로 재조정해야 한다는 것이다(Toffler, 1971). 그러므로 적응의 의미도 환경을 변화시키는 과정을 더 강조한 것이다(Lazarus, 1976).

이와 같은 변화에 적응하기 위해서는 잠재되어 있는 능력을 최대로 발달시켜야 한다. 또 개인적 성장은 개인에게 만족을 주기도 하며 인간은 성장을 위해 최선을 다한다. 이것을 발달심리학자는 전심(專心)의 원리라 한다. 즉 새로운 특징의 획득을 위해서 최선을 다하고 열심히 하여 발달시킨다는 것이다. 그러나 인간은 자기에게 잠재되어 있는 능력의 10% 정도 밖에 계발·사용하지 못한다고 한다(Otto, H. A., 1972). 그러므로 Maslow(1971)가 지적하듯이 자기실현은 계속적인 것이며 완전한 자기실현은 있을 수 없는 것이다.

2) 과학정보 자료에 의하여 전문적으로 지도하여야 한다.

급격히 변화하고 적응방법도 다양한 현대정보 산업사회에서 최대 발달을 하기 위해서는 보다 과학적이고 전문적인 지도가 필요하다. 성격적인 부적응이면 타당하고 신뢰할 수 있으며, 객관적인 성격검사결과에 의하여 진단하고 이에 대한 전문적 식견으로 지도하여야 한다. 특히 과거의 자기경험이나 교육적인 상식으로 지도하는 것은 부적응 행동을 더욱 심화할 우려가 있다. 적응에 대하여 어떤 기제를 사용하느냐는 개인이나 상황에 따라 상당히 다르고 상당한 임상경험과 전문적 훈련이 필요하나 유형에 따른 일반적인 경향이 있음을 놓치지 말아야 한다(Coleman, J. C. and Hammen, C. L., 1974).

3) 스트레스나 병리현상을 수용하고 그의 해결기술을 발견하여 발전시키도록 지도하여야 한다.

현대사회는 정신병리 현상이 만연, 증가하고 있는 것이 하나의 특징이며, 과거처럼 숨기려 하지 않고 일반 신체질환처럼 치료받는 경향이다. 그러나 신체질환처럼 보다 과학적인 원인과 치료방법이 개발되어 있지 않으므로 이에 대한 연구 노력이 필요하다. 이런 병리현상을 올바로 인식, 수용하고 이에 대한 대처를 적절히 하는 것은 개인 뿐만 아니라 사회의 문제이기도 하다. 개인 혹은 사회문제의 사회병리학적 접근은 최근 크게 관심을 갖고 연구·발전하고 있으나 일반화되기에는 아직도 미흡함을 인정해야 한다. 현대사회에 적응하려면 먼저 병리현상을 수용하고 그의 해결기술을 개인별로 발견하여 발전시켜야 한다.

4) 협력하여 연구 · 지도하여야 한다.

현대사회 병리현상은 너무도 복잡하고 다양하여 고도로 전문화할 필요가 있다. 한편 다학문적 연구가 주장되고 있어 지나친 전문화에 따른 학문간의 연계 연구를 통하여 문제의 종합에 노력하고 있다. 전문가의 협력, 즉 전문가들의 사례회의나 카운슬러와 정신과 전문의사, 심리학자들의 협력이나 교사, 교장, 부모, 사회 관계인의 협력에 의한 지도도 필요하다.

정신치료에 있어서 뇌의 파동을 전기적으로 산출 그래프화하여 뇌의 상해, 간질 등 두뇌작용을 연구하는 뇌파는 정신현상에 관련된 뇌기능상의 특징을 발견하여 치료하는 데 크게 기여하고 있다. 행동의 생리학적 기초 혹은 생리학적 지식과 방법론에 기초한 심리현상을 연구하는 생리심리학 혹은 정신생리학이 대두되었다. 특히 생리심리학은 감각, 운동계통, 의식. 발달, 정서, 학습, 기억, 사고 등 광범위한 영역을 다루고 있으며, 예를 들어 Donald, O. Hebb(1949)를 중심으로 세포집성체가설(cell assembly hyphothesis)에 의한 신경계의 구조에서 행동을 분석하려는 노력이 발전되고 있다. 이와 같은 신경심리학과 생리심리학은 전자공학과 컴퓨터공학의 발달과 더불어 교육에 더 크게 기여하게 될 것으로 전망되고 있다.

참고 문헌

김제한, 권순달, 이현주(2015). 교육심리학. 경기: 양서원.
장대운(1989). 인간주의 교육을 위한 현대교육심리학. 서울: 동문사.

Lewin, K.(1935). *A Dynamic Theory of Personality*. N.Y: McGraw Hill Book Co. Inc.
Maslow, A. H.(1971). *The Farther Reaches of Human Nature*. New York: Viking.

제6장

학습과 학습이론

1. 학습의 의의
2. 행동주의 학습이론
3. 인지학습이론
4. 인본주의 학습이론

1. 학습의 의의

학습의 정의를 간단하게 내릴 수는 없지만 일반적으로 학습은 학생의 입장에서 배우고 익히는 것이다. 이러한 과정을 통하여 학습자는 일정한 행동이 생기거나 이전과 다른 행동의 변화가 생기게 된다. 학습의 요소는 반복 경험이고 지속적이며 행동변화이다. 즉 이런 학습을 통하여 지식이나 기능을 터득하고 변별력이라든가 습관이나 태도의 선택력, 판단력, 사회적 적응력, 이상과 가치관 등을 습득하게 된다.

학습에 대한 견해는 일반적으로 3가지 입장으로 정리할 수 있다(김용래, 1985).

첫째, 행동변화와 변용설이다. 즉 학습은 행동의 변화 내지 변용이라는 입장이다.

Klausmeier, H. J.는 학습은 연습의 결과로서 비교적 영속성이 있는 행동변화의 과정이나 작용이라고 정의하였고, Kimble, G. A. 등은 학습은 강화된 연습의 결과이며, 행동경향성에 있어서 비교적 영속성이 있는 변화라고 하였다. Skinner, Chaeles, E.는 학습이란 진보적인 행동 적응과정이라고 하였고 Gates, A. L.는 학습은 경험과 훈련에 의한 진보적이고 계속적이며 바람직한 행동의 변용이라고 하였다.

둘째, 자극과 반응설로서 학습을 자극과 반응의 결합 또는 자극과 반응의 연결로 보는 입장이다.

Guther, E. R.는 학습을 항상 어떤 일을 수행함에 있어 이를 증진시키고 새로운 능력이나 이해할 수 있는 역량을 획득하는 것으로써 이들 제반 능력과 역량들이 새로운 결합의 형성과정이라고 보고 있다. Thorndike, E. L.은 학습은 자극과 반응의 결합이며 이 같은 결합은 효과의 법칙과 연습의 법칙에 의해 강화된다고 설명하였다.

셋째, 장이론으로서 학습은 재체제화 또는 인지구조의 변화로 보는 입장이다.

Lewin, K.는 어떤 것이 어떤 것으로 이끌려가는 과정을 학습이라고 하였다. Kohler, W. R.와 Koffka, K. 등은 이미 얻어진 성숙이 일정한 방향으로 변화되는 것을 학습이라고 보았으며, Tolman, E. C.는 학습이란 어떤 것이 어떤 것으로 끌려가는가에 관한 행동의 통로나 과정을 습득하는 것이라고 지적하였다.

이들 세 가지 입장을 정리하여 보면 학습은 유기체로서 인간이 욕구를 충족시키려고 하는 의도에 따른 부산물이며, 단순히 성장과정에 의하지 않고 지속될 수 있는 인간의 성향이나 능력에 있어서의 변화라고 할 수 있다. 결과적으로 학습은 어느 입장에 국한해서 이해하는 것보다는 종합적인 입장에서 이해되어야 할 것이다.

2. 행동주의 학습이론

1) Pavlov의 고전적 조건화 이론

고전적 조건형성은 공포나 심장 박동 증가, 타액 분비, 혹은 땀 분비와 같은 불수의적 정서나 생리적 반응들이 학습에 초점을 맞춘다. 이는 자극에 대한 자동적 반응이기 때문에 때로는 반응자라고 부른다.

고전적 조건형성은 러시아 생리학자 Ivan Pavlov에 의해 1920년대에 발견되었다. 그는 음식을 먹은 후 개가 소화액을 분비하는데 얼마나 걸리는지를 포함하여 개의 소화 체계에 대한 실험을 하였다.

[그림 6-1] Pavlov의 실험

처음에는 개가 음식을 먹는 동안에 기대한 대로 침을 흘렸다. 이렇게 음식을 줄 때 동시에 종소리라는 자극을 주면 나중에는 종소리만 들어도 타액을 분비하게 된다. 여기서 종소리는 중립적 자극이다. 음식을 주었을 때 반응으로 침을 흘리는데 이때 음식을 무조건자극이라 하고 이에 대한 반응으로 침이 분비되었다.

이러한 세 개의 요소들 음식, 침 분비, 종소리를 이용하여 나중에 종소리만 들어도 침을 분비하도록 조건화가 이루어졌다.

조건반사가 잘 이루어지기 위해서는 다음과 같은 원리가 적용된다(김충기, 2001).

(1) 시간의 원리

조건자극은 무조건자극보다 시간적으로 앞서거나 동시에 주어져야 한다. 조건자극을 동시에 주는 것이 가장 효과적이다.

(2) 강도의 원리

조건반사 행동이 이루어지려면 강도가 일정하거나 먼저 주어진 자극보다 강한 것이라야 바람직한 반응을 일으키는데 효과적이다.

(3) 일관성의 원리

조건자극은 조건화가 형성될 때까지는 일관성 있게 주어져야 효과적이다. 벨소리라면 계속 같은 소리여야 하지 북소리나 다른 소리를 제시하면 혼돈만 될 뿐 조건화는 이루어지지 않는다.

(4) 계속성의 원리

이 원리는 두 가지 심리적 과정에 시간적으로 함께 또는 곧 계속해서 생기면 그 둘 사이의 연상적인 연결이 발달할 가능성이 증가한다. 자극과 반응과의 관계가 반복되는 횟수가 많으면 많을수록 좋다는 원리이다(김제한, 1993, p. 190).

고전적 조건반사의 기본적인 원리는 중성적인 자극이 무조건자극과 짝지어 짐으로써 조건자극화된다는 것이다. 그러나 무조건자극 대신 이미 조건 형성된 조건자극과 짝지어 제시해도 무조건자극과 짝짓는 것과 동일한 효과가 나타난다. 종소리에 타액을 분비하도록 학습시킨 다음 불빛을 주고 종소리를 들려주면 타액을 분비한다. 불빛과 종소리를 반복해서 제시하면 나중에는 불빛만을 제시하였을 때도 타액을 분비하게 되는데 이 현상을 고차적 조건형성이라고 한다(김이영 외, 2014).

고차적 조건형성은 이전의 학습에 기초한 조건형성으로 후속의 훈련에서는 조건자극을 무조건자극으로 사용하지만 소거와 경쟁하기 때문에 학습이 더 어렵다. 즉 불빛에 타액을 분비해도 먹이가 주어지지 않으면 동물은 더 이상 반응하지 않게 되기 때문에 간간이 먹이를 주어야 그 반응을 지속시킬 수 있다.

2) Skinner의 조작적 조건형성

고전적 조건형성은 특정한 사상에 따라 변함없이 일어나는 행동에 관한 것이다. 개의 타액분비는 입에 먹이를 주면 자동적으로 일어난다. 여기에 조건자극을 주게 됨으로써 조건형성이 이루어지게 되는데 이는 고전적 조건형성이 수동적임을 의미한다.

하지만 일반적으로 인간의 행동은 외적 현상에 의하여 불가피하게 이루어지기보다는 대개는 수의적이다. 개는 먹이가 넣어질 때까지 수동적으로 기다리지 않는다. 즉 개는 먹이를 달라고 식탁에서 구걸을 한다. 당신은 택시나 버스가 당신 앞에 서도록 신호하기 위하여 특정한 방향으로 손을 내어 젓는다. 아동은 부모에게 처벌받는 것을 회피하기 위해서나 또는 어떤 특정한 보상을 받기 위하여 인형을 집어 든다. 이러한 행동을 조작적 행동이라 한다.

이러한 행위는 바라는 어떤 것을 얻거나 불쾌한 어떤 것을 회피하는 방법으로 환경에 대하여 조작하도록 설계되는 학습된 행동이다. 이러한 종류의 학습을 조작적 혹은 도구적 조건화라고 한다. 이런 종류의 학습은 인간과 동물에서 모두 다 일어난다. 개에게 앉기, 다리 내밀기, 구르기 등과 같은 재주를 훈련시켜 본 사람은 누구나 가장 좋은 훈련방법은 개가 바라는 반응을 할 때마다 먹이를 주어 보상하는 것임을 안다. 이것이 조작적 조건형성이다. 개를 훈련시키는 조련사는 정확한 행동을 강화하기 위하여 먹이를 사용한다. 부정확한 행동은 무시하거나 벌한다. 이것이 조작적 조건형성의 본질이다. 즉 정확한 반응은 강화를 받고 부정확한 반응은 무시되거나 처벌받는다(장동환 외 역, 1991).

이러한 조작적 조건형성(operant conditioning)이란 용어를 Skinner가 사용하였다. 즉 그는 유기체가 실험상황에서 먹이를 얻기 위한 능동적인 역할을 하며, 실험자가 바라는 유기체의 반응이 나타나지 않거나 나타날 때까지 유기체는 보상을 받지 못하거나 벌을 받아야 한다는 의미에서 조작적이라는 용어를 사용한다. 조작적 조건형성은 자극, 반응, 강화물이라는 세 가지 중요한 요소로 구성되어 반응과 그 결과에 강조점을 준다. Skinner의 조작적 조건형성을 구체적으로 정리하면 다음과 같다(송인섭 외, 2006).

Skinner는 '스키너 상자'라는 실험도구를 사용하여 조작적 조건형성과정을 설명하였나. 방법은 실험상사 안에 굶주린 쥐를 넣어 놓고 쥐가 그 안에서 돌아다니다가 우연히 먹이 페달을 밟게 되면 먹이가 나올 수 있도록 장치를 해 두었다. 여러 번의 시행착오가 있었지만 결국 쥐가 지렛대를 누르는 행동이 강화되어 먹이를 먹는 조작행동의 확률이 증가됨을 확인할 수 있었다. 이 실험에서 지렛대는 조건자극이고 지렛대를 누르는 행동은 먹이를 얻는 수단이 되기 때문에 이러한 조건형성을 조작적 조건형성이라고 한다.

이러한 실험과정에서 도출된 몇 가지 개념들을 살펴보면 다음과 같다.

첫째, 행동의 조성은 실험자가 원하는 행동에 가까운 반응을 선택해서 강화해 나가는 과정을 의미한다. Skinner의 실험과정에서는 어떤 쥐에 대해 지렛대를 오래 누르고 있을 때만 보상을 주거나 어느 기준 이상의 힘으로 누를 때만 보상을 주는 방식으로 원하는 행동을 조성하였다.

둘째, 강화는 어떤 반응이 일어나는 것을 조건부로 하여 강화자극을 제공함으로써 그 반응이 다시 나타날 가능성을 높이는 조작이다. 따라서 강화의 가장 기본적인 원리는 반응 → 강화자극이라고 할 수 있다. 강화에는 정적강화와 부적강화가 있다. 정적강화는 어떤 긍정적 반응을 수행하는데 보상을 주어 그 반응이 나타날 확률을 증가시켜 주는 것이다. 즉 정적강화를 효과적으로 하기 위하어는 칭찬을 한다든지, 표직행동(강화와 벌)이 일어난 즉시 실시한다든시, 일관성을 가지고 해야 한다. 부적강화는 긍정적인 행동으로 간주되는 반응을 했을 때 반응자의 혐오하는 자극을 제거하여 긍정적 행동의 빈도를 높이는 경우를 말한다. 한 예로 부적강화는 정적강화의 예라고 생각되는데……… 유치원생이 친구들과 싸워서 재미있는 놀이에서 제외시키자 친구들과 사이좋게 지내야 한다는 것을 알도록 유도하는 것을 말한다. 또 위 실험에서 쥐가 음식을 먹기 위해 지렛대를 누르고 문을 여는 것을 학습하지만 그 때 전기충격이나 시끄러운 소리를 들려줌으로써 도망하는 것을 학습하는 것을 말한다.

셋째, 일차적 강화물(primary reinforcer)과 이차적 강화물(secondary reinforcer)의 개념이다. 일차적 강화물은 대개 유기체의 생리적 욕구에 도움을 주는 것으로서 배고픔이나 갈증 등이 해당된다. 이러한 일차적 강화물과 중립자극(빛, 종소리)이 짝지어지면 그 자체가 강화적 속성을 갖게 되는데 이것을 이차적 강화물이라 한다. 그러므로 조건형성 과정의 자극은 대부분 이차적 강화물이라 할 수 있다.

이러한 강화 또는 벌은 일상생활에서 계속 실시하기가 매우 어렵다. 그래서 대부분의 강화는 시간 간격이나 반응횟수를 고려하여 실시하게 되는데 이를 강화계획이라 한다.

강화계획에는 크게 일정한 시간간격과 반응횟수에 따라 강화를 주는 고정계획과 무선적으로 강화를 실시하는 변동계획이 있다. 고정계획은 다시 고정간격 계획과 고정비율 계획으로 나누어진다. 고정간격 계획은 앞의 강화로부터 계산하여 일정한 시간이 경과하면 강화를 주는 방법이다. 예를 들면 1분의 고정간격 계획에서는 마지막 반응을 한 후에는 어떤 강화도 제공해 주지 않고 1분이 지나고 처음 나타나는 반응에 강화를 제공하는 것이다. 고정비율 계획은 일정한 수의 반응을 한 후에 강화를 주는 방법이다. 흔히 미용실에서 10번의 머리를 자르고 각각의 쿠폰이나 스티커를 모아 오면 1번의 머리를 무료로 잘라 주는 것과 같다.

변동계획도 변동간격 계획과 변동비율 계획의 두 가지로 나뉜다. 변동간격 계획은 강화를 주는 평균 시간 간격을 정해 놓지만 실제 강화를 주는 시간 간격을 변동시키는 방법이다. 예를 들면 평균 3분에 한 번씩 강화를 주도록 계획을 세우고 강화를 주는 시간을 5분, 2분, 3분, 2분 등으로 변동시키는 것이다. 내용을 보면 많은 변동이 있는 것 같지만 결국은 평균적으로 3분에 한 번씩 강화를 주는 방법이다. 변동비율 계획은 일정한 횟수의 반응을 한 후 강화가 주어지나 실제 반응횟수는 평균치를 중심으로 변동시키는 방법이다. 이는 카지노에서 도박을 하는 사람들의 심리를 떠올려 보면 이해하기 쉬울 것이다.

그들은 언제 강화를 받을지, 즉 언제 돈을 딸지는 모르나 언젠가는 자신에게 올 강화를 기대하며 수도 없이 도전을 하게 되는 것이다.

이러한 네 가지 강화계획의 반응은 각기 나름대로의 특징을 나타낸다. 먼저 고정간격 계획에서는 강화가 주어진 직후 반응률이 급속도로 떨어졌다가 다음 강화가 주어질 무렵이 되면 반응률이 급상승한다. 변동간격 계획에서는 강화와 강화 간의 반응률이 크게 도움되지 않는다. 왜냐하면 언제 그 시간이 끝날지 모르기 때문이다. 그래서 강화가 주어질 때 빨리 그것을 받기 위해 상당히 꾸준하게 반응한다. 그러나 고정 직후부터 반응이 시작되는 반면 비율이 높으면 강화 후에 잠깐 중단했다가 꾸준히 반응을 한다(이성진, 1996; 송인섭 외, 2006, 재인용).

이를 그림으로 표시하면 [그림 6-2]와 같다(김충기 외, 2006).

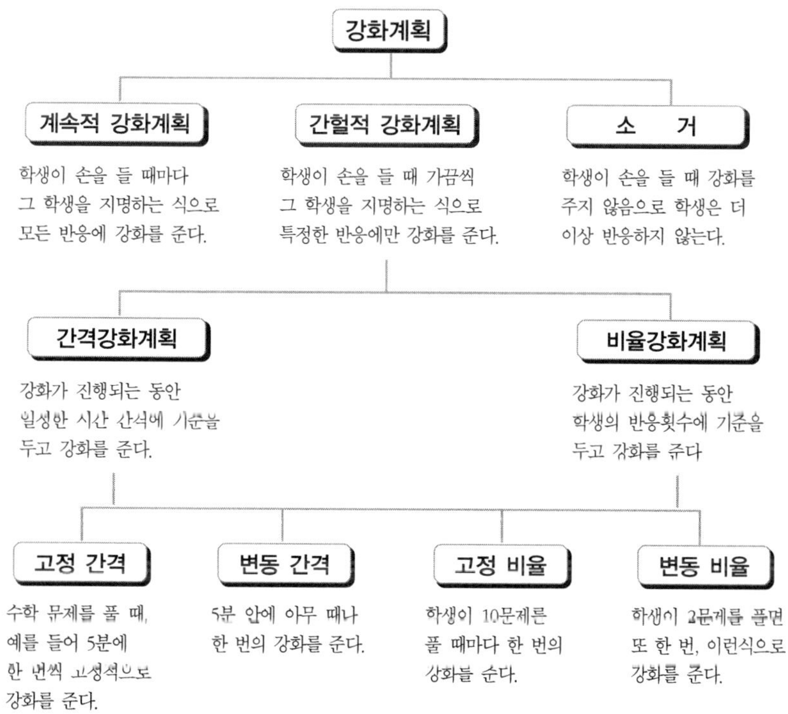

[그림 6-2] 강화계획의 종류와 예시

3) Thorndike의 시행착오설

자극-반응 이론과 관련된 행동주의 학습이론에서 Thorndike는 시행착오에 의하여 학습이 일어난다고 주장하였다(이용남 외, 1999). 시행착오학습 이론(trial and error theory)은 일명 결합설(connectionism)이라고도 한다. Thorndike는 여러 가지 장치를 가지고 있는 문제상자를 고안한 후 배고픈 고양이를 활용하여 실험하였다.

고양이를 문제상자 안에 가두어 놓고 밖에는 먹이를 놓아 둔다. 문제상자 안에는 빗장을 만들어 고양이가 이 빗장을 열면 밖으로 나와 먹이를 먹을 수 있도록 장치되어 있다. 상자 안에 넣어 둔 고양이는 처음은 긁고 물어뜯고 이리저리 뛰어다니는 등 여러 행동을 하게 되는데 우연히 빗장을 열어 밖으로 나와 먹이를 먹게 된다. 이때 빗장을 누르는 반응을 지속시키기 위해서는 고양이가 밖으로 나올 때마다 먹이를 가지고 보상을 해 주어야 한다. 그렇게 하면 고양이를 문제상자 안에 넣은 후 빗장을 풀고 나오는 시간이 처음에 비하여 시행을 할수록 짧아지게 된다. 이러한 현상을 시행착오를 통하여 학습이 이루어지기 때문에 시행착오 이론이라 한다.

Thorndike는 이러한 실험을 통하여 세 가지 학습법칙과 이와 관련한 다양한 하위 법칙들을 제시하였다.

(1) 학습의 법칙

(가) 효과의 법칙

효과의 법칙은 만족을 주었던 반응들은 학습이 이루어지고 불만족을 가져온 반응들은 배제된다는 것이다. 즉 학습 과정이나 결과가 만족스러울 때는 결합이 더욱 강화되지만 불만족스러울 때는 결합이 약해진다는 법칙이다. 따라서 효과의 법칙에서는 학습이 자극과 반응 간의 단순한 접근보다는 반응의 결과에 의해 달라진다는 것을 의미한다.

(나) 연습의 법칙

일명 빈도의 법칙이라고도 한다. 이와 관련한 법칙은 얼마나 사용하느냐 사용하지 않느냐 하는 것을 포함한다. 결국은 연습의 횟수나 사용 빈도가 증가할수록 결합이 강화되고, 횟수가 적거나 사용 빈도가 적을 때는 결합이 약화된다는 것이다. 이를 연습의 법칙이라 한다.

(다) 준비성의 법칙

학습하려는 준비가 충분히 되어 있을 때 학습하면 만족한 반응을 가져와 자극과 반응의 결합이 잘 되고, 준비성이 없거나 또는 준비성이 충만되어 있어도 외부의 억제를 받으면 불만족을 일으킨다는 것이다. 배고픈 고양이와 먹이 사이에 역동적 관계가 성립된다는 것은 역시 준비성과 같은 것이다.

이러한 시행착오 이론에 대하여 형태심리학자나 행동주의자들의 다음과 같은 비판적 견해가 있다.

첫째, 연습의 법칙에 있어서 무조건 반복적으로 연습만 한다고 해서 학습반응이 강화되고 결합되는 것은 아니라는 것이다. 연습의 법칙이 성립되는 경우는 학습 자료가 학습자에게 현저한 의미가 있을 때만 성립되는 것이지 맹목적인 반복은 학습의 반응을 강하게 결합시키지 못한다는 것이다. 학습의 의도가 뚜렷하고 주의가 집중되도록 의미가 있는 학습이라야만 연습의 효과가 크다고 볼 수 있다. 다음에 효과의 법칙, 즉 학습의 결과가 만족하였을 경우에는 강화되고, 불만족하였을 때는 약화된다는 소위 쾌고(快苦)의 법칙에 대해서 행동주의자들은 이를 번복하고 있다.

왜냐하면 그러한 법칙의 성립은 주관적 입장에서 성립되는 것이지 객관적으로는 그러한 해설을 받아들일 수 없다는 것이다. 한편 다른 심리학자들은 이 법칙을 인과적 요인 관계로서 설명하고 있는 사람도 있다. 그리고 형태심리학자들도 Thorndike의 결합설에 대하여 체계적이고 전체적인 구조를 들어 비판하고 있다(임채식 외, 2013). 하지만 우리생활에서 시행착오를 통한 학습의 효과를 무시할 수만은 없다는 점을 인지하게 된다.

3. 인지학습이론

어떤 자극이 주어졌을 때 유기체 내부에서 적극적·능동적 작용이 일어나는 것을 인지주의라 할 수 있는데, 이 이론에서 학습은 자극과 반응의 단순한 관계 속에 반복적인 구조가 아니라 기억 속의 전체 구조사태에 대한 인지구조를 형성하는 것이라고 본다. 이러한 인지학습이론에는 형태주의 학습이론, Bandura의 사회학습이론, Vygotsky 이론, 정보처리이론이 있는데 이를 요약하여 살펴보면 다음과 같다(송인섭 외, 2006).

1) 형태주의 학습이론

형태주의 심리학에서의 관점은 유기체는 하나하나의 자극을 지각하는 것이 아니라 유의미한 형태로 모여진 전체를 지각한다는 것이다. 이 이론에서는 있는 그대로의 정신적 사상을 더 이상 분석하지 않고 전체적이고 대단위적, 주관적, 인지론적으로 연구한다. 이는 지각에 있어 이러한 형태가 가능한 것은 지각하는 주체인 유기체가 지각된 대상을 조직해 주는 능력이 있기 때문이다.

형태주의 심리학에서 중요하게 다루어지는 지각의 법칙은 다음과 같다.

첫째, 함축성의 법칙으로서 형태주의의 일차적인 원리이다. 이 법칙은 모든 정신적 사상들이 완전성, 간결성, 유의미성을 향하려는 경향성을 의미한다. 이는 학습과 기억 연구에서 기본원리로 사용한다.

둘째, 지각의 법칙으로서 지각에 있어 기본적인 조직화는 도형과 배경의 관계다. 도형은 지각의 장에서 주위의 초점이 되는 부분이며 배경은 도형의 장면을 제공해 주는 부분이다.

셋째, 지각적 항상성의 법칙으로서 어떤 대상을 여러 다른 상황에서 경험할 때도 동일한 대상으로 보는 경향성을 의미한다. 실제 자극은 변화할지라도 대상의 의미는 항상성을 갖고 남아 있게 되므로 대상이 전달하는 의미는 실제의 자극보다 훨씬 더 중요하다.

(1) 학습에 대한 형태주의적 접근

형태주의 심리학자들은 학습을 지각의 특수문제로 인지하고 있고 비연속적 인지 현상으로 본다. 유기체는 문제해결에 필요한 모든 요소를 하나의 전체적 관계로 조직해서 신중히 생각한 다음 인지적으로 해결방안을 모색하게 된다. 이러한 과정을 통해 문제해결에 대한 통찰이 일어나 갑자기 해답을 얻는 지적 경험을 하게 된다.

Köhler는 이 과정을 학습에 관한 실험을 통해 확인하였다. 그는 침팬지를 방 안에 넣어 놓고 주위에는 상자를 놓아 둔 다음 천장에 매달아 놓은 바나나를 어떻게 따 먹는지 관찰하였다. 침팬지는 바나나를 먹기 위해 한참 동안 애를 쓰다가 방 안에 있는 상자를 가져와 발판으로 삼고 올라서서 따 먹었다. 또 다른 실험은 바나나를 우리 밖에 두고 우리 안에는 연결할 수 있는 막대기 2개를 두었다. 침팬지는 한참 동안 통찰과 시행을 반복하더니 두 개의 막대기를 연결하여 우리 밖에 있는 바나나를 가져다 먹었다.

실험결과 침팬지는 문제해결 과정에서 행동적 시행착오가 아닌 인지적 시행착오, 즉 여러 모습의 인지적 가설을 거쳐 올바른 전략을 찾아내면서 문제해결에 이르렀음을 확인할 수가 있었다.

(2) 형태주의 이론에 대한 평가 및 교육적 의의

형태주의 이론은 당시의 행동주의적 접근과는 전혀 다른 새로운 시각으로 유기체를 보려고 하였으며 이러한 접근은 후에 인지이론의 발달에 큰 공헌을 하였다. 이 이론은 인간을 자극에 대해 반응하는 단순한 수동적 존재로 보지 않고 능동적이고 적극적인 존재로 인식하는 발판을 마련했으며 보다 높은 수준의 정신능력을 설명하는 데 공헌하였다. 형태주의에서는 학습은 유의미성과 이해를 강조하며 부분은 전체와 관련되어야 하고, 기계적인 암기보다는 전체적인 이해와 내적 강화 등을 중요한 개념으로 들고 있다. 또한 학생들로 하여금 문제해결 장면에서 요소들 간의 관계를 살펴보도록 하고, 그것을 유의미한 유형으로 조직하는 것을 가르쳐 준다. 학습경험의 계획은 친숙한 것에서 출발해야 하며, 다음 단계는 전 단계에 기초를 두고 전체적인 개념 또는 경험에 연결시켜 준다.

2) Bandura의 사회학습이론

(1) 주요개념

사회학습이란 인간이 어떤 모델의 행동을 보면서 학습이 이루어진다는 입장으로 관찰학습 이론, 모방이론이라고도 불린다. 반두라가 대표적인 학자이다.

사회적 학습이론에서는 학습이 직접적인 경험을 통하여 이루어지기도 하지만 다른 사람에게 일어나고 있는 것을 보거나 무엇에 대한 이야기를 듣고서도 학습할 수 있다는 점을 인정하고 있으며 Albert Bandura가 주장하였다. 이 학습이론은 관찰학습, 대리적 학습, 모방학습, 인지적 행동학습 등으로 불려진다. 이러한 학습에 대하여 Albert Bandura(1981)가 제시한 학습요인을 살펴보면 다음과 같다.

① 관찰학습 효과이다. 타인의 행동을 관찰함으로써 학습이 이루어진다는 것이다. 여기서는 모델의 지위, 능력, 권력 등이 중요한 요인으로 작용한다. 이 때는 주의집중을 잘해야 한다.

② 대리적 강화와 억제효과이다. 모델이 행동 결과에 수반되는 보상과 벌을

관찰한 결과로서 학습이 이루어진다. 따라서 모델이 행했던 것을 잘 기억하여야 한다.

③ 자기통제의 과정으로 모델의 행동이 관찰자의 행동을 통제하는 것이 아니라 관찰자 자신의 내적인 인지적 통제, 즉 자기 규제에 의해 학습이 이루어진다. 사회학습은 모델의 특성 뿐 아니라 관찰자의 과거 경험, 욕구, 의도 등의 요인에 의해 영향을 받는다. 이렇게 관찰자의 행위로 전환하는 것이 원칙이지만 때에 따라서는 모델을 관찰한 내용대로 전환시켜야 할 이유가 아예 없을 수도 있다. 왜냐하면 사회적 학습이론가들에게는 학습이 외부적 행동에는 아무런 변화도 없이 일어날 수 있다는 점을 무시하지 못하기 때문이다.

(2) 사회학습이론에 대한 평가 및 교육적 의의

반두라의 학습이론은 인지과정의 강조와 심리치료 및 교육실제의 적용을 통해 학습이론에 대한 새로운 접근을 시도하고 있다. 반두라는 인간행동을 결정하는 데 있어서 인지과정의 중요성과 학습에서의 대리경험의 역할을 강조하고 있다. 그는 대부분의 행동의 변화가 직접적인 강화 없이도 일어나며, 전형적인 모델의 행동결과를 관찰함으로써 학습이 일어난다고 주장한다.

사회학습 이론의 입장에서 볼 때 간접학습은 정보를 상징화하여 저장시킬 수 있으며, 이후에 그 정보를 적용할 수 있게 해 준다. 따라서 인간행동의 대부분은 자기조절이 가능하다고 믿고 있다.

Bandura의 이론은 교육에 대해 많은 의미를 가지고 있다. 학습은 직접적인 경험뿐 아니라 관찰을 통해서 이루어질 수 있다고 보기 때문에 학습에 있어서 모델과 역할은 그 어느 요인보다도 중요한 의미로 간주된다. 따라서 실제 교육 장면에서 교사는 중요한 모델 변인으로 작용할 수 있으므로 모범적인 모델이 되어 학생이 그것을 내면화함으로써 자기 평가 기준으로 이용하게 해 주어야 한다. 그리고 교사는 학생들이 적정수준의 목적을 스스로 설정할 수 있도록 도와주는 것이 효과적이다.

3) Vygotsky의 사회문화적 인지발달이론

Vygotsky는 러시아의 대표적인 심리학자이다. 인지심리학에 지대한 영향을 끼쳤으며 아동의 인지발달의 근원을 사회문화적인 환경에서 찾았다. Vygotsky는 아동들의 학습이 자신이 주위에 있는 다른 사람들로부터 배운다는 점을 발견하였다. 이는 사회적 관계 속에서 개념, 사실, 태도, 전략, 기술 등의 발달이 이루어진다고 보았다. 또 Vygotsky는 문화와 함께 상호작용의 필수 요소인 언어가 인지발달에 절대적인 변수라는 것을 주장한다.

(1) Vygotsky 이론의 기본 개요

Vygotsky는 러시아인이며 Piaget와 동시대의 사람으로서 구성주의의 이론적 토대를 세운 심리학자이다. 그의 이론에 대한 기본 개요를 살펴보면 다음과 같다(김제한 외, 2015).

첫째, 능력심리학으로부터 성장해 온 종래의 정신에 대한 견해이다. 19세기 후반부터 20세기 전반에 걸쳐서 심리학자는 내성법에 의해서 정신과 그 기능을 배워왔다. 사람은 지각, 사고, 기억, 감정 등의 영향을 분석하는 데에 주의 깊게 자기 자신의 마음을 깊이 관찰하였던 것이다.

둘째, 물리학, 화학, 지학, 또는 생물학이라는 학문이 객관적인 하나의 과학인 것과 같이 인간의 연구를 과학적이고 객관적으로 수행하려고 하는 것이었다. 미국에서는 이 동향이 행동주의로 나타났다. 즉 행동주의의 주창자들은 인간의 올바른 연구는 인간외부로부터 과학자에 의해서 측정되고 기록될 수 있는 관찰 가능한 행동의 연구라고 하였다. 20세기 초기의 행동주의자들은 과거의 추측밖에 하지 못했던 추상적인 관찰 불가능한 사상, 예를 들면 의식, 감정, 의지, 마음 등을 거부하였다. 그러나 사고에 대해서는 어떠하였는가? 모든 사람들은 사고라고 불리어지는 것이 있다고 하는 사실을 알고 있다. 당시의 행동주의자들은 사람들이 수십 년 간 생각하고 표현해 온 것은 실제는 언어행동이지만 그것은 일종의 무성언어라고 주장하였다. 이와 같이 Vygotsky 시대의 행동주의자들은 인간에 대한 관찰 가능한 행동만을 분석하고 마음이나 그 기능을 배제하였던 것이다

Vygotsky는 Piaget와는 달리 인간은 타인과의 상호작용에 의하여 성장하게 되므로 인간의 이해를 위해서 사회, 문화, 역사적인 상황을 고려해야 한다고 주장하였다. 따라서 인간의 인지발달은 독립적으로 이루어지는 것이 아니라 사회학습의 영향을 받아 이루어진다는 주장이다.

(2) 발달 과정

Vygotsky에 있어서 학습은 다른 사람으로부터의 교육과 정보에 의해 신호를 획득하는 것과 관련이 있는 것이다. 발달은 이러한 신호를 내면화함으로써 아동들이 다른 사람의 도움 없이 문제를 생각하고 해결할 수 있게 되는 것과 관련이 있다. 이 내면화를 자아통제라고도 한다. 자아통제와 독립적 사고의 발달단계를 살펴보면 다음과 같다(안영진, 2001).

첫째, 어떤 물체는 의미를 지니고 있다는 것을 배우는 것이다. 예를 들어 영아는 사람들이 어떤 물체에 도달하려 하는 영아의 행동을 영아가 그것을 원하는 것이라고 해석한다는 사실을 배운다. 언어습득의 경우, 유아들은 어떤 소리가 어떤 의미와 관련이 있는지를 배운다.

둘째, 정신 구조와 자아통제 발달은 실천과 관련이 있다. 유아는 주의를 끌 만한 몸짓을 실천해 본다. 취학전 아동은 언어를 익히기 위해 다른 사람과 대화할 것이다.

셋째, 다른 사람의 도움 없이 문제를 생각하고 해결하기 위해 신호체계를 사용하는 것과 관련이 있다. 이 시점에서 유아들은 자아통제를 시작한다. 그리고 신호체계는 내면화된다. 유아는 다른 사람의 주의를 끌기 위해 주목을 끄는 제스처를 의도적으로 사용한다. 언어발달에서 유아들은 자기 자신과 대화를 시작한다.

공유 지식이 개인 지식으로 변화하는 것으로의 매커니즘은 혼잣말하기이다. 혼잣말하기는 유아들에게서 쉽게 볼 수 있다. 유아들은 자주 혼잣말을 한다(Berk & Garvin, 1984). 특히 어려운 문제에 부딪혔을 경우 더 그렇다. 좀 더 크면 혼잣말은 조용해지지만 그것은 여전히 매우 중요하다. 많은 연구에 따르면 혼잣말을 방대하게 사용하는 유아는 복잡한 과제를 다른 유아들보다 더 효과적으로 배운다고 한다. Vygotsky는 아동들이 다른 사람들의 말을 종합해서 그들 자신의 문제를 해결하는 데 사용한다고 주장했다.

(3) 근접발달 영역(ZPD, Zone of Proximal Development)

근접발달 영역이란 아동 스스로 주어진 과제를 다룰 수 있느냐 없느냐 하는 지적 능력을 알아보기 위해 사용한 개념이다. 이는 아동이 혼자서 문제를 해결할 수 있는 지적 발달 수준과 성인이나 동료의 도움으로 문제를 해결할 수 있는 지적 발달 수준의 차이라 할 수 있다. Vygotsky는 근접발달 영역 안에 있는 과제를 학습할 때 혼자 하기는 쉽지 않지만 친구나 어른들의 도움으로 해결할 수 있다고 보았다. 이를 그림으로 표시하면 [그림 6-3]과 같다(안영진, 2001, 재인용).

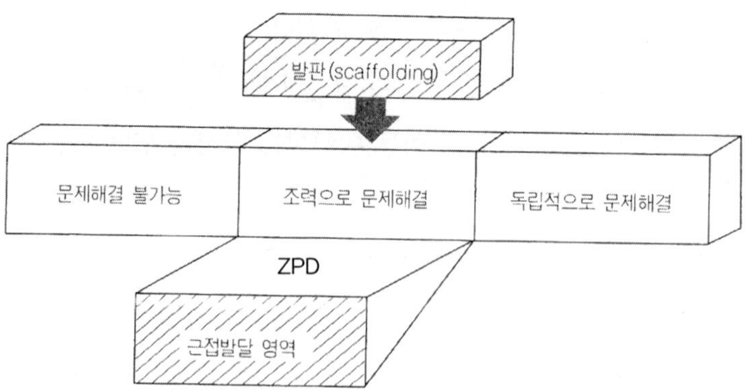

[그림 6-3] 근접발달 영역과 발판(Eggen & Kauchak, 1992)

(4) 비계설정(scaffolding)

발판화라고도 하며 교사가 아동의 학습을 도와주기 위해 사용하는 다양한 방법을 말한다. 발판은 건축용어로 콘크리트 구조물을 만들 때 콘크리트가 굳을 때까지 구조물의 모양을 지탱해 주는 기능을 하는 거푸집이나 지지대를 말한다. 건축 초기에는 발판을 땅에 굳게 설치해야 한다. 공정이 진행됨에 따라 발판의 높이도 높아지며 건물이 완성되면 발판이 필요하지 않게 된다. 학습에서도 아동이 처음에는 잘 모르고 실수도 할 수 있지만 교사나 성인이 잘 지도하거나 안내해 주면 초기에는 잘 모르지만 계속 지도해 주면 후에는 스스로 학습활동을 전개해 나가면서 목표에 도달하게 되는 현상이다. 이러한 지도는 학습자가 완전히 자기 지식이 될 때까지 안내와 지지를 해 주어야 하며 일정 수준에 도달하면 지도하는 것을 철회하는 것이다.

비계설정의 구체적인 방법은 다음과 같다(권대훈, 2006).

- 시범을 보인다.
- 모델을 제공한다.
- 틀린 개념을 발견하고 수정한다.
- 구체적이고 현실적인 목표를 제시한다.
- 절차를 설명한다.
- 기초기능을 개발한다.
- 오류를 교정한다.
- 동기를 유발한다.
- 피드백을 제공한다.
- 질문한다.

비계설정을 제공할 때는 근접발달 영역을 고려하여야 한다. 즉 신체적 발달 수준 보다 좀 더 높은 수준의 과제를 제시하고 난 후 다음 문제를 해결하는 과정에서 안내와 지도를 하는 것이 효과적이다.

(5) Vygotsky 이론의 평가적 · 교육적 의의

Vygotsky 이론의 평가적 · 교육적 의의를 살펴보면 다음과 같다(안영진, 2001).

대부분의 표준적인 보통학급의 시험은 아동의 실제적인 능력과 지식을 평가하기 위해 만들어진다. 그러므로 시험은 아동의 근접발달 영역의 실제적 발달 수준만을 측정한다. 실제적 발달 수준만을 측정함으로써 교사는 아동의 중요한 발달 정보를 놓치고 아동의 능력을 과소평가하게 된다. Vygotsky는 실제적 발달 영역과 잠재적 발달 영역을 모두 측정함으로써 교사는 아동의 현재 상태와 혼자 할 수 있는 것뿐만 아니라 어떤 종류의 도움으로부터 아동이 얼마나 많이 향상되었는지도 알아야 한다고 주장한다.

이 접근은 역동적 평가의 개념과 유사하다(Cronbach, 1990; Spector, 1992). 역동적 평가에서 교사는 아동에게 힌트를 주고 평가하는 동안 각각 다른 수준의 문제 해결 과정에서 도움을 준다. 힌트를 준 전후의 아동의 능력에 대해서 뿐만 아니라 어느 힌트가 가장 유용했는지에 대해서도 메모를 남긴다. 근접발달이 아동 발달의 전체 영역을 평가하려면 다음과 같은 점을 고려하여야 한다.

- 평가는 아동과 일대일 상호작용의 원리에서 이루어져야 한다.
- 사용된 문항은 기술의 여러 수준과 여러 등급의 난이도를 평가할 수 있어야 한다.
- 교사는 평가 시간 이전에 일련의 도움과 힌트를 전개해야 한다.
- 도움과 힌트를 아동의 실제 수준이나 현재 상태, 아동들이 배울 때 흔히 있는 실수, 이해한 것과 오해한 것에 대한 아동의 설명, 특정 기량을 평가하는 데 있어서의 다음 발달 수준에 기초를 두어야 한다.
- 교사는 이러한 힌트와 도움들이 아동들의 해답에 끼친 영향에 대해 메모해야 한다.

나이에 알맞은 학습계획에서는 아동의 현재 발달 수준 이상의 것을 고려해야만 한다. Vygotsky에 따르면 학습계획을 발달 단계에 맞게 적절하게 하기 위해 교사는 '아동들이 자기 힘으로 무엇을 할 수 있는가?' 뿐만 아니라 '아동들이 다른 사람의 도움이 있을 때 무엇을 배울 수 있는가?' 하는 것도 포함하는 활동을 계획해야 한다. Vygotsky의 이론은 모든 아동들에게 어떤 것이든 가르쳐질 수 있다는 것을 의미하는 것은 아니다. 근접발달 영역 내에 있는 교육과 활동만을 말하는 것이다. 예를 들면 Spector의 연구에서 한 아동이 많은 도움을 받고도 난어의 소리를 구분해 낼 수 없었다면 그 아동은 지금 당장은 이것을 배운다고 해도 학습 능력을 향상시키지는 못할 것이다. 이미 알고 있는 것을 반복 연습하는 것과 너무 어렵고 복잡한 개념을 가르쳐 주는 것은 긍정적인 효과가 거의 없다. 두 가지 발달 단계에 대한 정보는 다음과 같은 방법에 의해서 학습활동을 조직하는데 쓰인다.

- 교수는 근접발달 영역의 상위단계(다른 사람의 도움으로 할 수 있는 것)에 있는 것을 아동들 개개인이나 그룹에 연습하도록 제공함으로써 계획할 수 있다. 예를 들면 평가할 때 아동들에게 도움을 주는 힌트와 도움말은 수업 활동의 기초가 될 수 있다.
- 협동학습 활동은 서로 가르쳐 줄 수 있는 다른 수준의 아동들을 그룹으로 짤 수 있다.
- 비계설정(Wood et al., 1976)은 아동에게 상위 단계의 근접발달 영역을 이해시키기 위한 방법이다. 비계설정에 있어서 어른은 그 과제를 간단히 조작하지 않는다. 그러나 학습자의 역할은 여러 단계로 나눠진 교사의 개입에 의해서 간단해진다(Greenfield, 1984). 예를 들어 고등학교 과학수업에서 교사는 학생들이 실험을 수행하게끔 처음에는 상세한 순서를 설명해 준다. 그리고 나중에는 실험을 체계화하는 데 쓰일 간단한 내용만 제공하고 마침내는 완전히 학생들 스스로의 힘으로 실험을 하도록 요구함으로써 비계설정을 제공할 수 있다. Vygotsky는 인지발달에 대한 충분한 이해가 교사의 활동의 성패를 결정한다고 확신하였으며 아동의 지적 발달을 촉진시키는 것이 교사의 역할이라고 하였다. 이러한 점이 교사들에게 중요한 시사점을 준다.

4) 정보처리이론

정보처리이론은 인간의 인지를 정보처리 과정으로 본다. 특히 컴퓨터에 비유하여 객관적이고 과학적인 방법으로 연구한다. 정보처리에 대한 Atkinson과 Shiffrin(1968)의 정보처리구조 과정에 따른 처리 과정을 보면 세 부분으로 구성되며 정보처리 순서는 7단계로 정리된다(권대훈 외, 2006).

(1) 정보처리 과정

먼저 정보처리 과정에서 정보처리 세 단계를 살펴보면 다음과 같다.

- **기억단계**: 기억은 컴퓨터의 기억저장 장치에 해당된다. 기억단계는 감각기억, 단기기억, 장기기억으로 구성된다.
- **인지과정**: 정보를 변환하고 전이하고 저장하는 정신과정으로 컴퓨터의 소프트웨어에 비유된다. 인지과정에는 주의, 시연, 부호화, 인출이 있다.
- **메타인지**: 자신의 인지과정을 인식하고 통제하는 과정이다.

정보처리 구조와 과정을 모형으로 나타내 보면 [그림 6-4]와 같다(Atkinson & Shiffrin, 1968; 권대훈, 2006).

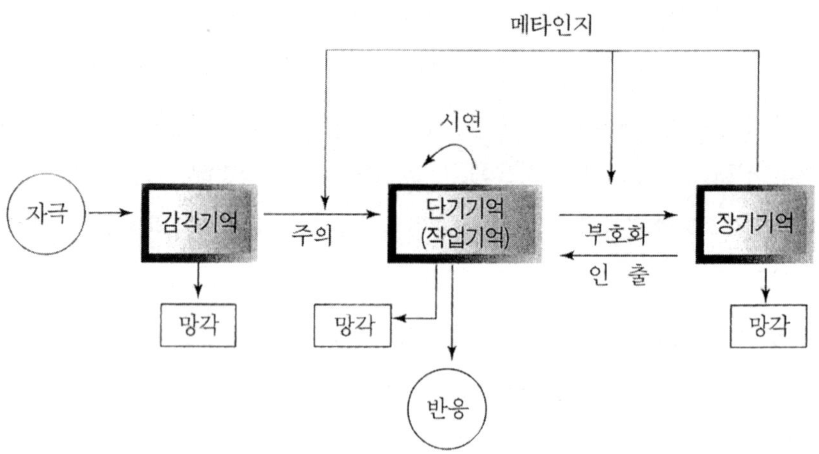

[그림 6-4] 정보처리 모형

위의 요소들의 관계와 7단계 정보처리 순서를 간단히 설명하면 다음과 같다.

① 외부 환경에서 투입되는 정보는 감각기억에 순간적으로 파지되지만 그 정보에 대해 인지활동이 이루어지지 않으면 곧 망각된다.

② 감각기억에 파지된 정보에 대해 주의를 기울이면 그 정보는 단기기억으로 전이된다.

③ 단기기억으로 전이된 정보는 짧은 시간 동안 파지된 후 망각된다.

④ 시연은 단기기억에 전이된 정보를 파지하는 기능을 한다.

⑤ 단기기억에 저장된 정보에 대해 시연이나 부호화와 같은 인지활동을 수행하면 그 정보는 장기기억으로 전이되어 저장된다.

⑥ 장기기억 속에 저장된 정보도 망각된다.

⑦ 장기기억에 저장되어 있는 정보는 인출과정을 통해 단기기억으로 전이된다. 한편 메타인지 과정은 주의, 시연, 부호화, 인출과 같은 인지과정을 인식하고 통제한다.

(2) 정보처리이론에 대한 평가 및 교육적 의의

정보처리이론에 대한 평가 및 교육적 의의를 살펴보면 다음과 같다(송인섭 외, 2006).

정보처리이론에서는 교육실제의 적용을 위해 교육과 명백한 관련이 있는 인지과정과 추론, 언어의 이해와 사용, 교재 이해에 대한 연구, 독서, 교수기법, 문제해결 전략 등을 연구한다. 효과적인 학습을 위해서 교사는 학습내용의 중요도나 학습자의 발달수준에 알맞은 자극자료를 외적 자극단서나 선행조직자를 활용함으로써 특정 내용에 집중시킬 수 있도록 학습자에게 주의 집중시킨다. 이러한 선택적 주의 집중은 학습에서 매우 중요한 기능으로 새로운 정보를 체계적으로 조직하여 제시될 때 훨씬 더 효과적으로 받아들일 수 있다.

정보처리이론의 가장 큰 장점은 사고의 복잡성을 표현하는 접근 능력, 즉 지각, 주의, 기억 등을 어떻게 상호 관련시킬 수 있는가에 대한 기술에서 통제과정이 지시하고 감독하는 사고조직을 긍정적으로 가정할 수 있는 단계에 이르기까지 다양한 인지과정을 설명한다는 것이다. 반면, 정보처리이론의 제한점은 컴퓨터 모형의 단점으로서 사고의 모형이 실제에 있어서 항상 같게 이루어지는 것이 아니고 수동적이고 무목적적인 컴퓨터 모형이 복잡하고 다양한 인간의 사고를 모두 다 대변해 줄 수 없다는 점이다.

4. 인본주의 학습이론

학습자 자체를 인정하고 스스로 그들 역량이 커지도록 지켜보고 기다려 주는 이론이 인본주의 이론이며 일명 성숙주의라고도 한다. 인본주의 학습이론은 인간은 선하며 존경받을 만하고 환경조건만 적절하게 주어진다면 그가 가지고 있는 잠재능력을 실현해 나가려는 능동적인 존재라고 보고 있다. 인본주의 학습이론은 인간 자체의 가치와 개인의 독특성, 그리고 내부적이고 주관적이며 경험적인 역동성과 전체성에 관심을 가지고 있으며, 어디까지나 건강한 인간을 대상으로 하는 이론이다.

인간은 무한한 잠재능력을 가지고 있다. 그 잠재능력이 있는 그대로 신장하도록 하는데는 인위적인 가미가 없어야 한다. 학습자 스스로 사물을 관찰하고 스스로 학습하는 일은 극히 자연스러운 일이다. 학습자의 능력 및 수준은 부모의 유전적 소양과 관련이 깊으며 또 유아의 성장 · 발달도 관련된다. 그리고 부모로부터 받은 능력 외의 성장 · 발달을 도모하는 일은 개인적 노력이 있어야 한다.

사회적 활동 등에 대한 미숙함이 수반되는 일들이 일정 시간을 거쳐 성숙의 과정을 거치면 예전의 능력보다는 향상된 태도로 사회생활을 할 수 있게 되는데 이는 곧 인본주의적 측면에서 학습이 이루어졌음을 나타낸다. 이러한 점에 근거하여 개인차 교육이 강조된다(임채식 외, 2013).

이와 관련한 인본주의 심리학자로는 Rogers, Maslow, Fromm, Allport, Combs 등이다. 이 중에서 Rogers와 Maslow이론을 중심으로 정리하도록 한다.

1) Rogers의 자기이론

(1) 자기이론에 대한 기본가정

Rogers의 이론은 다음의 몇 가지 특징을 가지고 있다(권대훈, 2006). 첫째, 로저스는 프로이트와 달리 의식적 경험을 행동의 결정요인으로 중시한다. 둘째, 행동이 형이상학적으로 결정된다는 사실을 강조한다. 주관적 경험을 중시하는 그는 행동이 항상 현재의 지각과 해석에 의해 영향을 받는다는 점을 강조한다. 셋째, 대인관계를 중시한다. 그에 따르면 대인관계는 심리적 성장을 촉진하는 조건을 제공할 수도 있고 그것을 좌절시키거나 방해하는 조건을 제공할 수도 있다.

로저스는 자기이론에서 자기개념을 강조하는데 여기서 자기는 현상학적 관점을 견지하는 인본주의 심리학의 핵심개념이며 구체적으로 살펴보면 다음과 같다(권대훈, 2006).

인본주의는 자기 자신과 세계를 어떻게 지각하는가에 따라 행동과 감정이 결정된다고 전제한다. 자기는 개인이 가지고 있는 총체적인 내적 세계를 말한다. 자기는 다른 사람과 사물로 구성된 외적 세계와 구분된다. 인본주의가 자기와 자기개념을 강조한 것은 주관적 경험과 개인적 지각을 강조하는 관점이 있기 때문이다. 자기이론의 자기가정은 다음과 같다.

첫째, 인간은 선하고 합리적인, 목적지향적인 존재라는 전제다. 프로이트는 인간은 비합리적이고 이기적인 존재라고 하는데 이 프로이트의 인간관과는 다르다.

둘째, 세계는 사적이고 실제는 현상학적이다. 개인에게 제일 중요한 것은 환경이고 이 환경은 개인만이 알고 있는 사적 환경이라는 점이다. 즉 다른 사람은 사적인 개인의 환경을 모른다는 것이다.

셋째, 행동이란 오로지 개인의 관점에서만 이해할 수 있다. 인간은 경험하고 지각한 대상에 대한 세계에 반응한다. 지각하고 느끼는 것, 즉 현상적 장 의식을 구성한다. 현상적 장이란 개인이 특정 순간에 가지고 있는 감정, 지각, 의식을 말한다.

넷째, 인간 존재의 목적은 자기실현이다. 로저스는 인간의 유일한 기본적 동기는 실현경향성이라 했다.

다섯째, 인간은 자기 자신을 구성한다. 환경, 특히 다른 사람들과의 상호작용을 통해 인간은 자기가 어떤 존재인가에 대한 자기개념을 발달시킨다. 자기개념이란 자기 자신에 대해 발달시킨 일관성 있는 신념체계를 말한다. 즉 자기개념은 특정 개인이 자기 자신을 어떻게 인식하고 기술하는가를 의미한다. 이러한 자기개념은 현실적 자기와 이상적 자기로 구분한다.

여섯째, 인간은 자기개념과 일치하는 방식으로 행동한다. 로저스는 자기 개념을 행동, 감정, 사고에 영향을 주기 때문에 성격에서 매우 중요한 역할을 한다고 하였다. 긍정적 자기개념을 가지고 있느냐, 부정적 자기개념을 가지고 있느냐에 따라 사고와 행동은 다르게 나타난다.

(2) Rogers의 자기이론의 교육적 의의

인간은 꾸준히 자기 성장을 위하고 완전성을 달성하기 위하여 노력하게 되는데 이에는 실현경향성이 주도하기 때문이다. 실현경향성은 '유기체를 보존하고 향상시키기 위해 모든 능력을 발달시키려는 내재적 경향성'이다. 즉 실현경향성은 개인적 성장, 자율성, 통제로부터의 해방을 지향하는 선천적인 경향성이다. Rogers는 이러한 실현경향성을 인간이 가지고 있는 유일한 동기원이라고 보고 있으며, 다른 모든 동기는 실현경향성으로부터 파생된다고 보고 있다. 따라서 교육에서 학습자에게 실현경향성을 강조하는 것은 매우 의의있는 일이다(Rogers, 1963).

이와 관련하여 자기(self)가 출현하면서 유기체적 평가과정은 개체는 물론 개체의 일부인 자기에 적용되고 그 결과로 인해 자기 실현경향성이 나타난다. 자기 실현경향성은 자기를 보존하고 향상시키려는 경향성으로, 자기개념과 일치하는 방식으로 행위를 하도록 하는 동기를 제공한다.

실현경향성과 자기 실현경향성은 서로 간에 갈등을 빚기도 한다. 유기체적 경험과 자기개념이 일치하면 실현경향성과 자기 실현경향성이 통합된다. 하지만 실현경향성과 자기 실현경향성이 불일치하면 서로 상반된 요구를 추구하게 되고 부적응 행동을 일으킨다(권대훈, 2006). 따라서 교육과정에서는 이들 간의 불일치가 일어나지 않도록 적절한 교육적 조치를 하여야 한다.

2) Maslow의 자기실현론

(1) Maslow의 욕구위계론

인간의 욕구에 대한 위계설을 제시한 Maslow는 인간의 욕구를 의식주를 추구하는 생리적 욕구를 기초로 하여 신체적 안전을 추구하는 안전에 대한 욕구, 소속 · 안정 · 애정을 추구하는 소속 · 애정에 대한 욕구, 능력을 승인하는 자기존중의 욕구, 지적 욕구와 심미적 욕구를 포함하는 자아실현의 욕구 등으로 위계화하였다. 우리 인간이 모두 Maslow가 강조한 위계설대로 행동하는 것이 아니라는 점에서는 비판을 받기도 한다. 예를 들면 생리적 욕구가 결핍된 어려운 생활에 있는 학생이 배우려는 지적 욕구를 추구하는 경우나, 사랑하는 사람을 위해 자신의 목숨을 포기하는 경우가 있는 것이다.

그러나 Maslow의 욕구위계 이론을 포함하여 인본주의적 접근은 교육현장에 중요한 시사점을 제시한다. 흔히 우리는 교육현장에서 자아실현이라는 상위 목표달성을 위하여 노력해 줄 것을 요구하지만 자아실현이라는 것은 성인이 되어서도 달성하기 어려운 과제란 점에 동의하지 않을 수 없다. 따라서 교사는 학생들에게 자아실현을 장래의 목표로 제시하게 하고 오히려 생리적 욕구나 안전의 욕구가 충족되었는지, 친구와의 관계가 어떠한 지에 대한 하위욕구 실현에 관심을 가져야 한다.

(2) Maslow의 자기실현론

Maslow의 자기실현론이란 첫째 자아의 내면적 핵심을 수용하고 표현하는 것, 즉 잠재적 능력 및 가능성을 실현하는 것을 의미하는 것으로 개인의 본성이 가지고 있는 가능성을 충분히 발휘하는 것이며, 둘째 정신, 신경증, 정신병, 또는 기본적인 인간능력의 상실 혹은 감퇴 등이 가장 적게 존재하는 상태를 말한다.

최상의 자기실현 욕구는 진 · 선 · 미를 추구하는 심미적 욕구와 지식이라든지 균형을 추구하는 지적 욕구를 내포하고 있는데 지적 욕구가 심미적 욕구보다 더 강하다고 했다. 자기실현을 한 인간은 정신적으로 건강한 인간이기 때문에 모든 학습은 자기실현을 하도록 돕는 것이어야 한다는 것이다(여광응 외, 1992).

3) 인본주의에 대한 비판

인본주의 학습이론은 학생 개개인의 삶, 자기개념, 잠재력 실현 등을 강조한다. 이러한 사항들을 강조하는 인본주의의 교육적 견해는 일견 비판의 여지가 없을 정도로 합리적이라고 생각된다. 하지만 인본주의 학습이론은 몇 가지 점에서 다음과 같은 비판을 받기도 한다(권대훈, 2006).

첫째, 인본주의 학습이론은 교육의 중심 개념이 모호하고 결론이 매우 사변적이다. 예를 들면 자기실현, 충분히 기능하는 인간, 열린교육의 개념은 매우 매력적이지만 너무 모호하기 때문에 쉽게 정의하거나 측정할 수 없다는 문제점이 있다.

둘째, 인본주의 심리학은 상식에 가깝고 과학이 아니라는 비판을 받는다.

셋째, 인본주의 학습이론은 정의적 특성을 지나치게 강조한 나머지 표준교육과정과 지식 획득이나 인지발달을 경시하는 결과를 초래했다.

넷째, 인본주의 학습이론은 개별교사의 개인적 자질과 기능에 따라 크게 영향을 받는다는 문제점이 있다.

참고 문헌

권대훈(2006). 교육심리학의 이론과 실제. 서울: 학지사.

김용래(1985). 교육심리학. 서울: 세광공사.

김이영, 백경숙, 전재선, 최윤희, 한용기, 홍성훈(2014). 교육심리학. 경기: 양서원.

김제한(1993). 교육심리학. 서울: 서원사.

김제한, 권순달, 이현주(2015). 경기: 양서원.

김충기(2001). 교육심리학. 서울: 동문사.

김충기, 장선철(2006). 교육심리학. 서울: 태영출판사.

송인섭, 최명구(2006). 교육심리학. 서울: 학지사.

안영진(2001). 교육심리학. 서울: 창지사.

여광웅, 전영길, 정종진, 조인수(1992). 교육심리학. 경기: 양서원.

이용남, 강만철, 김계현, 방선옥, 송인섭, 이신동, 이재신, 최진승(1999). 신교육심리학. 서울: 학지사.

임채식, 이경희, 임은숙, 차선미(2013). 유아교과교육론. 서울: 태영출판사.

임채식, 임창재, 김의석, 정석환, 김영일(2013). 실기교육방법론. 경기: 양서원.

장동환, 김형채, 손정락(1991). 제6판 심리학 입문. 서울: 박영사.

Atkinson, R. C., & Shiffrin, R. M.(1968). Human Memory: *A proposed system and its' control process.* In K. W. Spence & J. T. Spence(eds.). *The psychology of learning and motivation: Advances in research and theory*, 2(pp. 89~195). New York: Academic Press.

Bandura, A.(1981). Self-referent thought: *A development analysis of self-efficacy.* In J. H. Flavell & L Ross (Eds.), *Social cognitive development: Frontiers and possible futures.* Cambridge: Cambridge University Press.

Klausmeier, Herbert J. and Goodwin, William, L.(1975). *Learning and Human Abilitys.* (4th ed.). New York: Harper & Row. p. 11.

Kimble, Gergory A., and Garmezy, Norman(1963). *Principles of General psychology(2nd).* New York: The Ronald Press Co. p. 133.

Rogers, C. R.(1963). *The concept of fully functioning person. Psychotherapy: theory, research, and practice, 1.* 17~26.

Skinner, Charles E.(1958). *Essentials of Educatonal Psychology.* New York: Prentice-Hall. iNC. p. 199.

Gates, A. L., et al.(1950). *Educational Psychology.* New York: Mcmillan Co. p. 288.

Guthrie, E. R.(1952). *Psychology of Learning.* New York: Harper & Row. p. 109.

제7장

교수-학습모형

1. 교수의 개념
2. 교수의 변인
3. 교수이론

1. 교수의 개념

교수란 가르치는 것을 말한다. 가르치는 것은 학습자들을 대상으로 수업활동을 전개하는 것이다. 그러기에 때로는 교수와 수업을 혼동하기도 한다. 하지만 학습자 중심으로의 교육철학이 중요하게 거론되면서 학습이라는 용어가 보다 더 교육현장에서 활용되어진다. 그래서 교수목표보다는 학습목표라는 용어가 더욱 친근하고 학습목표 진술도 학습자 입장에서 진술하게 된다. 하지만 여기에서는 교육을 진행하는데 있어서 교수자가 어떠한 교수모형을 가지고 어떻게 수업을 진행하여야 하는가 하는 측면 또한 매우 중요한 부분이어서 교수모형에 초점을 맞춰 기술하고자 한다. 그러면 교수란 어떤 의미인가.

교수란 교사가 교육적 의도를 가지고 하는 일체의 활동을 의미한다. 이를 수업과 구분하여 보면 수업은 학습이 일어날 수 있도록 학습자의 내·외적 조건을 체계적으로 조정하는 과정을 뜻한다(임규혁, 1996).

Corey는 교수란 개인이 특정한 조건하에서 특정 행동을 수행하기 위하여 학습할 수 있도록 개인을 둘러싼 환경을 의도적, 계획적으로 조작하는 과정이라고 정의하고 있다. 교수에 대한 이러한 정의는 무엇을 가르칠 것인가에 관한 명확한 의도가 전제되어야 하고 의도된 학습을 성취하기 위하여 학습자의 환경 조건을 계획적이고 정교하게 준비해야 한다는 점을 강조하는 것이다.

이와 같은 교수행위에는 다음의 두 가지 측면을 고려해야 한다(임규혁, 1996). 첫째는 두 사람이 관련된다는 것이고, 둘째는 두 사람 각자가 서로 상이한 방식으로 그 행위에 참여한다는 것이다. 즉 특정 과제에 대한 내용을 소유하고 있는 교사가 그 내용을 소유하지 않은 학습자에게 내용을 전달하는 행위와 관련이 있다. 학습이란 개인 단위만으로도 충분히 이루어질 수 있지만 교수는 최소한 두 사람을 필요로 한다. 따라서 학습은 획득하는 것이고 교수는 최소한 제공하는 것이다. 그러나 교사는 학생에게 지식 전달자의 역할에 머물러서는 안 되며 학생 스스로 여러 가지 자료를 이용할 수 있도록 도와주고 지식을 획득하는 방법에 대해서도 가르쳐야 한다. 결국 교수와 학습은 상호 의존 관계를 형성한다는 것이다. 이러한 관점에서 볼 때 교수란 학습자의 모든 능력을 극대화하기 위하여 의도적으로 학습자의 내적 조건과 환경을 체계적으로 형성하는 일체의 활동이라 할 수 있다.

1) 교육사상가들의 교수론

다음에 제시하고 있는 교육사상가들의 교수론을 살펴봄으로써 교수에 대한 다양한 개념을 정리하는데 도움이 될 수 있을 것이다(임채식 외, 2013).

(1) J. A. Comenius(1592-1670)

17세기 실학주의의 대표적인 교육학자이며 교육개혁자인 코메니우스는 당시에 획기적이고 놀랄 만한 교육이론을 정립하였는데 이것이 유명한 『대교수학(大敎授學)』이다. 대교수학에서 코메니우스는 교육의 목적을 천국에 있어서 신과 영합함으로써 영원한 행복을 얻는 것이라고 하였다. 따라서 교육은 지식을 닦고 도덕심을 쌓고 신앙심을 길러 천국의 생활을 준비하는 데 있었다.

교수방법론으로는 합자연의 원리, 계통성 · 순차성의 원리, 직관의 원리를 강조하고 있다.

합자연의 원리는 객관적 자연주의로서 자연계의 현상을 관찰하고 그에 따라 교수해야 한다고 하고 있으며 교수대학 14장에서 교수의 일반 원칙을 37종목으로 정리하고 있다.

계통성 · 순차성의 원리는 교육을 하는데 있어서는 반드시 단계가 있기 때문에 연령과 학습 정도에 따라 4단계로의 순서를 지켜야 한다고 하였다. 즉, 유아기 교육(1-6세), 아동기 교육(7-12세), 소년기 교육(13-18세), 청년기 교육(19-24세) 등으로 순차적인 교육이어야 한다고 보고 있다.

직관의 원리는 경험적 지식을 중시하는 사상이다. 코메니우스는 『세계도회』(1658)의 서문에서 먼저 감각(感覺)에 존재하지 않고 지성에 존재하는 것은 하나도 없다면서 교수법의 핵심으로서 감각적 직관을 강조하였다. 그의 교수는 직관을 가지고 지식을 기초로 하며 도덕을 근저로 삼았다. 말하자면 우리들의 눈, 코, 귀를 통해서 얻어지는 지식이야말로 확실히, 빨리, 재미있게 학습된다고 하였다. 따라서 『세계도회』는 직관을 지식의 기초로 삼는 그의 교수원리에 입각하여 발행된 교과서였다. 코메니우스는 이 교과서를 이용하여 그림, 또는 사물의 직관을 통하여 외계의 사물을 감지시키고 동시에 언어를 배우게 한 다음 점차로 표상(表象), 의지, 이해 등의 고등한 정신작용을 계발시키려 하였다.

이상의 세 원리를 교수법상의 원칙으로 도입한 코메니우스는 교수방법적 측면으로 훈련의 원리를 제창하였다. "훈련없는 학교는 물 없는 물레방아와 같다"라고 고언을 제시함으로써 훈련을 교육상 중요한 수단으로 생각하였다. 그리고 훈련 방법에 있어서도 객관적인 자연주의를 강조하였다. 즉, 태양이 빛과 열을 언제나 지상에 보내고 있지만 때로는 풍우(風雨), 전뢰(電雷)를 일으키는 것과 같이 교사도 사랑과 온정으로 아동을 대하나 때로는 충고와 질책이 필요하다고 보았다.

(2) J. H. Pestalozzi(1746~1827)

페스탈로치는 교육사상가인 동시에 열렬한 교육실천가였다. 그의 교수법은 페스탈로치가 생활해 왔던 과정과 밀접하게 연관된다. 페스탈로치는 자신의 교육활동을 노이호프(Neuhof), 슈탄쯔(Stanz), 브르크도르프(Burgdorf), 이페르텐(Iferten, Yverdon) 지역에서 펼쳐 나갔다. 그는 교육에서 해야 할 일이 대중을 위한 자연적 권리를 회복시켜 주는 것이라고 보았다. 아무리 천한 어린이라 할지라도 교육이 주어지지 않으면 안 된다고 하였다. 다음에 그는 교육의 목적을 인간 제 능력의 조화적 발전이라 하였다. 즉, 3H[Head(지), Heart(덕), Hand(체)]의 조화라고 설명하였다. 주요 교수방법의 원리로는 다음과 같다.

(가) 합자연의 원리

페스탈로치의 합자연의 교육은 자연의 성장·발달의 원천이 되는 애정에 의한 교육을 말한다. 즉, 인간 심성의 근본인 애정을 불러일으킴으로써 상호이해와 협동과 실천으로서 해 나가야 한다고 하였다. 그 다음은 학습자의 심신 발달의 자연적인 순서에 따라 교육해야 한다는 것으로서 현대에 있어서 심리주의 교육방법의 원리라고 하겠다.

(나) 직관의 원리

페스탈로치는 교수는 직관에서 시작되어 사물의 인상이 명료하게 됨과 아울러 그 이름을 가르치고 그 위에 형, 성질 등이 비교 검토되어 최후로 그 사물의 기본적인 성질을 추출하여 정의를 내린다는 교수의 일반 과정을 도식화(직관 → 인상의 명료와 이름 → 형 → 성질의 비교 → 기본 성질 추출 →정의)로 표현하여 이를 교수법의 근본과정으로 하였다. 페스탈로치는 감각을 모든 인식의 기초로 생각함과 동시에 수용된 인상을 자기 주장에서 주체적으로 파악해야 한다고 했다. 이는 곧 능동적인 인식체제를 강조할 때 명료, 정확한 개념을 형성할 수 있다는 점을 말한다.

더구나 페스탈로치는 직관의 개념을 지식교육 뿐만 아니라 도덕(정의)교육도 직관적으로 해석하고 있으며 애정, 신뢰, 존경 등의 감정 체험도 가정 내에서의 인간관계에서 얻어지는 직관관계로 규정하고 있다.

(다) 자발성의 원리

자발성의 원리는 내면적 동기유발을 위한 제 1의 학습원리이다. 즉, 인간 내부에 존재하는 자연적인 힘을 자발적으로 발전시킨다는 것이다. 결국 학습은 자발적인 의욕에서 우러나와야 효과적이기 때문에 학습은 교사의 언어활동이 주가 되는 형태의 수동적인 것이 아니고 학습자들의 자발적인 의욕에서 우러나 오는 노작활동이어야 한다고 보고 있다.

그러므로 이 원리를 교육의 형식에 적용하면 주입식 방법이 아닌 개발적인 학습방법이 되며 교육훈련에 적용하면 타율적인 것보다 자율적인 훈련을 중시하게 된다.

(라) 기초교수의 원리

페스탈로치는 인간이 성장 · 발달하는 데는 단순한 요소적인 능력에서 점진적인 성장을 이룩하고, 그러므로 확실하고 명료한 직관을 하기 위해서는 세 가지 기본능력, 즉 수, 언어, 형태의 파악능력이 있어야 한다고 보고, 수와 형과 언어능력을 다음과 같이 제시하고 있다.

- **수**: 먼저 1위수의 가 · 감 · 승 · 제를 학습하고 다음 2위수를 학습하며 다음에 분수 계산법을 학습한다.
- **형**: 관측능력, 그림묘사능력, 쓰기 등을 학습한다.
- **언어**: 발음과 읽기, 단어교수, 문, 구절의 교수 등으로 학습한다.

(3) J. F. Hervart(1776~1841)

과학적 교육학의 아버지라고 불리우는 헤르바르트는 독일 북부 올덴부르크 태생이다. 그의 교육사상을 그의 저서 『교육학 강의요강』의 서문에서 살펴보면 "과학으로서의 교육학은 실천철학과 심리학에 의존한다. 전자는 도야의 목적을 후자는 진로와 방법과 장래를 제시한다"고 하였다. 여기에서 헤르바르트는 교육의 목적을 도덕적 품성의 도야에 두었다. 그리고 구체적 · 도덕적 생활요소로서 5도념(funt ideen)을 제시하였는데 그 내용은 다음과 같다.

(가) 내면적 자유의 이념

도덕적 판단과 의지가 일치하는 것, 즉 동일인의 인격의 내부에 있어서의 도덕적 자유를 말한다.

(나) 완전성의 이념

한 개인의 의지가 강력, 충실, 조화의 세 조건을 구비하고 활동하는 상태를 말한다.

(다) 호의의 이념

타인의 행복을 자기의 의지의 대상으로 하는 것을 말한다.

(라) 정의의 이념

두 의지가 상충하지 않는 상태, 즉 양보하는 상태를 말한다.

(마) 보상의 이념

한 의지가 다른 의지에 대하여 선행 또는 악행을 했을 때에 후자가 보수 또는 처벌하는 경우다.

이러한 교육목적을 달성하는 방법으로 관리, 교수, 훈련의 셋을 들었다.
관리는 교수의 예비적 단계이며 여기에는 적극과 소극의 두 방법이 있다. 이 중에 일정한 과업을 주어 아동을 활동시키는 것이 적극적인 방법이며 감시, 금지, 명령, 위협, 처벌 등의 외형적 수단에 의하여 그 욕망적 충동을 억제하는 것은 소극적인 방법이다. 교수는 교육목적 달성을 위한 최선의 방법이다. 헤르바르트는 교수를 교육적 교수와 비교육적 교수로 구분하였다. 비교육적 교수는 지식 기능 외에 의지를 도야하여 도덕적 품성을 형성하는 것을 말한다. 훈련은 교수와 같이 교재를 매개로 하지 않고 직접적으로 아동의 정조를 도야하며 도덕적 품성을 기르고자 하는 교육활동이다. 따라서 도덕적 품성의 양성을 목적으로 하는 점에서 교수와 같으나 교재를 매개체로 하지 않는 점에서는 교수와 다르다. 도덕적 품성을 목적으로 하는 이러한 훈련 방법으로서 아동의 발달 정도에 따라 다음과 같이 4단계를 거친다고 하였다.

(가) 유지(파지)적 훈련

교사가 시종일관 아동의 의지활동을 일정한 방향으로 유지(維持)시켜 주는 훈련이다.

(나) 결정적 훈련

교사가 아동의 심리상태를 미리 알아서 행위결과를 상상하여 아동이 스스로 올바른 선택을 결정하게 하는 것이다.

(다) 규정적 훈련

아동의 행위를 규정하여 일정한 표준에 따르게 하는 방법이다. 결점은 일정한 규정에 의하여 제약을 받는다.

(라) 조성적 훈련

아동이 도덕적 원칙에 의하여 행동하고자 하나 때로는 이성적 힘의 부족으로 스스로의 힘에 의하여 행하지 못할 때가 있다. 이때 교사가 아동의 자율적 도덕을 조성하는 방법을 말한다.

(4) J. Dewey(1859 ~1952)

Dewey는 진보주의 교육철학을 체계화한 교육학자이다. 듀이의 진보주의는 변화한다는 사상을 근본사상으로 하고 있다. 교육목적은 교육의 과정에서 찾아야 한다고 강조하면서 "교육은 경험의 계속적인 개조로서 생각되어야 한다. 교육의 과정과 목표는 별개의 것이 아니고 동일한 것이다"라고 주장한다.

아울러 듀이는 오늘의 학교가 아동을 중심으로 교육하여야 한다는 아동중심관을 지지한다. 지금까지의 학교는 아동 자신의 직접적인 본능이라든가, 활동을 중심으로 하지 않고 교과서나 교사중심으로 하고 있었다. 때문에 교사가 외부로부터 정립한 교육목적이라든지 교육과정에 의하여 아동을 속박하고 있었다. 따라서 오늘의 학교의 임무는 아동중심이 되어야 한다고 하였다. 즉, 교육은 아동의 능력, 흥미, 습관의 심리학적 통찰로부터 시작해야 하며 이러한 능력, 흥미, 습관은 부단히 분석되어야 한다고 보고 있다.

듀이가 강조하는 교육사상을 요약하면 다음과 같다.

(가) 교육은 생활이다.

교육은 생활을 준비하는 것 이상의 것이라는 것이다. 교육은 생의 시초부터 생의 종말에 이르기까지 계속되는 과정이며 학교 안에서 이루어진 교육은 실생활에서 쓰여져야 한다는 것이다.

(나) 교육은 성장이다.

교육이란 끊임없이 성장, 발전하는 과정이다. 즉, 지적 · 도덕적으로 계속적인 발진의 과정을 말하는 것이며, 또한 끊임없는 개조 · 개축 · 변형되어 가는 동적이고 연속적인 과정이라는 것이다. 그러므로 종래의 준비설, 개발설, 형식도야설 등은 듀이 입장에서 보면 부정적일 수밖에 없다.

(다) 교육은 계속적인 경험의 재구성이다.

교육은 경험의 의미를 증가시킬 뿐만 아니라 경험이 재구성, 재조직되는 것이다. 경험의 재구성 또는 재조직은 경험의 성장 또는 생활의 성장을 뜻하며 그것은 생활체와 환경과의 상호작용인 동시에 교육이라는 것이다.

(라) 교육은 사회적 과정이다.

교육은 민주주의를 목적으로 한 것이어야 한다. 교육이 성장이고 생활이라면, 그것은 곧 사회단체 안에 있어서의 생활이 되어야 한다. 그리고 학교는 민주사회가 되어야 하고, 그 사회 내에서 피교육자는 자연스럽게 민주생활을 영위할 수 있으며, 훌륭한 공민의 자격을 가지고 성인으로 성장 · 발달해야 한다는 것이다.

(5) W. H. Kilpatrick(1871~1965)

Kilpatrick은 Dewey의 동료이자 수제자로서 진보주의 교육사상을 실천적 이론면에서 더욱 발전시키는 데 큰 공헌을 한 사람이다. 사실 듀이의 사상은 모든 사람에게 친숙감이 적었다. 이유는 너무나 추상적이고 또 개괄적이었다는 점 때문이었다. 그러나 킬패트릭은 능숙한 필체와 문장력 그리고 능변으로 개관적이고 추상적인 듀이의 사상을 잘 해설하고, 해명하였다. 킬패트릭의 교육철학은 부드럽고, 알기 쉽고 또 해설적이고 구체적이었다.

킬패트릭의 교육의 목적은 듀이와 큰 차이가 없었지만 보다 구체화하여 교육의 목표를 생활 내용 안에 두면서 생활에서 찾아야 한다고 주장했다. 즉, 생활이 교육이고 교육이 생활이라면 생활은 곧 학습인 것이다. 생활 → 학습 → 학교라는 이러한 킬패트릭의 교육관은 다음과 같은 말에서 더욱 명료해진다. “어린이와 청소년은 자기가 생활하는 바를 학습하는 것이므로, 학교는 그들이 생활하는 곳, 그들의 최고의 생활을 영위할 수 있는 곳이라야 한다. ……이는 바르고 풍유하며, 건전한 생활, 그들의 연령에 적합하고, 그들이 그들 자신의 목적을 인식하며 이를 추구하는 생활이어야 한다.”라고 주장하였다. 그런데 킬패트릭은 학교에 있어서의 경험은 가능한 한 사회적이라야 한다고 하였다. 즉 학교의 사회화된 분위기를 강조하였다. 우수한 학교란 이러한 사회화 분위기를 가진 학교라고 지적하면서 교사와 아동은 사회에서 실행되고 있는 질 좋은 생활경험을 획득하게끔 노력하여야 한다고 하였다. 생활이 곧 학습이라고 본 킬패트릭은 아동의 흥미와 목표를 학습의 원동력으로 또 학습의 동기로 삼았다. 흥미는 어떤 목표를 규정하게 되고, 목표는 어떤 행동을 유발하기 때문이다. 따라서 개인의 활동은 흥미있는 활동으로부터 출발하여 목표를 달성하고자 하는 일련의 과정인 것이다.

이와 같이 킬패트릭은 흥미를 학습심리의 기초로 삼고 학습이론을 전개하였다. 그는 "아동의 흥미를 학습의 기초로 하라. 그리하여 새로운 지식, 기능, 태도 등을 구성하게끔 지도하라. 아동의 목표라든가 독창성, 책임감을 강조하라"고 그의 주장을 내세운다.

경험주의, 아동중심주의에 입각한 교육과정이라는 것을 킬패트릭은 강조한다. 킬패트릭의 교육과정은 아동의 생활경험이 끊임없이 개조될 수 있게끔 편성되어야 한다고 하였다. 정적이고 고정적인 전통적 교육과정에 대신하는 새로운 경험중심의, 생활중심의 교육과정을 제시한 점이 교육과정의 특색이기도 하다. 즉, 커리큘럼은 무엇보다도 아동의 실생활면이 되어야 하며 교사와 아동이 공동 협력하여 편성한 것이라야 하며, 교사는 이에 대하여 책임을 져야 할 것이고, 아동은 가능한 경험을 많이 쌓아야 할 것이라는 점이다. 이러한 교육의 과정을 성공적으로 종합한 것이 킬패트릭의 구안법(project method)이다.

2. 교수의 변인

교수활동을 전개하는 학습의 현장에서 교수변인은 매우 다양하다. 이에 대하여 Dollard와 Miller(1950)는 교수-학습 현장에서 가장 기본이 되는 변인으로 충동, 단서, 참여, 보상 등 4가지로 제시했다. 이러한 네 가지 변인은 실제 교실에서 학생의 학습을 증진시키기 위해 교사와 학생 사이에 이루어지는 상호작용의 질과 내용을 알아내는 중요한 준거가 될 수 있다(황정규, 1991).

Reigeluth와 Merrill(1979)은 교수의 변인을 조건변인, 방법변인, 결과변인으로 구분하였는데 이를 살펴보면 다음과 같다(임규혁, 2002, 재인용).

1) 조건변인

조건이란 방법에 영향을 미치는 교수의 한 영역이다. 이는 교사에 의해 통제될 수 있는 제약조건이다. Reigeluth와 Merrill(1979)은 교수의 조건으로 교과내용의 특성, 목적, 학습자 특성, 제약조건 등의 네 가지 사항을 제시하고 있다.

교과내용의 특성이란 특정 교과의 내용이 어떠한 지식을 다루며 그 지식의 구조는 어떠한지를 포함하는 개념이다. 교과의 내용 특성은 교수 전략에 영향을 준다. 즉, 상이한 교과 내용에는 그 내용에 적절한 교수 전략이 사용되어야 함을 의미하는 것이다. 교수의 목적 역시 교수방법에 영향을 미친다.

목적이란 가르치고자 하는 지식 또는 기술의 수준이나 정도를 규정하는 것을 의미한다. 따라서 사실을 가르치는 것이 목적일 때와 원리를 가르치는 것이 목적일 때의 교수방법은 서로 달라야 하는 것이다. 학습자의 특성 역시 교수방법에 영향을 미친다. 학습자 특성에는 각 학습자의 적성, 태도, 학습 지속력, 학습동기, 선행 학습 등이 포함되며, 학습자에 따라 다양한 교수방법이 사용되어야 한다는 의미에서 학습자 특성 역시 중요한 조건변인이 된다. 마지막으로 시간, 기자재, 교수자료, 인원, 재정, 자원 등의 제약 조건도 고려되어야 할 변인이다.

2) 방법변인

교수방법은 교과의 내용에 따라 구분할 수도 있고 학습자와 교사의 상호작용 형태에 따라 구분할 수도 있다. Reigeluth(1983)는 방법변인을 조직, 전달, 관리의 세 가지 전략적 측면으로 분류하고 있다.

먼저 조직전략은 교수의 내용을 조직하기 위한 기본적인 방법들을 포함한다. 이는 크게 미시적 전략과 거시적 전략의 두 가지로 분류할 수 있다. 미시적 전략이란 하나의 개념을 가르치고자 할 때 그 개념에 관한 교수를 조직하는 것이며, 거시적 전략이란 복합적인 여러 개념을 가르치고자 할 때 개념들 사이의 관계를 학습하고 요약할 수 있으며 최종적으로 종합하도록 하는 것이다.

다음으로 전달전략이란 교수 과정을 이끌어 가기 위한 방법에 대한 것이다. 여기에는 학습할 정보를 학습자에게 전달하는 방법과 전달된 것을 평가하는 방법, 피드백을 주는 시기와 방법에 대한 전략 등이 포함된다.

마지막으로 관리전략은 교수 과정의 어느 부분에서 어떠한 조직전략과 전달전략의 요소들을 사용할 것인가와 관련되는 전략이다.

3) 결과변인

Reigeluth(1983)는 교수의 결과를 효과성, 효율성, 매력성이라는 세 가지 측면으로 분류하였다. 효과성은 교수의 내용을 학습자가 어느 정도 획득하였는가에 의해 측정되며, 특정 교과 내용이나 목적의 달성 여부와 밀접한 관련이 있다.

효율성은 교수 효과가 어느 정도의 노력이나 시간 그리고 비용을 들여 나타나느냐에 관심이 있다. Davis(1980)는 효과성이란 목표한 일을 하는 것을 말하고 효율성은 목표한 일을 하되 잘하는 것을 의미한다고 하였다.

매력성은 학습자가 학습을 어느 정도나 계속하기 원하느냐에 따라 결정된다. 또한 학습자가 교과 내용에 대한 흥미나 교수 전략들을 이해하고 있는 정도가 교수 매력성의 척도가 될 수 있다. Keller(1983)는 교수의 매력성을 높이기 위해 주의, 관련성, 자신감, 그리고 만족감을 제시하였다. 주의는 지적인 호기심을 유발하여 교수-학습 과정 동안 학습에 대해 계속적으로 관심을 두도록 하는 것을 의미한다.

관련성은 특정한 내용을 공부하는 이유를 제시하는 것이다. 즉, 제시된 내용이 현재와 미래의 일을 수행하는 데 도움이 된다는 것과 학습 그 자체에 즐거움을 찾고 가치를 알도록 도와주는 활동 등이 관련성에 포함된다. 자신감은 학습자가 노력하면 어떠한 수준의 성공을 할 수 있는지를 스스로가 인식하도록 하는 것과 관련 된다. 만족감은 도전감 있는 학습 환경을 제공하여 자신의 수행에 대하여 성취감을 느끼도록 도와주는 활동을 포함한다.

교수의 세 가지 변인들인 조건, 방법, 결과들 사이의 상호관계를 도식화하면 다음 [그림 7-1]과 같다.

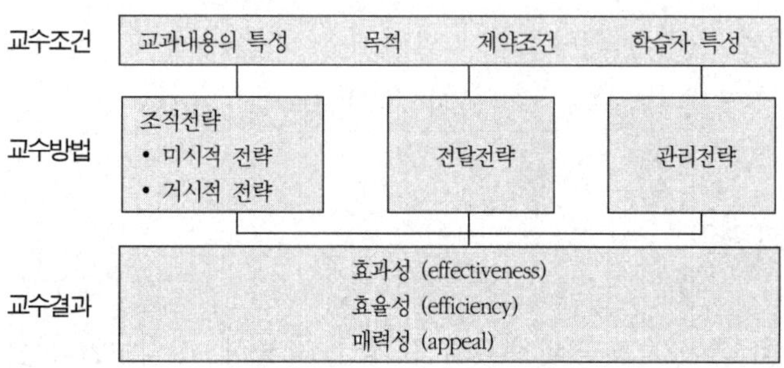

출처: Reigeluth, 1983.

[그림 7-1] 교수의 조건, 방법, 결과 변인들의 요소와 상호관계

3. 교수이론

교수이론에는 여러 학자들의 주장이 있지만 여기에서는 Glaser, Bruner, Ausubel, Gagné, Carroll의 이론을 중심으로 살펴보고자 한다(임규혁, 1988, 재인용).

1) Glaser의 교수이론

교수활동이 유목적적이며 의도적인 활동의 연속이라고 가정할 때 교수과정은 치밀하게 짜여진 계획과 전략 및 예측을 포함하여야 할 것이다. 이러한 의미에서 Glaser의 교수모형은 교수활동에 대한 개념체제를 잘 보여주고 있다.

학습내용을 정보로 간주하여 수업과정을 막대한 양의 정보가 신속하고 정확하게 처리되는 컴퓨터의 구조와 기능에 비교시킨 것이 Glaser의 교수모형이다. Glaser(1962)의 교수모형에서는 교수과정을 교사에 의한 연속적인 의사결정과정으로 생각한다. Glaser는 교수의 구성요소와 전개절차를 교수목표의 설정, 투입행동의 진단, 교수절차, 학습성과의 평가라는 4단계로 구분하고 그들 간의 상호관계를 다음 [그림 7-2]와 같이 도식화하였다.

(1) Glaser의 교수모형

Glaser는 수업이 이루어지는 과정을 컴퓨터의 원리에 의해 일목요연하게 다음과 같이 정리하였는데, 그는 수업이 이루어지는 각 단계마다 적절한 조치가 필요하다고 나름대로의 처방을 제시하고 있다(임채식 외, 2005).

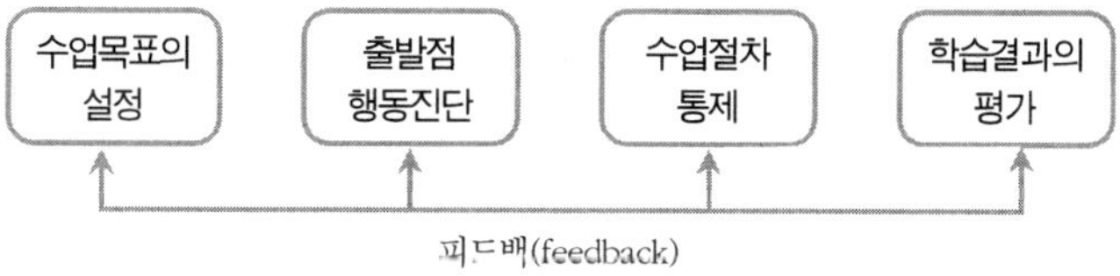

[그림 7-2] Glaser의 교수모형

(가) 수업목표 설정의 명세화

Glaser는 수업에 있어서 가장 먼저 고려해야 하는 것을 적절한 수업목표를 설정하는 것으로 보았으며, 수업목표 설정시 학생들의 심리상태, 교과의 구조, 난이도, 사회적 필요 등을 고려해야 하며, 특히 목표를 설정할 때는 모호한 목표 설정보다는 내용영역과 행동영역의 2원적 구조를 지닌 목표설정이 필요하다고 하였다. 또한 평가가 용이할 수 있는 구체적이고 세부적인 목표 설정이 중요하다고 강조했다.

교수목표를 설정한다는 것은 컴퓨터에서 투입할 자료를 적당한 순서로 정리하는 것처럼 학습내용을 학습자가 쉽게 이해할 수 있도록 적절한 크기로 분류하고 적절한 차례로 정리하는 것을 뜻한다. 이때 교수목표는 반드시 명세적 목표로 진술되어야 한다.

(나) 출발점 행동진단

출발점 행동진단이란 새로운 수업이 시작되는 시기에 학생들의 전 시간 수업과정, 인성, 특성 등을 진단하고 처리해 주는 것을 말한다. 학생들의 개인차를 중시하며 각각 새로운 수업에 적응할 수 있도록 필요하다면 개별화 전략을 사용해야 한다. 즉, 투입행동의 진단단계로서 교수활동을 진행하기 전에 학습자들의 학습정도 또는 수준을 진단하는 것이다. 이것은 이전의 학습단계에서 학습한 내용에 대한 학습자의 지적 능력, 발달수준, 동기유발 상태 등을 결정하는 사회, 문화적 요인 등을 밝히는 단계이다. Glaser는 특히 전 시간 수업내용을 제대로 파악하지 못하는 학생들이 새로운 수업에 적응하기 위해서는 출발점 행동을 진단해 주고 처리해 주는 것이 필요하다고 보았다.

(다) 수업절차 통제

수업절차 통제란 실제수업이 이루어지는 시간에 학생들의 심리를 이용해 능률적인 수업이 되도록 통제하는 것을 말한다. 즉 교수절차 단계로서 학습자에게 가르칠 내용을 교사가 직접 가르치는 과정이다. 이때 교수절차는 교수목표에 따라 진행되어야 한다. 이때 교사는 준비성, 동기유발의 원리, 전이이론, 연습-복습이론, 강화이론 등의 행동주의 심리학의 제 원리를 충분히 숙지하고 실제 수업장면에서 적용하는 것이 중요하다. 수업시간의 80~90%를 차지하는 본격적인 수업을 진행함에 있어서 교사의 적절한 통제는 효과적인 학습 전달을 위해 필요한 것이다.

(라) 학습결과의 평가

이 단계는 학습성과 평가단계로서 설정된 교수 목표가 얼마나 달성되었는지를 평가하는 일련의 결정과 실천의 순환으로 구성된다.

학습결과를 평가할 때 월말고사, 중간고사, 기말고사 등 정기적으로 평가하는 종합평가도 필요하지만, 수시로 학생들의 수업 이해력을 평가하는 형성평가가 더욱 중요하다. Glaser는 학습결과를 제대로 평가하는 것은 수업목표 설정, 출발점 행동진단, 수업절차 통제 등이 효과적으로 수행되었는가를 재점검할 수 있는 판단 근거가 될 수 있으므로, 매우 중요한 절차라고 보았다.

피드백의 흐름은 교수과정의 각 단계에서의 수행 결과를 평가하고 수정하는데 필요한 정보를 송환하는 기능을 뜻한다. 예를 들면 학습 성과를 평가한 결과 목표에 도달하지 못하였다면 그 정보는 즉시 교수절차에 되돌려져서 교수방법을 바꾸어 교수활동을 진행한 다음 다시 평가되어야 한다. 가능한 모든 방법을 사용하여 교수를 진행하고 평가하여도 여전히 목표에 도달하지 못하였다면 그러한 목표는 투입행동을 진단하는 단계에 되돌려져야 하며 투입행동이 진단에 어떤 과오가 있었는지를 확인하여야 한다. 투입행동의 진단에 문제가 없다면 평가 결과는 교수목표를 설정하는 단계에 되돌려져서 학습내용의 계열 구성이나 분류에 결함이 있는지를 확인하고 필요한 사항을 수정해야 한다. 교수목표에 도달했다고 판명될 때까지 피드백의 흐름은 계속적으로 실행된다.

Glaser의 교수모형이 너무 개괄적이어서 실용적인 가치가 결여되어 있다 할지라도 교육과정과 학습지도 그리고 교육평가를 하나의 시스템 속에 통합하여 다루고 있다는 점은 높이 평가할만 하며 그의 교수모형은 다른 교수모형의 기초라 할 수 있을 만큼 간결하면서도 정확한 교수과정의 개념체계를 시사해 주고 있다. 실제 우리 교육현장에서 쉽게 접근해 볼 수 있는 교수이론이라 할 수 있다.

2) Bruner의 교수이론

인지적 교수이론을 대표하는 Bruner(1966)의 교수이론은 선행경향성의 자극, 지식의 구조화, 학습의 계열화, 강화, 학습자 사고의 자극이라는 다섯 가지 측면을 포괄하고 있다. 이를 살펴보면 다음과 같다.

(1) 선행경향성의 자극

선행경향성의 자극은 학습자가 학습하고자 하는 의욕 또는 도전감을 갖도록 자극하는 것으로 문화의 특성, 동기 체계 및 각 학습자의 개인적인 요인들에 영향을 받는다. 학습자가 의욕을 가지고 과제에 도전하도록 하기 위해서는 과제 수행에 포함된 위험을 극소화시키고 오류가 지니는 교육적 유익성을 최대한 활용하며, 최적 수준의 불확실성을 부여해야 한다. 또한 권위를 내세우지 않는 교사의 수용적 태도, 실수를 인정하는 허용적인 학습 분위기도 필요하다.

(2) 지식의 구조화

Bruner는 특정 영역의 지식구조를 이해한다는 것은 그 영역과 의미있게 관련된 것들을 받아들이는 방식으로 이해하는 것을 뜻한다고 하였다. 특정 영역의 구조를 알게 되면 정보를 단순화시키고 새로운 명제를 산출하며 지식의 조작능력을 증진시킬 수 있다는 것이다. Bruner는 지식의 구조화에 대하여 다음과 같이 제안하고 있다.

첫째, 어떤 관념이나 문제 또는 지식도 특정 학습자가 충분히 이해할 수 있도록 단순화시켜 제시할 수 있다. 어떤 교과라도 지적으로 적절한 형태로 제시하면 어떠한 발달단계의 학생들에게도 효과적으로 가르칠 수 있다는 그의 명제는 지식의 구조화를 통해 가능하다.

둘째, 지식 구조의 특징은 표상양식, 표상의 경제성, 표상의 생성력 등 세 가지이다. 표상양식은 사물의 활동을 통해 표상하는 작동적 표상, 그림이나 심상으로 표상하는 영상적 표상, 상징적 체세인 언어를 통해 표상하는 상징적 표상으로 구분된다. 유아기에는 작동적 표상 방법이 좋을 것이고, 아동기에는 영상적 표상이, 그리고 성인기에는 상징적 표상이 보다 효과적일 것이다. 표상의 경제성이란 어떤 문제를 해결하기 위해 학습자가 소유해야 할 정보의 양을 가리킨다. 물리학이나 수학과목에 비해 사회과학의 교과들은 간단하게 표상하기가 힘들다. 또한 작동적 표상보다 상징적 표상이 경제적이다. 표상의 생성력은 일련의 명제나 지식이 그와 관계되는 다른 명제나 지식을 찾아내기 쉬운 정도를 말한다. 구조화된 교과 지식을 학습할 때 경제성과 생성력이 극대화될 것이다.

(3) 학습의 계열화

교수에서 학습자의 지적 수준에 맞게 지식을 제공하는 것이 중요하다. 최적의 학습 계열에 의한 Bruner의 가정은 다음과 같다.

첫째, 모든 학습자에게 적용되는 최적의 계열은 없다. 최적의 계열은 학습자의 학습경험, 발달단계, 학습자료의 성질, 개인차 등에 따라 다르다.

둘째, 학습자의 지적 발달 단계에 적절한 표상양식을 제공하는 것이 좋다.

셋째, 여러 가지 가능한 행동의 탐구는 학습자료의 계열에 따라 영향을 받는다.

넷째, 학습의 최적 계열은 학습속도, 망각에 대한 저항력, 이전에 학습된 것의 새로운 사례에 대한 전이성, 표상양식, 학습된 내용의 경제성, 새로운 가설의 일반화 및 조합이라는 관점에서 본 학습된 내용의 효과성 등의 여섯 가지 준거에 입각하여 조직되어야 한다.

(4) 강화

학습 증진을 위해 강화는 매우 중요하다. 강화에 대해 Bruner는 다음과 같이 설명하고 있다.

첫째, 외적인 보상이 강하면 성취 자체로부터 받는 보상은 줄어든다.

둘째, 실패는 다음의 성공을 위한 기초가 된다.

셋째, 성공에 대한 외적인 보상은 성공한 수준의 행동만 되풀이하게 할 가능성이 있다.

넷째, 외적인 벌은 행동을 와해시킬 수 있으므로 시정과 향상의 기반으로 작용하기 어렵다.

다섯째, 내적 보상과 외적 보상은 균형을 유지하여야 한다.

(5) 학습자 사고의 자극

Bruner는 인간을 스스로 무엇인가를 발견하려는 욕구를 가진 능동적 존재로 가정한다. 따라서 교사는 학생들이 자발적으로 자신의 추진력에 의해 사고하는 태도를 갖도록 교과를 지도하여야 할 것이다. 즉 교사는 탐구적 사고의 절차를 학생들에게 가르쳐야 한다.

3) Ausubel의 교수이론

Ausubel은 교사가 많은 양의 정보를 의미 있고 효율적으로 전달하는 방법에 관심을 두었다. 그는 이러한 목적을 위해 인지적 교수-학습의 과정에 기초하여 설명적 교수이론을 제시하였다. 설명적 교수이론에서는 기계적 학습이 아닌 유의미 학습을 강조하고 있다. 여기에서는 유의미 학습이론 이외에 선행조직자, Ausubel의 교수 3단계 등을 보다 구체적으로 살펴보고자 한다(임규혁, 2002, 재인용).

(1) 유의미 학습

Ausubel(1963)은 언어적인 정보 혹은 관념들 간의 관련성 또는 결합을 통해 유의미한 학습이 발생한다고 설명하고 있으며, 인지구조와 학습과제 두 변인을 상호 관련짓고 있다. 인지구조란 지각하는 형상을 통합적 · 위계적으로 조직한 것을 의미한다. 즉 학습자가 지닌 조직화된 개념이나 관념의 집합체가 인지구조인 것이다.

새로운 학습 내용이 학습자의 인지구조에 포섭될 수 있는 관련성이 있으면 학습은 촉진되고 기존의 지식은 새로운 명제나 아이디어가 이미 학습자의 머리 속에 조직되어 존재하고 있는 보다 포괄적인 인지구조 속으로 동화 또는 일체화되는 과정이다. Ausubel에 의하면 유의미 학습은 새로운 내용이 기존의 지식과 논리적인 관련성을 가질 때 일어난다. 그리고 이러한 논리적 관련성은 학습과제가 실사성과 구속성을 가질 때 일어난다.

실사성이란 그 구조와 내용을 어떻게 표현하더라도 그 의미와 본성이 변하지 않는 불변적이고 절대적인 특성을 의미한다. 즉 어떤 부호나 문장 및 언어로 표현되더라도 그것의 본질적인 속성은 변화되지 않는 개념, 법칙, 이론, 명제 등에 내재된 속성을 말한다. 예를 들면 전류, 전압, 저항 등의 개념과 그 관계는 어떤 부호나 문장 및 언어로 표현되더라도 그 의미가 변화되지 않는 그것의 본질적인 속성은 변화되지 않고 인식될 수 있다.

구속성은 학습자가 자신의 의미를 통해서 어느 정도 깨달을 수 있는 추상적 용어로 인지구조에 연결될 수 있는 가능성과 잠재력을 뜻한다. 이는 학습자가 가지고 있는 인지구조와 관련될 수 있는 학습과정의 성질을 의미한다. 따라서 학습과제가 구속성을 가지고 있다는 말은 학습자가 그 학습과제를 관련 인지구조에 연결할 수 있는 적절하고 명확한 근거를 갖고 있다는 의미이다.

이처럼 학습과제가 실사성과 구속성을 가질 때 학습자는 자신의 인지구조와 의미있게 관련을 맺을 수 있는데 이때 그 학습과제는 논리적 유의미가(有意味價)를 갖는다. 논리적 유의미가를 가진 과제는 인지구조에 있는 관련 지식과 관계를 맺을 때 의미있는 학습이 이루어진다. 새로운 과제를 흡수할 수 있는 지식을 관련정착지식(relevant anchoring idea)이라 한다. 인지구조 속에 관련정착지식이 있을 때 잠재적 유의미가를 갖는다고 한다. 그러나 학습과제가 학습자에 대하여 잠재적 유의미가를 지니고 있어도 학습자가 학습태세를 갖추고 있지 않으면 유의미 학습이 일어나지 않는다. 학습태세(learning set)란 특정한 학습방법을 통해서 학습과제를 인지구조에 연결하려는 학습자의 성향 또는 의도를 의미하는데 이러한 학습태세가 갖추어져 있을 때 비로소 의미있는 학습이 이루어진다.

(2) 선행조직자

Ausubel은 학습자의 인지구조가 하나의 위계를 이루고 있으므로 인지구조에 적합하도록 학습과제를 선정하고 구성하여 제시하는 것이 중요하다고 강조한다. 인지구조의 위계에 대한 중요성은 선행학습의 중요성을 강조하는 것이다. 선행학습의 부족은 새로운 지식을 의미있게 학습하는 데 필요한 관련정착지식이 없음을 의미한다. 선행조직자란 추상성, 일반성, 포괄성의 정도가 높은 자료를 새로운 학습과제에 앞서 제시하는 것을 말한다. 선행조직자의 역할은 새로운 정보를 인지구조 내에 포함시키기 위한 발판을 마련하는 것이다. 선행조직자는 학습자가 이미 알고 있는 자료와 새 자료를 연결시켜 주는 역할을 하는 것을 이해할 수 있다(Woolfork, 1990).

(3) Ausubel의 교수 3단계

Ausubel의 교수이론은 다음과 같이 세 단계로 구성된다. 1단계에서는 선행조직자를 제시하며, 2단계에서는 학습과제나 학습자료가 제시되고, 3단계에서는 인지적인 조직에 대한 강화가 이루어진다(Joyce & Weil, 1980). 이 단계에서는 활동적인 학습과정을 형성하기 위하여 학습자료와 기존의 아이디어와의 관계가 검증된다. 교수의 3단계를 요약하면 [그림 7-3]과 같다.

〈1단계〉 선행조직자 제시

- 수업목표를 분명히 한다.
- 조직자를 선정한다.
- 정의적 특성을 확인한다.
- 예제를 제시한다.
- 배경을 제공한다.
- 반복한다.
- 학습자가 자신의 지식과 경험을 의식하도록 한다.

↓

〈2단계〉 학습과제 또는 자료의 제시

- 조직을 분명히 한다.
- 학습자료의 논리적 조직을 명백히 한다.
- 자료를 제시한다.

↓

〈3단계〉 인지 조직의 강화

- 통합적 조화의 원칙을 이용한다.
- 적극적 수용학습을 조장한다.
- 교과목에 대하여 비판적 접근을 한다.
- 명료화한다.

출처: Joyce & Weil, 1980.

[그림 7-3] Ausubel의 교수 단계

이 모형에서 교사는 학습자가 새로운 자료와 이전의 학습자료를 구별할 수 있도록 도와주고 학습자료와 조직자를 관련지어 주는 역할을 해야 한다. 또한 학습자의 기존 인지구조를 이해하고 학습자료를 이러한 인지구조에 관련지어 제시해야 한다. 이때 새로운 관련정착지식이 서로 연관을 맺도록 하는 것이 선행조직자이다. 학습자가 새로운 자료를 성공적으로 습득하는 문제는 그 자료를 이전에 학습한 지식과 통합하려는 학습자의 자세와 비판적인 능력, 그리고 교사의 자료 조직 능력과 제시 방법에 달려 있다.

교사는 학습자가 새로운 자료의 의미를 명료화하고, 새로운 지식을 기존의 지식과 조화시키며, 새로운 자료가 적합한 지식이 되도록 하고, 지식에 대하여 비판적으로 접근할 수 있는 능력을 증진시키도록 도와주어야 한다.

4) Gagné의 교수이론

Gagné(1974)는 처음에 여러 학파에서 제안한 학습의 법칙을 체계적으로 종합하여 수업이론이라기 보다는 학습이론을 제시하였다. Gagné의 학습이론은 학습과제의 중요성을 강조하면서 학습단계를 각 과제에 따라 달리 제시할 것을 주장하였다. Gagné는 학습을 단순한 성장과정으로 보지 않고 외계의 사상들을 파지할 수 있는 경향, 또는 학습력의 변화로 보고 학습문제를 해결하기 위한 방법을 제시함에 있어 전제 사항으로 다음 몇 가지를 주장하였다(Gagné, 1967).

첫째, 인간의 역사와 문화가 단순한 것에서 복잡한 것으로, 구체적인 것에서 추상적인 것으로, 단편적인 것에서 일반적인 것으로 진화된 것처럼 인간의 학습력도 낮은 차원의 것에서 높은 차원의 것으로 축적되어져야 한다.

둘째, 인간의 모든 지식은 위계적으로 축적되기 때문에 높은 수준의 지식을 학습하기 위해서는 반드시 낮은 수준의 지식을 미리 습득해야 한다. 따라서 효율적인 수업을 하기 위해서는 최종적으로 학습할 목표를 정하고, 그 목표에 성공적으로 도달하기 위하여 어떤 과제를 먼저 학습해야 할 것인가를 찾아내야 하며, 또 먼저 학습을 위해 그 전에는 어떤 학습이 필요한지에 관한 학습의 위계구조를 밝혀야 한다.

셋째, 위계적으로 상이한 수준의 학습내용은 상이한 수준의 학습력을 필요로 하며 상이한 학습력을 요구하는 학습과제를 효과적으로 학습하기 위해서는 각기 다른 학습의 유형을 적용해야 한다.

(1) 학습위계

Gagné(1974)는 학습의 결과가 학습자의 서로 다른 특성과 구조 그리고 학습자에 따른 상이한 조건과 성향 등에 따라 달라진다고 주장하면서 학습에 영향을 주는 주요 변인으로 언어적 정보, 지적 기능, 인지전략, 운동기능, 태도 등의 다섯 가지를 제시하였다.

언어적 정보는 자신의 생각을 말할 수 있는 학습된 능력이다. 학습자의 행위적 목적 중의 하나는 정보에 대하여 올바르게 진술하고 표현하는 것이다. 따라서 언어적 정보는 학습에 있어서 매우 중요한 요소이다.

지적 기능은 1Kg을 1000g으로 바꾸고 단수 명사에는 단수 동사를 사용하는 것 등 모두 상징을 사용하는 것인데 이와 같이 문자나 숫자와 같은 상징적 부호를 이용할 수 있게 되는 개인 내부의 지적 작용을 말한다. 지적 기능은 결국 방법을 아는 것으로 절차 지식이라 할 수 있다.

인지전략이란 학습자가 자신만의 독특한 방법과 사고방식에 따라 자신의 방법으로 기억을 하는 것이다. 이와 같이 각 개인들이 자신의 사고기법이나 문제분석, 그리고 문제해결 접근법에 따라 차이가 있고 이러한 과정이 학습자의 내적 과정에 의해 통제되는 현상을 말한다.

운동기능은 비교적 단순한 운동반응 계열이 보다 복잡한 운동으로 통합된 신체적 기능을 말한다. 즉, 종합적인 활동과 밀접한 관련이 있는 부분의 형태로서의 행위인 단위적 활동을 운동기능이라 한다. 이러한 운동 기능은 속도, 정확성, 힘, 유연성에 따라 그 수준이 판별된다.

태도는 특정한 사물이나 인물에 대한 개인의 반응에 영향을 미치는 학습된 내재를 말한다. 즉 태도는 심리적 통정 상태가 밖으로 표출되는 것을 말한다. 태도는 일반적으로 인지적 · 정의적 · 행동적 속성들로 구성된다. 인지적 속성이란 어떤 대상에 대한 아이디어를 의미하며 정의적 속성은 인지적 속성에 수반되는 감정, 즉 좋다라든가 싫다라는 느낌을 말한다. 행동적 속성은 그 대상에 대하여 어떤 행위를 하려는 의도를 의미한다.

Gagné는 학습의 유형을 8가지로 분류하여 위계를 설정하였는데 저차원에서 고차원으로 발전하는 위계를 이루고 있으며 한 단계의 학습은 다음 단계의 학습에 필수적인 선행조건이 된다고 보았다. 이를 설명하면 다음과 같다.

신호학습은 고전적 조건형성에 의한 반응으로 이루어진 학습으로 신호등의 빨간불, 파란불, 거리의 표지판 등의 학습에 해당되는 유형이다. 또 뱀을 보고 겁에 질려 큰 소리를 지르거나 선한 얼굴에 호의적인 반응을 보이는 경우다.

자극-반응학습은 조작적 조건형성의 원리에 의해 학습되어지는 형태로서 자극과 반응이 연결된다. 신호학습이 반응하는 사람의 의지와 관계없이 강요된 반응이 학습되어진 것이라면 자극-반응학습은 학습자의 자발적인 의사에 따라 행해지며 또 그 행위에 따라 주어지는 보상과 결합되어 습관화되어지는 학습형태이다. 즉 학습자는 선택 변별한 자극에 따라서 강화에 의한 정확한 학습이나 행동을 성취해 가는 것을 말한다.

연쇄학습은 현미경을 조정할 때와 같이 일련의 반응이 정해진 순서에 따라 연결되어 학습되는 것을 말한다. 즉 하나하나의 단일반응들이 적당한 순서로 연속하여 이루어지는 학습형태이다. 운동기능의 연쇄가 일반적인데 축구선수가 자유자재로 드리볼을 한다든지 투수가 자유자재로 공을 포수가 원하는 방향으로 던지는 것 등이 해당된다.

언어연합학습은 화학의 기호를 외우는 것과 같이 언어를 사용한 쌍을 이루어 연합형태로 학습하는 것을 말한다. 즉 영어단어나 수학 또는 화학에서 사용되는 기호들 하나하나는 서로 연합되어져서 영어문장 전체를 이해하고 수학 또는 화학공식 전체를 이해하는 데 도움이 된다. 언어 연상과 같은 것으로서 하나 둘……, 남녀, 앞뒤 등 둘 이상의 낱말이 연합되는 것을 말한다.

변별학습이란 음악악보를 보고 음계나 음표를 구분하거나, 철자는 같으나 발음이 다른 두 단어를 가려내는 것 등을 말한다. 즉 어떤 사상(事象)을 서로 구별할 수 있게 되는 것을 말한다. 학생들은 어른과 아이의 차이를 알게 되고 어른에게는 존댓말을 사용해야 한다는 것도 알게 된다. 먹는 채소와 못 먹는 채소를 구분한다거나 양서류나 파충류 등을 변별하는 행동 등이 이에 해당한다.

개념학습은 공통된 속성을 이해하고 그것을 기준으로 하여 사물을 분류하는 것이다. 네모 모양과 세모 모양의 분류를 통하여 사각형과 삼각형의 개념을 알게 된다. 즉, 색깔, 수, 위치, 형태, 기타 여러 가지 다른 측면과 같이 추출된 공통된 특성에 따라 자극사태 등을 구별할 수 있는 학습을 의미한다.

원리학습은 규칙학습이라고도 하며 이미 학습한 개념이나 법칙을 사용할 수 있게 되는 학습을 뜻한다. 예를 들면 그림자가 생기는 현상을 통하여 빛의 직진원리를 이해할 수 있게 된다든지 '사각형의 넓이는 가로 곱하기 세로로 산출한다'는 등과 같이 진술된 내용에 포함된 개념이나 정보에 따라서 정확한 반응을 할 수 있게 하려는 것이다.

문제해결학습이란 여러 개의 법칙 중에서 주어진 문제해결에 가장 적합한 법칙을 선택하여 그 문제해결에 적용하는 것을 말한다. 초콜릿이 열에 잘 녹는다는 것을 잘 아는 학습자는 뜨거운 곳에 초콜릿을 놓지 않는다. 이러한 문제해결학습은 문제의 제기, 가설의 설정, 자료의 수집, 가설의 검증, 문제해결 등 몇 개의 단계를 내포하고 있다.

Gagné(1974)는 학습과제는 위와 같은 8가지 학습위계에 따라 차례대로 구성되어야 하며 위계의 순위가 다른 과제를 학습하는 데에는 각각의 위계에 적합한 유형의 학습형태가 요구되기 때문에 주어진 학습과제를 효과적으로 학습시키려면 그 학습과제를 면밀히 분석해야 한다고 보았다.

학습에 필요한 학습유형을 밝히고 위계적 순서에 따라 정리하는 것을 과제분석이라 하는데 이는 주어진 학습과제를 학습자가 이해할 수 있을 정도로 분류하여 그 내용이 학습조건, 수준, 수행동작 등으로 나타날 수 있도록 진술하고 진술된 수업목표의 학습에 필요한 선행요건과 학습유형을 찾아 위계적 순서에 적합하게 정리하는 과정이다.

(2) 학습위계에 따른 교수

Gagné(1974)는 수업사상과 학습과정을 정보처리 이론에 입각하여 설명하고 있다. 그는 효과적인 수업활동을 위하여 학습과제를 분석하고 학습자가 그 과제를 학습하는데 필요한 선행학습 능력, 즉 내적 조건을 얼마나 갖추고 있는지를 파악하여 이를 토대로 외적인 단서나 조건을 준비 제시해야 한다고 하였다. 학습조건에서는 내적 조건과 외적 조건이 있는데 내적 조건은 학습자가 이미 소유하고 있는 학습능력을 말하며 외적 조건은 학습자의 행동과는 독립적인 학습조건으로 특정한 학습을 위해 외부에서 가해지는 조건을 말한다. 따라서 외적 조건을 통제하는 것이 바로 교수의 핵심이지만 교사는 효율적인 교수를 위하여 학습자의 내적 조건과 외적 조건을 모두 고려해야 한다.

여기서 학습위계는 교수의 절차를 밝히는 것이 아니라 특정한 내용의 학습에 필요한 선행능력, 즉 내적 조건을 보여준다는 점이다. 이러한 점에 근거하여 Gagné는 자신의 교수이론을 다음과 같이 제시하고 있다.

첫째, 학습자에게 주의를 집중시키며 동기를 유발한다.

둘째, 학습자에게 학습과제의 목표, 즉 수업목표를 알려주고 학습자의 호기심을 자극시키거나 동기를 유발시켜 학습에 대한 기대감을 높이도록 해야 한다. 이때 교사는 학습자와 언어적 대화를 통하여 학습자가 학습한 후에 할 수 있는 성취행동을 말해 줄 필요가 있다. 이는 교사의 이러한 행동으로 인하여 학습자에게 자신이 새로운 능력을 습득할 수 있고 그것이 자기 효율성에 기여할 수 있다는 기대를 확립해주기 때문이다.

셋째, 적절한 선행학습을 상기시킨다. 이전에 배웠던 학습은 동기 부여에 도움이 될 뿐만 아니라 다음 학습내용 연계와 관련하여 이해를 증진시키는데 도움이 된다.

넷째, 적절한 자극자료를 제시한다. 즉 학습자의 기존지식과 관련하여 학습할 성취행동의 방향을 결정하는데 도움이 되는 자극으로서의 다양한 교수자료를 제시한다.

다섯째, 학습을 위한 방향을 제시해 준다.

여섯째, 학습내용의 파지를 촉진시키기 위해 결과에 관한 지식을 제공해 준다. 즉 학습자의 이해정도를 점검하고 강화를 해 주며 교정을 해 주는 일들이 파지를 촉진시킨다.

일곱째, 새로이 학습된 능력을 일반화시키기 위해 평가 결과를 기초로 하여 다른 학습으로의 전이를 준비시킨다.

여덟째, 성취도를 평가하며 학습된 능력을 학습자가 새로운 상황에서 학습한 지식을 적용하고 인출할 수 있도록 다양한 상황에서 연습을 시킨다. 과제의 단원들이 끝나면 교사는 그 자료를 다시 복습시켜 파지를 증진시킨다.

5) Carroll의 교수-학습모형

Carroll의 교수-학습모형은 주로 인지적 기능이나 기능적 학습을 위한 모델이다. Carroll 모형의 기본명제는 주어진 과제에서 학습자의 학습정도는 그 과제를 학습하는 데 필요한 시간에 대한 실제적인 사용 시간의 비율로 결정한다.

여기서 학습정도는 교수목표에 진술된 도달 기준을 말하며, 학습에 필요한 시간은 주어진 학습과제를 완전히 학습하여 학습목표를 달성하는 수준까지 얼마나 필요한지를 따져 보는 것이며 학습에 사용된 시간은 학습자가 능동적으로 주의를 집중하여 학습에 몰두한 시간을 의미한다. 이를 공식으로 표시하면 다음과 같다.

$$\text{학습의 정도}\,(\%) = f\,\frac{\text{학습에 사용한 시간량(학습의 기회·지구력)}}{\text{학습에 필요한 시간량(적성·수업이해력·수업의 질)}} \times 100$$

Carroll은 학습에 필요한 시간과 학습에 사용한 시간을 결정하는 변인을 개인차변인과 수업변인으로 분류하였다. 개인차변인은 다시 적성(aptitude), 수업이해력(ability to understand instruction), 지구력(perseverance)으로 구분하였으며, 수업변인으로는 수업의 질(quality of instruction)과 학습의 기회(opportunity of learning)로 나누고 있다. 이와 같은 다섯 개 변인을 살펴보면 다음과 같다.

적성은 최적의 교수조건 하에서 주어진 과제를 완전히 학습하는데 필요한 시간을 뜻한다. 적성이 맞으면 과제를 빨리 학습하고 적성이 맞지 않으면 학습에 소요되는 시간이 길게 되어 있다. 어떤 과제를 성공적으로 학습하는데 필요한 시간을 그 과제의 학습적성과 관련짓는 것은 교육학이나 심리학에서 의미하는 적성과 상당한 차이가 있다. 교육학과 심리학에서 의미하는 적성은 특정과제 학습에 필요한 능력의 구조적 차이, 즉 일정한 훈련에 의해 숙달될 수 있는 개인의 능력을 의미한다.

수업이해력은 학습해야 할 과제의 성질과 학습절차를 이해하는 학습자의 능력을 의미하며 여기에는 학습자의 일반지능과 언어능력이 포함된다. 이것이 적성과 다른 점은 적성이 과제의 종류와 성질에 따라 변화하는 특수변인인 반면 수업이해력은 보편적인 변인이라는 점이다.

수업의 질이란 학업성취와 밀접하게 관련된다. 교사가 학습목표와 학습방법을 사전에 정확히 알려 줌으로써 학생들로 하여금 학습과제의 교육적 가치를 인식하게 하고 그 과제를 학습해 낼 수 있다는 자신감을 가질 수 있도록 학습과제의 각 단계를 명확하고 적절한 계열로 조직하여 제시하는 등의 노력은 수업의 질을 높이게 할 수 있다.

지구력은 학습자가 학습을 위해 사용하려는 시간이다. 즉 지구력은 학습자 스스로의 인내력을 발휘하여 학습에 많은 시간을 할당하려는 의욕과 태도를 뜻하며, 학습자의 성격 특성에서 나온 일종의 학습동기에 해당한다. 즉 학습을 위하여 얼마나 버티느냐 하는 점이다.

학습의 기회란 학습자들에게 주어지는 일정한 과제를 학습할 수 있도록 그들에게 실제로 허용된 시간을 말한다. 각 개인들은 학업을 성취하는데 개인차가 있기 때문에 학습자별로 학습기회는 달라져야 한다. 가끔 학습기회와 지구력을 혼동하게 되는데 학습자의 의사와 관계없이 외부로부터 학습자에게 주어진 학습시간을 학습기회라 하고 학습자가 자기 자신의 의사에 의하여 스스로 학습에 투입하기로 결정한 시간량을 학습에 대한 지구력이라 규정한다.

이러한 Carroll의 학습모형은 B. Bloom(1968)이 제시한 완전학습에 이론적 기초를 제공하였다. Bloom은 학교학습 모형을 학습현장에 적응시키기 위하여 다양한 수업전략을 구상하고 재조직하여 완전학습에 관한 이론을 발표하고 실천적인 교수이론으로 전개시키는 데 많은 노력을 기울였다. 그는 전체 학생들 중 약 95%의 학생들이 주어진 학습과제의 약 90% 이상을 완전히 학습해 내는 것이 완전학습이라고 주장하였다. 이는 신체적 혹은 정신적으로 문제가 있는 약 5%의 학생을 제외한 대부분의 학생들은 학습자의 적성이나 수업이해력 그리고 지구력에 알맞은 최상의 수업조건이 제공된다면 거의 완전히 학습할 수 있다는 것을 의미한다. 완전학습 모형에서 학습자의 학습정도는 학습자가 학습을 필요로 하는 시간량에 대해 학습에 투입한 시간량의 비율에 의하여 결정된다고 보았다.

따라서 Bloom은 학업성적이 매우 낮은 학습자라 하더라도 학습에 필요한 시간을 충분히 주면 어떤 학습과제라도 학습할 수 있다고 주장한다. 그러나 이때 단순히 많은 시간, 즉 투입되는 시간의 양을 늘리는 것보다는 위에서 살펴본 다섯 가지 변인들의 효과적인 조정과 변인들 간의 역동성을 고려한 것이 더욱 중요하다.

참고 문헌

송인섭, 최명구(2006). 교육심리학. 서울: 학지사.

임채식, 임창재, 김의석, 정석환, 김영일(2013). 실기교육방법론. 경기: 양서원.

황정규(1991). 학교학습과 교육평가(5판). 서울: 교학사.

Ausubel, D. P.(1963). *Cognitive Structure and Facilitation of Meaningful Verbal Learning* . Journal of Teacher Education. 14.

Corey, S. M.(1971). *The Nature of Instruction.* In M .D Memill(Eds). *Instruction Design: Readings, Englewood Cliffs.* NJ: Prentice-Hall.

Davies, I. K.(1980). *Instructional Technique.* NY: McGRAW-Hill.

Dollard, J. & Miller, N. E.(1950). *Personality and Psychotherapy.* NY: McMraw-Hill.

Gagné, R. M.(1967). *Instruction and the Conditions of Learning*, in L. Siegel(ed.). Insyruction. Chandler Publishing.

Gagné, R. M.(1974). *Essential of Learning for Instruction.* Hinsdale: Dryden Press.

Gagné, R. M.(1977). *The Conditions of Learning(3rd).* NY: Holt Reinhart & Winston.

Gagné, R. M.(1985). *The Conditions of Learning(4rd).* NY: Holt Reinhart & Winston.

Joyce, B., & Weil, M.(1980). *Models of Teaching.* Englewood Cliffs. NJ: Printice Hall.

Keller, J. M.(1983). *Motivational Design of Instruction.* In Reigeluth. C. M.(Ed.). *Instructional Design Theories and Models.* Hillsdale. NJ: LEA.

Reigeluth, C. M.(1983). *Introduction Design Theories and Models.* Hillsdale, NJ LEA.

Reigeluth, C. M., & Merrill, M. D.(1979). *Classes of Instructional vareables. Educational Technology.*

Woolfo, A. E.(1990). *Educational Psychology.* Englewood Cliffs. NJ: Prentice Hill.

제8장

학습자 준비행동

1. 준비성
2. 개인차

1. 준비성

어떤 행위나 활동을 하는데 있어서 철저하게 준비를 잘한다는 것은 다음 활동을 성공적으로 이끌 가능성이 매우 높다는 것을 예측하게 한다. 물론 각 분야마다 준비해야 할 내용들이나 도구 등의 차이가 있지만 여기서는 학습을 하는데 있어서 학습자가 준비해야 할 준비성에 대하여 다루어 본다. 여기에는 신체적, 정신적, 사회적, 지적, 경험적 요소들이 모두 포함될 수 있는데 이와 관련된 부분을 다루어 보면 다음과 같다.

1) 성숙

성숙에 대한 일반적 의미는 개인의 어떤 기능이 특별한 훈련이나 자극을 가하지 않고도 그 기능이 발휘되는 일정수준의 발달이나 성장이 이루어지는 것을 말한다.

이러한 성숙의 수준에 도달하지 않은 경우는 교수-학습의 과정이 있다 할지라도 효과적이지 않은 경우가 많다. 성숙되지 않은 상태에서 학습활동이나 훈련활동은 스트레스가 높아지거나 학습자 당사자에게 욕구불만을 초래하게 된다.

따라서 충분히 성숙된 상태에서 학습활동이 이루어져야 성취동기가 부여된다. 이러한 성숙은 자신감으로 연결되기 때문에 학습의 능률을 높이기 위해서는 충분한 성숙이 이루어지도록 하여야 하며, 성숙은 영역별로 다소의 차이가 있음도 파악하고 학습에 접근하여야 한다.

2) 정신연령

정신연령은 생활연령과 관련해 표준화검사를 통하여 측정치로 환산된 지능지수를 말한다. 이 지능지수가 학습자의 지적 능력을 완전하게 나타내 주는 것은 아니지만 객관적 지적 능력을 판단하는 자료로서의 가치는 있다. 왜냐하면 지능의 구조에 대하여 여러 설이 있지만 J. P. Guilford가 주장하는 3차원이라는 견해를 살펴보면 인간의 지능을 기억력과 사고력으로 구분하고 사고력은 다시 인지적 사고력, 생산적 사고력, 평가적 사고력으로 구분하였으며, 생산적 사고력은 다시 수렴적 사고력과 확산적 사고력으로 정리하였다. 이러한 능력은 결국 학습하는 능력의 저변이 되는 요소라고 할 수 있기 때문에 이를 이용한 지능 측정치는 학습활동을 할 수 있는 기초적 요소라 할 수 있다(임승권, 1998).

이러한 3차원의 견해를 구체적으로 요약하면 다음과 같다.

(1) 기억력

인지된 사실의 파지를 통한 재인지 능력을 말한다. Guilford는 이를 1988년에 기억부호화와 기억파지로 세분화하였다.

(2) 인지적 사고력

여러 가지 지식과 정보의 발견 및 인지와 관련된 사고력을 말한다.

(3) 수렴적 사고력

이미 알고 있는 지식이나 기억된 정보에서 어떤 지식을 도출해내는 능력을 말한다.

(4) 확산적 사고력

이미 알고 있거나 기억된 지식 외에 전혀 새로운 지식을 창출해 내는 능력을 말한다.

(5) 평가적 사고력

기억되고 인지되고 생산된 지식정보의 정당성, 정확성 또는 양호성을 판단하는 능력을 말한다.

Guilford는 위의 인지, 기억부호화, 기억파지, 수렴적 사고, 확산적 사고, 평가 등의 6가지를 조작차원으로 하고 이와 관련된 활동내용을 시각, 청각, 상징, 의미, 행동 등의 5가지 내용요인을 또 다른 한 차원으로 하고 그 결과의 차원을 단위, 종류, 관계, 체계, 변용 및 함축 등 6가지 결과요인으로 구분하여 지능의 구조는 이 세 가지 차원이 복합적으로 구성되어 있다고 설명하고 있다. 즉 이 세 가지 차원이 서로 다르게 상호작용하고 있는 180개(6×5×6)의 복합적 능력이 지능이라고 주장하는 것이다. 여기서 Guilford의 주장을 복합요인설인 3차원적 지능구조론으로 칭하게 된 것이다.

3) 경험의 정도

어떤 학습을 하는데 있어서 이미 이 학습에 대한 경험이 축적된 학습자는 그렇지 아니한 학습자에 비하여 훨씬 학습을 잘할 가능성을 가지고 있다. 경험을 한 학습자는 이전 학습을 진행하는 과정에서 어떻게 하는 것이 어려운지 혹은 쉬운지를 경험하지 않은 학습자에 비하여 인지가 빠르다. 특히 논리적인 학습이나 분석을 요하는 차원높은 학습을 하는 경우에는 이전의 경험이 이정표 역할을 하면서 학습이해를 높이거나 학습에서 도달하고자 하는 목표에 보다 빨리 접근하게 된다.

학교학습에서 경험의 정도가 학습에 있어서 준비성의 중요 요소로 들어간다는 점을 강조하는 예로서 교육내용의 계속성이나 계열성을 중요하게 다루는데 이는 이전 선행학습이 전제되어야 다음 학습을 수행할 수 있다고 보기 때문이다.

얼마나 경험을 쌓게 하느냐 하는 문제는 가정환경과 지역사회 환경, 학교

환경 등이 중요한 역할을 한다. 환경이 학습의 장으로서 중요한 장소이기 때문이다. 환경을 잘 갖추어 놓는 것이 결국은 효율적인 학습을 하기 위한 전제조건이다. 특히 학교 환경은 교육목적이나 교육목표와 관련하여 조직적이고 계획적인 환경을 갖추어 놓은 곳이기 때문에 학습하기 위한 준비역할이며 학습자들의 학습에 대한 시발적 행동과 관련이 깊다.

따라서 교수자는 학습을 진행하기 전에 학습자가 현재 시발적 능력이 어느 정도인지를 진단하여 그에 따른 교수방법 제공과 학습자 수준에 적절한 학습활동을 전개해 나가야 한다.

2. 개인차

학습자의 출발행동은 진단평가를 통하여 드러나지만 개인차가 있다. 개인차에는 개인간의 차와 개인내적 차가 있다. 전자는 객관적으로 관찰될 수 있는 개개인이 지니고 있는 차이의 특성을 말하며, 후자는 직접 관찰할 수 없는 것으로서 개인이 지니고 있는 내적 특성, 즉 능력, 흥미, 적성, 요구, 소질, 기능, 동기 및 가치관 등이 개인 내에서 그들 특성의 정도나 수준의 차이를 갖는 것으로 대부분이 지적, 정의적 영역에 속하는 것들이다. 이와 관련하여 개인차 변인인 성별이나 연령별로 출발행동을 살펴보면 다음과 같다(김용래, 1985).

먼저 성별차이인데 지능은 남녀간 특이한 차이가 없으며 언어능력 면에서는 여성이 우위에 있다는 견해가 많다. 수리 능력과 공간지각 능력은 대체로 남자가 우수하다는 견해가 있으나 지각속도에 있어서는 오히려 여성이 높다고 하였다. 단순한 기억능력과 수공능력은 여성이 우수하다는 것이 일반적이다. 성취동기 면에서는 남성이 여성보다 우위에 있으며 성격면에 있어서는 여성은 여성다워야 하고 남성은 남성다워야 한다는 점이다.

연령별 차이를 보면 지능에서는 지적 능력이 20세 전후까지 계속적으로 발달하고 발달 속도나 비율에 있어서는 개인차가 있다. 흥미에 있어서는 15~25세 사이가 가장 변화가 심하다고 하고 있으나 흥미에 있어서 개인의 흥미는 격심한 변화가 있는 것은 아니라는 점이다. 성격에 있어서는 연령이 높아짐에 따라 남성의 경우 지배력이 약화되고 남녀 전반에 걸쳐 대체로 열등의식이 높아진다고 하였다. 적응성에 있어서는 연령이 높아짐에 따라 좋아지지만 일정 시기가 지나면 점차 적응력도 약화되며 적응영역도 변화가 뒤따른다.

이 외에도 개인 간의 차이는 유전적 요인으로 선천적인 요인에 관계되는 것이 대부분이나 상당한 부분은 환경과 학습에 의해서 좌우되고 있다. 특히 교수-학습에 영향을 주는 개인차에는 지능, 인지양식의 차이, 학습방법의 차이, 선행학습이나 선행지식 등의 차이가 있다. 학습자들의 개인차가 있음을 인정하고 교수-학습활동이 전개되어야 하지만 적어도 일정학습을 받아들일 수 있는 일정수준에는 도달해 있어야 교수-학습이 이루어질 수 있다. 이러한 개인차를 일정 수준만큼 회복하도록 하는 과정이 필요한데 이를 학습방법별 측면에서 살펴보면 다음과 같다(신명희 외, 2001).

1) 완전학습

완전학습은 개인차 문제를 해결하기 위해 B. Bloom에 의해 제시된 학습방법이다. 완전학습은 대부분의 학생들이 학습자료가 적절하게 계열화되고 또 각 개인의 학습속도에 맞게 시간이 충분히 제공되면 그 교과목을 완전히 이해할 수 있다는 이론에 근거하고 있다. 따라서 완전학습을 추구하기 위해서는 학습목표 수준을 명확히 하고 다양한 학습시간을 충분히 제공하여야 한다. 즉, 필요한 시간만큼 시간을 사용하게 하여야 한다는 점이다. 이점은 완전학습을 지향할 경우 정규 시간 이외의 보충교육을 어떻게 할 수 있는가가 매우 중요한 변수이다. 일반적으로 이 시간은 대개 방과 후 시간을 활용한다.

하지만 완전학습의 단점은 추가 보충교육 시간을 어떻게 계획하느냐 하는 문제이다. 정규 교육과정에서 주어진 수업시간 이외 시간을 갖는 일은 쉬운 일이 아니기 때문이다. 만약 정규 수업시간을 완전학습을 위해서 할애하는 경우는 정규수업 내용이 줄어들 수밖에 없는 부담을 안게 된다. 또 다른 애로는 완전학습의 도달준거를 객관적으로 결정하는 것이 어렵다는 점이다. 즉, 모든 교사들이 개인차별로 학습자의 보충시간을 산출한다는 것이 현실적으로는 결정하기가 어렵기 때문이다.

2) 개별화 수업

학생들이 수업활동이나 수업자료을 이해하는데 어려움이 있을 때 제일 바람직한 방법은 1:1로 학습자의 문제를 파악하여 학습지도를 하면 가장 바람직한 변화를 기대할 수 있다.

왜냐하면 1:1수업은 학습자의 부족한 점을 정확히 파악하여 학생에게 맞춤교육을 실행할 수 있기 때문이다. 즉, 학습자의 학습속도나 과제 유형에 따른 이해력의 차이를 정확히 반영하여 가르칠 수 있다는 점이다. 그러나 현실적으로 1:1 교육은 거의 불가능하다. 따라서 이와 유사한 학습효과를 얻기 위한 교수법이 제안되었는데 이것이 개별화 수업이다. 구체적인 개별화 수업은 프로그램 교수법(Programmed Instruction), TAI(Team Assisted Individualization) 및 CAI(Computer-Assisted Instruction) 등이 있다

(1) 프로그램 교수법

이 교수법은 행동주의 학습이론을 강조한 Skinner에 의해 고안된 수업방식으로서 학습자들은 프로그램화된 학습자료를 자신의 선행지식 수준에 맞추어 자신의 속도로 스스로 수업하는 방식이다. 예를 들면 초등학교 수학시간에 어떤 학생은 덧셈이나 뺄셈에 대한 것을 풀고 있고, 어떤 학생은 곱셈이나 나눗셈을

풀고 있는 경우로 학생들 능력에 따라 개인별 진도가 다르다는 의미이다. 이 학습이 성공하기 위해서는 가급적 학습내용의 난이도에 대한 단계를 최대한 세분화하여 학습자의 성취도를 높여야 한다. 미국에서 이 프로그램 교수법이 전성기를 누렸던 1970년대 중반 가장 보편적으로 사용되던 프로그램 교수법이 있는데 이를 IPI(Individually Prescribed Instruction)라 한다.

IPI 교수법은 큰 기대와 막대한 투자에도 불구하고 크게 효과적인 교수효과를 보여주지 못했다. 그럼에도 불구하고 프로그램 교수를 위한 자료는 전통적인 교수법에 대한 보조수단으로 여전히 자주 활용되고 있다. 이 교수법은 근래에 CAI로 점차 대치되어 가고 있다.

(2) TAI

미국의 연구자들은 프로그램 교수법의 단점을 보완할 수 있는 수학 교수프로그램의 하나를 개발하였는데 그것이 TAI(Team Assisted Individualization)이다. 이 프로그램을 시작할 때는 프로그램 교수법과 같이 학생들 개인이 자신의 능력에 따라 자기의 속도로 개별화 수업을 한다. 그러나 다음 단계에서 학습자들은 4명이 한 조가 되는 조를 짜서 구성원들 간에 서로가 돕고 답지에 맞춰 서로의 결과를 점검하고 지속적으로 정확하게 서로의 학습을 격려한다. 이때 조는 혼합 능력 학습팀으로 구성된다. 이러한 형식은 교사에게 교수에 전념할 시간을 더 주고 학생들에게는 조 구성원들끼리의 격려와 도움으로 과제를 끝까지 해 낼 수 있는 동기를 부여하였다. 연구결과 TAI는 학습자들의 수학 성취도를 크게 높여 준다는 것을 보여 주었다.

(3) CAI

최근 개별화 수업으로 각광을 받고 있는 것이 컴퓨터 보조수업인 CAI (Computer-Assisted Instruction)이다. 이 교수법의 기본 가정은 컴퓨터를 개인교사로 활용하여 컴퓨터가 1:1 교수에서 가능한 역할을 한다는 것이다. 컴퓨터는 학습자들에게 정보를 제공하고 학습자들의 이해 수준을 평가하며 필요한 경우에는 보충학습을 제공하기도 한다. 이론상으로 잘 고안된 CAI는 완벽한 교수 프로그램이다. 왜냐하면 컴퓨터는 학습자들의 반응을 즉시 분석해서 특수 주제나 기술에 대해 학습시간이 더 필요한지 아닌지를 결정해 주기 때문이다. 또한 종이와 연필을 이용한 학습에서보다 학습자들은 컴퓨터와의 학습에 지속적인 흥미를 보여 학습동기를 높여 준다.

1968년 Atkinson은 교사의 도움 없이 수행할 수 있는 국어 프로그램을 개발하였는데 타자기 자판과 텔레비전 화면 그리고 매우 빠른 영사 슬라이드 및 컴퓨터로 통제되는 녹음테이프가 장치된 컴퓨터 앞에 앉아서 국어학습을 하는 것이었나. 이 교수법은 상낭히 효과적이었시난 비용이 너무 많이 든다는 난섬이 있었다. 그런 것이 컴퓨터 가격이 내려가고 대중화로 확산되면서 교육에 컴퓨터를 이용할 수 있게 되었다. 이로 인하여 CAI 프로그램이 만들어졌는데 대부분이 프로그램은 수학과 과학을 위한 것이다. 현재 CAI 프로그램으로는 연습 프로그램(Pratice Programs), 개인교수 프로그램(Tutorial Programs), 모의실험(Simulations), 교육용 게임(Educational Games) 등이 있다.

참고 문헌

신명희, 박명신, 권영심, 강소연(2001). 교육심리학의 이해. 서울: 학지사.

임승권(1998). 교육의 심리학적 이해. 서울: 학지사.

Atkinson(1968). Computuerized instruction and the learning process. *American Psychologist, 23,* 225~239.

제9장

동 기

1. 동기의 개념
2. 동기의 종류
3. 성취동기
4. 학교학습과 동기화

1. 동기의 개념

동기는 어떤 활동을 하고자 하는 욕구 충동을 말한다. 이를 구체적으로 구분하여 보면(교육학대사전, 1980) 심리학적 자극에 대한 반응을 용이하게 하는 동시에 어떤 특수한 행동을 일으키는 추진력, 경향 또는 동적인 태도를 말하며 의식의 여부와는 관계없다. 행동주의 심리학에서는 유기체로 하여금 어떤 특수한 행동 형태를 취하게끔 사전에 경향지어 주는 여러 가지 힘의 집합체라고 하고 있으며, 행위의 목적으로서 욕구하고 결정하는 작용이라고 하였다.

정원식(1985)은 동기를 행동을 일으키는 선행자극이 아니고 행동 그 자체나 행동으로 인해 나타난 결과도 아니며, '동기는 선행조건과 결과 사이에 개입하는 매개변인의 역할을 하는 심리상태'라고 하였다.

Warren(1943)은 동기란 '개인의 행동을 결정하는 요인으로 작용하는 의식적 경험 또는 무의식적 조건'이라고 하였다.

Lindsley(1957)는 '어떤 목표를 지향하는 행동을 일으키고 방향을 잡아 주고 유지하는 힘의 총합'이라고 하였으며, Combs(1978)는 '자아개념을 보존하고 향상시키기 위한 계속적인 힘'이라 하였다. Guthrie(1952)는 '반응의 강도를 높이는 조건'이라고 하였으며, Chauhan(1980)은 '동인과 목표를 연결하는 개념'이라고 하였다.

동기 이론에 따라서 동기의 개념은 다양하게 정의되고 있지만 일반적으로 동기는 다음과 같은 특징을 가지고 있다(김제한 외, 2015).

첫째, 동기는 행동하게 하고 행동을 방향지어 주는 역할을 한다.

둘째, 동기는 개체의 활동세력을 조정한다. 외적인 자극은 내적 조건과 결합되어 새로운 적응행동을 가져오게 한다. 가령 상이나 벌과 같은 외적인 것이 행동을 하게 하는 요인이 된다.

셋째, 동기는 선택기능을 갖는다. 즉 어떤 문제 사태에 당면하면 어떻게 대처할 것인가를 알아내기 전에 통찰을 통해 사태의 이해에 힘쓰고 여러 가지의 반응을 일으킬 수 있는 것 중에 행동할 것을 선택해 방향을 결정하게 한다.

이와 같이 다양하게 정의되고 있는 동기의 종류를 분류하기란 쉽지 않지만 일반적으로 동기는 기본적 동기, 사회적 동기, 목적지향적 동기로 구분하고 있다(정원식, 2001; 김제한 외, 2015 재인용).

첫째, 기본적 동기란 우리 모두가 가지고 있는 선천적이며 생득적인 성향을 띈 본능 또는 일차적 동기를 말한다. 이것은 다시 생물학적 평형상태를 이루려는 동기와 환경과 상호작용하면서 환경을 탐색하고 새로운 것을 발견하려는 심리적 성향으로 나뉜다. 전자는 목이 마르면 물을 찾는 갈증의 동기, 고통이 있으면 그것을 피하려는 동기를 포함하며 후자는 호기심을 포함한다.

둘째, 사회적 동기는 사회화 과정을 거치면서 습득된 동기다. 예를 들면 심리학자 H. Murray는 소유욕구, 친애욕구, 지배욕구, 전시욕구, 성취욕구, 권력욕구 등을 포함하는 사회적 동기를 제안하였다. 그는 욕구를 신체 내에 존재하는 가설적인 구성개념으로 간주했고 유기체가 지각하고 이해하며 활동을 하게 하는 힘으로 정의하였다.

셋째, 목적지향적 동기는 끊임없이 자기를 완성하려는 성향으로 정의된다. 생득적인 본능을 뜻하는 기본적 동기와 구별되며 사회적 환경으로부터 주어지는 압력에 대해 반응하는 성향을 말하는 사회적 동기와도 구별된다. 목적지향적 동기는 인간주의의 관점에서 강조하는 자아실현의 욕구가 이에 해당된다.

2. 동기의 종류

동기는 학습과 관련하여 일반동기와 특수동기로 구분하며, 보상의 유형에 따라 내재적 동기와 외재적 동기로 구분한다(김형태, 2007). 그리고 학습되었나 아니냐에 따라 1차적 동기와 2차적 동기로 구분한다. 이를 살펴보면 다음과 같다(김제한 외, 2015).

1) 일반동기

일반동기는 학습상황에서 지식의 습득과 기능의 숙달을 위해 노력하는 지속적이고 폭넓은 경향을 의미한다. 이때 '지속적'이라는 말은 상당히 중요한 의미를 갖는데 그 이유는 일반동기가 일단 형성되기 시작하면 초등학교와 중등학교를 거쳐 대학과 직장 그리고 그 밖의 사회생활에까지 계속 유지되기 때문이다(Mason & Stipek, 1989). 또한 '폭넓은'이란 의미는 일반동기가 교육과정 전반에 영향을 준다는 뜻으로 과목에 따라 약간의 차이가 있을 수 있겠지만 긍정적인 동기유발은 특정과목이나 주제영역을 뛰어넘어 광범위한 영역에서 활성화될 수 있기 때문이다.

2) 특수동기

학습에 있어서의 특수동기는 특정과목 혹은 특정 수업시간의 학습에서만 학습자들의 학습을 촉진시키게 된다. 따라서 특수동기는 교사의 통제 범위 안에 들어 있다고 볼 수 있으며 특정 전략에 의해 변화될 수 있다.

3) 내재적 동기

학습자가 본질적으로 가지고 있는 동기로서 학습자의 흥미나 호기심과 같은 요인에서 비롯되는 스스로의 욕구에 대한 반응을 의미한다. 따라서 내재적 동기는 학습자가 학습과정에 대한 외부의 보상과는 상관없이 능동적으로 활동에 참여할 때 형성된다. 학습자들의 성취동기나 자아실현의 욕구 또는 포부수준 등은 내재적 동기의 대표적 예이다.

내적 동기를 강조하는 인지심리학자들은 인간을 원래 자신의 능력을 발달시키고 자신의 성취를 즐기도록 동기유발하는 존재로 보았다. 내적 동기는 외적 동기보다 강력하고 효과적인 결과를 가져올 수 있다. 내적 동기가 강한 학습자들은 외적 동기 요소가 제공된다 할지라도 크게 감명받거나 크게 변화를 가져오지는 않는다. 내적 동기를 통하여 얻은 결과에 대하여 질적 요소는 고려하지 않고 활동 참여 여부에 따라서 보상을 주는 과정이 있다면 내적 동기는 점차로 감소된다. 이는 인정여부가 내적 동기를 가진 질적 요소를 인정하지 않았기 때문이다.

4) 외재적 동기

학습자가 외부로부터 받을 수 있는 강화자로서의 동기를 의미하는데 이때 학습자는 활동 그 자체에는 관심이 없고 활동의 결과에만 관심을 기울일 수 있다. 따라서 외재적 동기는 학습자의 내재적인 면에 긍정적인 영향을 줄 수도 있지만 대체로 학습자 내부의 동기를 감소시키거나 학습자에게 낮은 자기인식과 편협한 초점을 형성시킬 수 있다는 점에서 비판을 받을 수도 있다.

학습과제 수행과정에서 내재적 동기와 외재적 동기의 정도는 학습자들에 따라 차이가 있기 때문에 교사는 이러한 두 가지 동기에 의한 내재적 보상과 외재적 보상을 이용하여 학습활동에 대한 동기를 유발시켜 주어야 한다. 이와 관련하여 내재적 보상과 외재적 보상을 설명하면 다음과 같다.

(1) 내재적 보상

학습활동에 대하여 성공감이나 만족감을 느끼는 것은 활동에 있어서의 성취감으로 인해 자아존중감의 향상을 가져오게 한다. 내적 보상은 일시적 동기부여라기보다는 보다 근원적이고 장기적인 동기부여에 도움이 된다. 자신에 대한 인정, 가능성의 발견, 만족감 등은 내재적 보상의 중요 요소이다.

(2) 외재적 보상

학습활동 자체와는 관계없이 타인에 의해서 통제되는 돈이나 음식 그리고 특권 등이 주어지는 것을 의미한다.

이 때 내재적 보상과 외재적 보상은 서로 독립적이기 때문에(Decl et al., 1991) 교사가 이러한 보상을 동시에 사용할 경우에는 매우 신중을 기해야 한다. 대체로 행동주의자들은 외재적 보상을 중요시하고 인지주의 심리학자들은 내재적 보상을 중요시하고 있지만 교사는 학습자가 가지고 있는 최소한의 내재적 동기에 대해서 최대의 자신감이나 성취감을 갖도록 사회적 지지를 해 줌으로써 내재적 동기를 육성시켜 주어야 한다(Brophy, 1988).

아울러 내적 동기가 부족한 학습자에게 갖가지 방법으로 보상을 통한 외적 동기가 주어지게 되면 때로는 습관적 외적 동기요소인 칭찬이나 상을 기다리는 경우가 발생할 수 있다. 외적 보상이 학습자의 연령이나 지적 능력, 성별의 차이 등 개개인에 적절한 방법으로 제공되어지면 보다나은 학습을 위하여 긍정적인 면의 학습 동기 유발이 발전적으로 이루어질 수 있지만 보상의 결과로 나타나는 일시적인 만족에 그친다면 보상이 끝날 때 동기도 서서히 사라지게 된다는 점이다.

따라서 어떠한 동기가 적절하느냐 하는 점은 학습자들마다 개인차가 있고, 또 과제의 난이도 등의 차이가 있기 때문에 한쪽 측면만을 우선시하거나 강조할 수 없다. 즉 가르치는 입장의 교사나 부모는 이들 두 가지 측면을 골고루 고려하여야 한다. 즉 학습을 효율적으로 진행하기 위해서 또는 바람직한 학습결과를 얻기 위해서 어느 방법이 적절한지는 학교현장에서 종합적인 검토를 통하여 활용하여야 할 것이다.

5) 1차적 동기

학습되지 않은 1차적 동기는 생득적 성향을 말하는데 신체적, 생리적 평형상태를 유지하고, 유기체의 생명보존, 종족보존에 필요한 동기를 가리킨다. 이를테면 갈증, 수면, 휴식, 반사 및 활동, 배설, 성욕 등을 들 수 있다. 일차적인 생리적 동기는 유기체의 선천적이고 본능적인 것과 관련이 있는 것으로서 기아, 갈증, 수면, 체온유지, 고통의 회피욕구 등을 포함한다. 이와 같은 생물학적 동기는 주로 신체적인 균형유지의 원리인 항상성의 원리와 관련을 맺고 있다. 항상성이란 유기체가 생존에 적합한 체온, 혈액 내의 포도당 함유정도, 신체 내의 염분과 수분의 균형 등 내부의 환경 조건을 일정한 수준으로 유지하려는 경향성을 의미한다.

6) 2차적 동기

2차적 동기인 사회적 동기는 1차적 동기를 제외한 후천적 학습 및 경험으로서의 동기를 말하며 상벌, 경쟁, 우월, 독립, 소속감, 애정, 성취감, 사회적 인정 등을 들 수 있다. 사회가 발전하고 복잡해질수록 인간행동의 동기화 과정에서 생리적인 1차적 동기보다는 학습된 2차적 동기가 더욱 중요한 역할을 한다. 환경적 요인이나 상황요인에 따라 학습한 동기, 특히 대인관계 속에서 형성하는 사회적 동기는 모두 2차적 동기의 범주에 속한다. 대표적인 2차적 동기의 예는 권력동기와 성취동기이다. 권력동기는 타인으로부터 인정을 받고 타인이나 집단을 통제하거나 그들에게 영향을 미치려는 욕구를 의미한다. 또한 금전이나 명예 때문이 아니라 그 일 자체에 즐거움과 의미를 부여하는 동기에 의해 그 일을 성취하는 경우 이를 성취동기라 부른다. 따라서 어떤 보상을 위해서가 아니라 성취를 위해서 한 영역에서 뛰어나고자 하는 사람들은 높은 성취동기가 있는 것으로 간주한다.

3. 성취동기

1) 성취동기의 개요

McClelland, D.와 Artkinson, J.은 성취동기의 연구에 가장 먼저 투신한 학자들이다(McClelland, Artkinson, Clark & Lowell, 1953; 김아영 외, 1997, 재인용). 어떤 보상을 위해서가 아니라 성취를 위해 한 영역에서 뛰어나고자 하는 사람들은 높은 성취동기가 있는 것으로 간주한다.

성취동기의 근원에는 두 가지가 있다(Stipek, 1993). 어떤 심리학자들은 성취동기를 안정되고 무의식적인 특성, 즉 한 개인이 다소간 가지고 있는 어떤 것으로 본다. 높은 성취동기의 근원은 가족과 그 아동이 속해 있는 문화권 내에 있는 것으로 가정 된다. 만약 동기, 주도성, 경쟁성 등이 가족 내에서 격려되고 강화되며 부모가 자식들의 서투름에 개의치 않고 스스로 문제를 풀도록 해 준다면, 그 아동들은 성취에 대한 높은 욕구를 발달시킬 것이다(MsClelland & Pilon, 1983). 그들 자신의 행동이 자신의 환경에 영향을 줄 수 있음과 어떻게 좋은 수행을 인식하는지를 배운 아동들은 우수하고자 하는 욕구를 가지고 자랄 가능성이 크다(Lefton, 1994; Schunk, 1991a).

다른 이론가들은 성취동기를 최근의 성공이나 실패 경험과 과제의 난이도, 가능한 유인가 등과 같은 당면한 상황과 관련된 요인들에 의해 주로 형성되는 일련의 의식적 신념과 가치로 본다. 즉 여러분은 현재 잘하고 있고, 그 과제에 가치를 두기 때문에 교육심리학 수업에 대한 높은 성취동기를 갖고 있을 수 있다.

반면에 과거에 그 과목을 잘 해 내지 못했거나 과제가 필요 이상으로 길고 어려워 보이는 필수 과목인 정치 과목에 대해서는 낮은 성취동기를 갖고 있을 수 있다(Stipek, 1993).

Atkinson, J.(1964)은 모든 사람들이 성취에 대한 욕구 뿐만 아니라 실패를 회피하려는 욕구를 갖고 있음을 주목하며 성취 욕구에 대한 이론에서 새로이 고려해야 할 점을 제시하였다. 만약, 어떤 상황에서 우리의 성취 욕구가 실패 회피 욕구보다 클 때 위험 부담은 도전할 만한 것이라기보다는 위협적인 것이 될 것이고, 결과 동기는 그 상황을 회피하는 것이 될 것이다.

인간은 어떤 일을 성공하게 되면 다음에 오는 과업에 대하여 다시 도전하고자 한다. 이러한 심리적 상태를 교육에서 효과적으로 활용하게 되면 학습자들은 그들 스스로 개인적 노력을 기울여 교육이 추구하고자 하는 목표에 이르게 할 수 있다. 이를 성취동기라 할 수 있는데 성취동기는 성취욕구와 같은 개념으로 사용되기도 한다. 즉, 성취동기란 도전적이고 어려운 과제를 성취함으로써 만족을 얻으려고 하는 의욕 또는 성취하려고 하는 동기라고 정의할 수 있다. 이러한 성취동기에 대한 여러 학자들의 견해와 성취동기가 높은 사람들의 행동 특성을 들어보면 다음과 같다(임창재, 1999).

성취동기는 머레이(Murray, H. A.)에 의해 소개된 인간 동기체제 중의 한 요인으로 맥클랜드(McCelland, B. C.)와 그의 동료들에 의해 널리 보급되었다. 머레이는 사람의 행동을 결정하는 요인을 동기와 압력 두 가지로 보았다. 사람의 마음속에 가지고 있는 심리적 요인을 총칭한 것이 동기이며 개인이 외부환경으로부터 지각하는 것이 압력이라 한다. 따라서 이 두 가지 요인이 어떻게 작용하느냐에 따라 개인의 행동이 결정된다. 심리적 요인인 동기는 인간행동의 내부적 조정자의 역할을 하고, 외적 환경적 요인인 압력은 인간행동의 외부적 역할을 각기 맡게 된다.

빅스(Bigges, J. B.)는 동기가 학습전략의 결정과 선택 여하에 영향을 미치는 변인으로 보았다. 파리스(Paris, S. G.) 등은 학습전략을 활용하는 방법에 관하여 아는 것 자체가 중요한 것이 아니고 학습자가 그러한 학습전략을 융통성 있게 활용할 수 있도록 동기화되어야 한다고 한 바 있다. 즉, 선택한 학습전략이 어떤 조건, 상황에서 더욱 효과를 나타내게 된다는 조건적 지식을 알고 있다면 학습자는 그러한 학습전략을 더욱 유효적절하게 활용할 수 있게 되며, 그 결과로 학습전략 활용에 대한 동기수준이 높아지게 되는 것이다.

그러므로 학습자의 동기 요인은 학습전략을 다른 상황에 전이시키는데 중요한 역할을 하며, 이를 달성하기 위한 행동은 이 동기의 강약에 의해 결정된다. 따라서 동기의 강약은 학업성취도와 깊은 관계가 있으며 동기의 개념은 행동과 학습에 관한 어떤 흥미를 자아내는 사실을 이해하고 설명하는 데 적절한 도움을 주게 된다. 왜냐하면 학습자의 행동과 학습에 관한 사실은 동기와 같은 개념 없이는 설명하기가 어렵기 때문이다.

2) 성취동기 향상 방안

성취동기는 성취하려는 충동이나 요구로서 성취동기가 높은 학생은 학업에 대한 목적의식이 뚜렷하고 성취를 통한 학습 흥미 또한 증대된다. 이렇게 성취동기를 향상시키기 위해서는 우선적인 것은 성취해야 할 목표를 낮추는 것이다. 너무 성취수준을 높여 놓으면 학습자는 이를 달성하고자 노력하지만 달성하지 못하면 실망하게 되고 학습에 대한 흥미를 잃게 된다. 조선시대 학자 이덕무도 자식이 100이란 능력을 지녔다 할지라도 50의 성취목표를 제시하는 것이 다음 학습을 위해서도 바람직하다고 하였다.

근래 우리 학부모들은 자신의 자녀에 대한 정확한 학습능력을 고려하지 않은 채 높은 학업성취만을 강조하고 있는데, 이는 오히려 학습자의 학습흥미를 떨어뜨려 부모가 원하는 수준에 이르지 못하는 경우가 적지 않다.

일반적으로 성취동기가 높은 사람의 행동은 다음과 같은 특성을 지니고 있기 때문에 이러한 점을 고려하여 협조하여야 한다(김충기 외, 2005).

(1) 과업지향성이 있다.

성취동기가 높은 사람은 자기능력에 비해서 다소 어렵고 도전적인 가치가 있는 과업에 관심을 가지며 성취결과에 대한 보상보다 성취과정이나 성취능력을 과시하는데 흥미를 갖는다. 또 외적인 강요에 의한 과업수행에 있어서는 성취동기가 낮은 사람보다 성취결과가 좋지 않으며 과업지향적이며 지위향상적이다.

(2) 적절한 모험성이 있다.

성취동기가 높은 사람은 능력과 기능의 한계 내에서 적절한 곤란과 모험심이 있는 과업을 선택하며 흥미를 갖는다.

(3) 자신감이 있다.

성취동기가 높은 사람은 과거에 경험하지 않았던 과업에 대해서는 성취동기가 낮은 사람보다 자신감이 있으며, 이전에 경험한 바가 있거나 그 과업의 본질에 관해서 알고 있을 경우에는 자신감이 높지 않다. 또한 자신감이 있는 사람은 성취가능성의 한도 내에서 자신의 능력을 검토해서 자신을 갖는 실천가이다.

(4) 정열적이고 혁신적인 활동성이 있다.

성취동기가 높은 사람은 자신의 능력한도 내에서 어떤 과업도 열중하며, 새롭고 도전적인 과업에 흥미를 가지며, 문제해결에 새로운 방안을 모색하고 자신의 성취과업에 만족한다. 또한 새로운 사태와 문제를 만들고 단순한 경영자가 아니라 기업가적 기질을 가지고 있다. 또한 도전적이고 새로운 문제나 과업이 아닐 때는 성취동기가 낮은 사람보다 더 게으르고 한가하며 항상 새로운 문제, 도전적인 가치가 있는 일을 찾는다.

(5) 자기 책임감이 강하다.

성취동기가 높은 사람은 자신이 성취한 성공과 실패를 타인에게 전가하지 않으며, 자유와 책임이 허용되지 않는 일에는 흥미를 느끼지 않는다.

(6) 결과에 대한 지식을 추구한다.

성취동기가 높은 사람은 예상되는 결과에 대해 구체적, 객관적으로 정확한 정보를 계속 추구하려 하며, 결과에 대한 지식 그 자체를 목표로 삼지 않고 성취활동을 평가하는 수단으로 생각한다.

(7) 미래지향성이 강하다.

성취동기가 높은 사람은 미래의 성취과업과 이에 대한 만족을 기대하면서 현재의 고통이나 갈등과 계속 싸워나간다.

결국 교육활동에서 성취동기를 육성하는 것은 교육목표 달성과 깊은 관련이 있기 때문에 이를 위한 꾸준한 노력이 필요한데 구체적 성취동기 육성방안을 살펴보면 다음과 같다(김충기 외, 2005).

첫째, 학생들로 하여금 자신들이 성공적으로 학습과제를 수행할 수 있다는 기대를 높여 주는 것이다. 매우 가치 있고 보람 있는 목표일지라도 그러한 목표에 도달할 길이 없다고 생각할 때 그 학습자는 성취하려는 시도조차 하지 않는 경향이 있다. 또한 학습목적을 성취할 수 없다고 생각했을 때 성취하려는 동기도 생기지 않는다. 과제수행의 성공에 대한 기대의 가능성을 높여 주는 방법으로는 과제를 현재보다 더 쉽고 용이하게 다룰 수 있도록 몇 개의 하위단위로 나누어 주거나 혹은 과제 수행에 요구되는 기술, 훈련 및 도움에 대하여 학생들이 요구하는 것을 교사가 제공해 주는 것이다.

둘째, 학습자들이 주어진 과제를 성공적으로 수행하였다면 이는 자신들의 능력과 노력에, 만일 실패하였다면 자신의 노력 부족에 그 원인을 귀인하도록 훈련하여야 한다.

셋째, 교실 내에서 각 학습자들이 가지고 있는 기본적인 성취동기를 높여 주는 일이다. 맥클랜드(1965)에 의하면 일반적으로 여기에는 네 단계가 있다.

① 목표설정 단계이다. 이는 각 학습자들이 현실적이고 실제적인 학습목표를 정하도록 교사가 도와준다.

② 성취지향적인 사람처럼 생각하도록 교사가 도와주는 일이다. 교사는 학습자들이 어느 정도 어려운 과제에 도전하도록 격려해 주어야 하며 자신의 능력에 대한 자신감을 갖고, 성공이란 노력에 의하여 성취되는 것으로 생각하도록 학생들을 가르친다.

③ 자기 자신을 성취지향적인 사람으로 보게 한다. 교사는 학습자들이 자신을 어느 정도 어려운 과제에 도전하고 성취에 가치를 두는 사람이며, 자신의 노력으로 성공하기를 원하는 사람이라는 생각을 갖도록 지도한다.

④ 학습자들이 성취하려는 노력을 할 때 집단적 지원을 하여야 한다. 동료 학생들과 협동적으로 학습목표를 세워 같이 공부하도록 함으로써 자기 동료 학생과 교사가 모두 자기의 성취노력에 보조한다는 사실을 깨닫게 해 주어야 한다.

4. 학교학습과 동기화

1) 학습자 동기화

말을 물가까지 끌고 갈 수는 있어도 물을 먹고 안 먹고는 말의 의지에 달려 있다. 학습자도 마찬가지로 어떠한 학습을 하는데 있어서 학습자가 스스로 하고자 하는 욕구가 있다면 구태여 어떠한 감시를 받지 않아도 학습활동을 전개해 나간다. 그리고 스스로 하고자 한다면 흥미로워하고 매우 많은 관심을 가지고 학습에 임하게 된다. 따라서 동기화가 잘 이루어졌다는 의미는 학교에서 이루지는 학습이 원만하게 이루어질 수 있는 여건이 만들어졌다는 의미이다.

이런 의미에서 동기화의 개념을 정리하여 보면 동기화는 우리가 무엇을 원함을 의미하며 그 무엇을 어느 정도 원하는가에 따라 어떤 행동을 얼마만큼의 강도로 행동하느냐가 결정되어진다. 즉 동기화란 어떤 행동의 방향성과 강도를 정해 주는 심리적 요인이다 우리는 교육심리에 대하여 알고 싶고, 좋은 교사가 되고 싶은 동기에서 교육심리 강좌를 선택한다. 이것이 동기화의 방향성이다. 또한 이 동기가 얼마나 강한가의 정도에 따라 서로 다른 행동들이 나타난다. 어떤 학생은 한 번의 결석도 없이 강의에 출석해 수업을 듣고 열심히 토론에 참여하기도 하지만 어떤 학생은 수업시간 중에 자주 졸며 결석도 빈번히 한다(신명희 외, 2001).

정종진(1996)은 인간행동을 새로운 관점에서 이해하고 강화에서 인지에로의 변화를 동기의 한 부분으로 정리하였다. 행동주의 심리학에 바탕을 둔 강화이론은 인간 외적 자극에 대해 수동적으로 반응하는 존재로 보고 외적 보상 또는 강화가 동기의 원천이라고 주장한다. 이에 비해 인지적 접근은 인간을 환경에 능동적으로 대응하는 존재로 보고 미래의 결과에 대한 주관적인 기대가 동기에 영향을 미친다고 주장한다. 동기의 인지이론적 접근에서는 인간이 어떻게 상황을 받아 들이고, 사건을 어떻게 해석하며, 정보를 어떻게 처리하는가 하는 인지적 매개과정에 초점을 둔다. 행동을 결정짓는 것은 실제의 자극이 아니라 그 자극을 지각한 내용과 행동에 의해서 초래될 사건에 대한 신념, 기대, 예상이라고 하였다.

2) 학습동기화의 원리

학습상황에서 실제 적용 가능성이 있는 일반적인 원리와 이 원리를 적용함에 있어서 교사가 행할 행동을 살펴본다. 먼저 일반적인 원리와 이에 따른 교사의 행동이나 역할을 격려하여 제시하고, 다음으로 교사의 행동과 역할에 대하여 논의하고자 한다(Klausmeier, H. J. & Goodwin, W. L., 1975, pp. 231~243).

일반적인 원리와 교사의 행동이나 역할과 관련된 내용은 다음과 같다.

(1) 학습과제에 조심하는 것은 학습결과를 낳게 하는 본질적인 것이다(교사는 바람직한 목표로 학습자들의 주의력을 집중시켜야 한다).

(2) 성공을 경험하고 성취하도록 하는 것은 현실적인 목표를 설정한 것이 필수이다(교사는 성취할 수 있도록 학생의 욕구를 활용해야 한다).

(3) 목표설정과 달성은 적절한 곤란도가 있는 학습과제를 필요로 한다. 즉 현재의 학습과제에 대한 성공감은 후속 과제에 동기화를 높여 주고 실패감은 후속과제에 동기화를 약화시킨다(교사는 학습자 개개인의 목표설정과 목표달성을 도와주어야 한다).

(4) 바르고 직질한 행동이나 틀린 것을 정확하게 교정하는 것에 대한 정보를 획득하는 것은 보다 좋은 성취와 학습과제에 대해 더욱 호의적인 태도에 관계되고 있다(교사는 학습자들에게 피드백을 준비하고 오류를 교정해 주어야 한다).

(5) 사회에 적합한 가치와 행동을 언어화하고 이에 대한 추리는 행동개발을 위한 개념적 기초를 마련한다(교사는 사회에 알맞은 가치에 관한 토의를 학습자들에게 마련해야 한다).

(6) 모형에 대한 관찰과 모방은 자기 통제, 자기 신뢰 및 지속성과 같은 사회에 알맞은 행동을 촉진시킨다(교사는 실생활과 관련된 것과 상징적인 모형을 준비해야 한다).

(7) 특수한 행동과 성취에 대한 일정한 보상을 기대하는 것은 행동과 성취를 위한 주의력과 노력을 지속한다. 일정 반응에 대한 아무런 강화가 없으면 그 반응을 소멸시키며 바람직하지 못한 행동에 대해 죄받을 것이라는 기대는 그 행동에 대한 억제, 그 상황에 대한 회피감과 불쾌감, 또는 벌주는 사람을 회피하거나 싫어하는 등의 행동을 유발할 수 있다(교사는 학습자들의 바람직한 행위와 지속적인 노력을 보장하기 위해서 바람직한 행동을 강화시켜야 한다).

(8) 심한 불안과 스트레스를 경험하는 것은 낮은 성취, 빗나간 행위 및 인격의 부조화 등과 관련된다(교사는 학습자들에게 고도의 불안과 스트레스를 유발하는 제반 절차를 피해야 한다).

이상과 같은 학습동기를 위한 원리와 보다 구체적으로 교사가 해야 할 행동과 역할에 대하여 실제 교수학습 상황과 연계하여 살펴보면 다음과 같다(김용래, 1985).

(1) 학습목표에 대한 주의력 집중

학습활동에서 어떤 기대하는 성과를 낳도록 하기 위해서는 그 활동을 교사는 활성화시키고 방향을 제시해 주어야 한다. 이것은 학습자들이 학습과제와 목표에 대한 주의를 환기하는데 필수적인 것이다. 이러한 주의력 집중을 위해서는 언어적 수단과 비언어적 수단을 활용한다. 교사는 주의력 집중을 위하여 호통치고, 호소하고, 보고, 듣게 하며, 때에 따라서는 온정적인 태도를 보이기도 한다.

주의력 집중을 강화하기 위해서는 환경구성도 중요하다. 환경구성은 어디까지나 교과학습 내용과 관련되어야 하고 이전의 환경과 다른 환경이어야 학습자는 오늘 수업에 대한 호기심을 가지고 보다 주의력을 집중하게 된다.

(2) 학생의 욕구 활용

성공적인 성취를 위한 욕구는 대부분의 학생들이 가지고 있다. 이것은 학습목표 설정과 이를 성취하는데 있어서 필수적인 요인이다. 물론 어떤 학생은 이전에 성취결과에 대한 보상을 받은 경험이 없기 때문에 특정 학습상황에서 그와 같은 욕구를 나타내지 않은 경우가 있다. 그러나 다음과 같은 두 가지는 실패를 회피하고자 하는 강한 욕구를 가진 학생과 심한 불안을 지닌 학생들에게는 가능할 것이다. 하나는 보다 쉬운 과제는 학생들에게 불안을 느끼지 않게 할 수 있을 것이며, 그들의 자기신뢰감을 증가시킬 수 있을 것이다. 또 하나는 바람직하지 못한 행동이나 결과를 제거하기 위해서 벌을 주는 것은 어떤 학습과제에 대해서는 유인가치를 감소시킬지도 모른다.

따라서 교사는 학생 개개인이 지닌 개인적인 요구를 충분히 활용하는 반면 성취할 수 있게 하는 욕구를 갖도록 하는 것이 학습동기화에 기여할 수 있을 것이다.

(3) 학습목표 설정과 성취의 조력

목표설정은 일정한 미래에 수행해야 할 어떤 상태의 과업으로서 자신이 달성할 수 있는 것으로 설정하여야 한다. 이러한 목표설정에 있어서 교사는 학생 스스로 다양하게 수립하고, 그들이 목표를 설정함에 있어서 조력자로서의 역할을 해야 하며 교사에 대한 의존성을 가능한 한 낮추도록 한다. 목표설정에 있어서 경험이 없는 학생이나 아주 어린 아동들을 도와주는 방법으로서는 학생 자신의 어휘로 수업목표를 구별해서 나열 기술하게 하고 이렇게 된 목표진술 목록 가운데 가장 적절한 것을 중심으로 수업을 전개하는 것이다. 그리고 학생들이 하루 또는 일주일 등의 시간 동안에 스스로 성취하고자 한 목표를 설정하고 어느 때 그 목표를 완전히 달성하며 어떻게 노력할 것인가 까지를 결정하게 된다면 사실상 학생들은 목표를 완전히 수립하고 있는 것이다. 학교학습 상황에서의 대부분의 수업목표 설정은 이와 같은 방법으로 하고 교사가 목표설정 과정에서 도와주는 입장을 취하게 되면 학습동기는 자연히 유발되는 것이다.

교사는 학생들 대부분이 찬성하는 학습내용이나 과제 중심으로 그들의 출발점 행동을 감안해서 목표를 달성시키는데 필요로 하는 지식을 기반으로 하여 수업을 진행하여야 한다. 그러나 대부분 학생들이 모두 그들 스스로의 수업목표를 선택하고 있느냐가 문제이다. Kennedy, B. J.(1968)는 조사연구에서 학생들 자신이 수업목표를 설정한 중상정도의 성취수준에 있는 학생들이 같은 성취수준에 있는 학생으로서 목표를 설정치 못한 학생들보다 더 학습효과와 기억효과를 나타내었던 점을 발견하였다. 또한 그들은 교사가 설정한 수업목표를 통해서 학습한 학생들 보다도 우수하였고, 반대로 성취수준이 낮은 학생들의 교육은 교사가 설정한 수업목표에서 더욱 좋은 결과를 가져 왔다고 기술하고 있다.

그는 결론에서 교사에 의해 설정한 수업목표에서는 학생들의 요구가 어느 정도 반영되어져야 하고 아울러 세밀한 학생 이해와 관찰에 기반을 두어야 한다는 것이다(Klausmeier, H. J. 외, 1975).

(4) 피드백의 준비

학생들의 교과학습에 있어서 잘잘못이나 정확 · 부정확을 지적해 주는 피드백이 필요하다. 이러한 피드백은 오류를 없게 하고 교과학습 영역에서 학생들의 성취동기를 개선할 수 있다. 피드백을 제공한 것은 성공적인 성취동기를 강화하며 의도한 성과를 낳을 수 있게 하려는 정보나 지식을 갖게 하는 것이다. 즉 피드백을 하느냐 안하느냐에 따라 학업성취도는 달라질 수 있다. 학생들이 시험을 본 후 시험결과에 대한 피드백은 다음 시험을 보는데 보다 높은 성취동기를 부여하는데 도움이 된다.

피드백은 구두로 하거나 신체적, 행동적인 것으로서 집단의 대 · 소에 관계없이 학생들의 이러한 성취에도 제공될 수 있으며, 학생들에게는 가능한 한 낮은 점수와 성취도를 가졌다고 하더라도 높은 성취도를 낳았다고 언어적인 표현을 주는 것이 후속되는 과제에 있어서 더욱 좋은 성취도를 낳는 경향이 있다(Bridgeman, B., 1974).

(5) 실제적 및 상징적 모형 준비

모형을 준비해서 제시하는 것은 관찰자의 동기화에 매우 효과적이다. 그리고 모형을 통한 모방학습은 학습의 기본 형태이다. 이럴 때 교사는 교과내용과 관련한 정확한 모형을 학생들에게 제시하는 것은 학생들이 동기유발에 도움이 된다. 개인이 현재 수행할 수 없는 어떤 과제 상태를 성취코자 할 때 어떤 개인을 모방하고 따르게 되며, 관찰자인 개인은 또다른 개인과 꼭 같이 되기 위해서 따르게 되고 모방하게 된다.

가정에서 자녀들을 위한 실제 생활의 모형은 형제 자매와 양친 그리고 연장자들이다. 어린애가 일찍 학습하는 것은 그 어린애가 관찰하고 모방하는 가족들의 영향이다.

이와 같은 모방행동은 어디에서나 누구에게나 있다. 가수가 TV에서 율동하며 노래하는 모습을 보고 그대로 흉내를 낸다. 어린 아이들이 소꿉놀이하는 것을 보면 부모가 하는 행동이나 말투 등을 그대로 모방한다.

학교현장에서 실제적인 모형으로 교사나 나이 많은 학생들이지만 특히 변화하지 않은 교사는 학생들에게 모형이 될 수 없는 경우도 있다. 그러므로 학교 교실 안으로 다른 모형 대상을 준비해서 제시하여야 한다. 교과 학습의 내용에 따라서 적절하게 정확한 모형을 준비하는 것은 중요한 일이다. 모형으로써 외부 인사를 실제 보셔서 학습과 연결시키는 것은 이들 모델들에게 학생들은 호감을 갖고 반응하며 학습동기가 부여된다.

(6) 사회적 가치에 대한 언어화 및 토의기회의 준비

가치 그 자체는 행동을 활성화시키는 것은 아니지만 어떤 행동의 방향설정에 기여한다. 바람직한 사회적 가치는 대체로 일정 사회 내에서의 생활양식을 지속시키기 위해서 받아들여지는 가치인 것이다. 학교 상황에서 요구되는 바람직한 사회적 가치는 언제나 학생들이 원하고 있는 것이며, 이들 가치는 학생 자신의 생활, 다른 학생과의 생활, 성인과의 생활 등 제반 대인관계 속에서 유익한 것으로 판단되는 것이기 때문에 받아들여지는 가치인 것이다.

나이 어린 학생들에게는 추상적인 가치를 교사가 설명하고 난 후 학생들이 토의할 수 있게 하는데 그래도 곤란함이 따르기 때문에 관찰될 수 있는 행동과 태도를 중심으로 한다. 그러나 나이 많은 학생들에게는 추상적인 가치를 토의하고 설명할 수 있다. 따라서 바람직한 사회적 가치에 대한 언어화나 토의는 학생들에게 그 가치를 의식, 이해, 수용하게 함에 크게 공헌할 것이며, 학생들이 수행하고 있는 현재의 학습과제에 대해서 동기화가 가능하고 제반 인간 생활에 있어 밝은 가치관을 형성하는데 도움이 될 것이다.

(7) 보상 및 유인체의 활용

학습활동에서 보상의 활용은 외재적 동기화의 한 종류이다. 사회구성원에게 제반 법률이 강제 기대성을 갖는 것처럼 학교와 교실은 학생들의 행동규약과 이를 지키게 하는 수단을 가지고 있다. 이것은 학교교육을 통한 올바른 인격을 지닌 사회인을 만들고자 하는 교육의 기본 입장에서 비롯하는 것이다. 교사가 학생에게 제공할 수 있는 보상의 종류는 다양하다. 여기에는 언어적인 것과 비언어적인 것이 있다. 즉 교사의 칭찬과 같은 것은 언어적인 것이며 교사의 수긍, 미소, 성적, 즐거워하는 활동에 시간 제공 등은 바람직한 행동이나 태도를 강화시키기 위한 비언어적 보상인 것이다.

보상을 통한 동기화는 보상을 받는 개개인에게 적합한 것이어야 하며 지나친 보상으로 인한 학생들 사이에 경쟁의식을 조장하지 말아야 하고, 아주 높은 성취나 두드러지게 좋은 행동을 한 학생들에게는 너무 지나친 보상을 해 주지 말아야 한다는 것도 배려하여야 한다. 그리고 어떤 과제에 임할 초기에는 보상하지 말아야 한다. 왜냐하면 보상의 이유가 합당한 결합을 통해서 학생들은 바람직한 행동을 하는 것이 일반적이기 때문이다.

위와 같은 긍정적인 강화 매체와는 반대로 비난, 질책, 징계 등과 같은 벌은 개인에게 조롱과 불만족감을 낳게 한다. 지금까지 각급학교에서 잘못 활용되어진 점이 많으며 특히 체벌은 어느 나라에서나 많은 학교에서 불합리한 것으로써 그릇되게 취급되어 왔다. 벌은 그릇된 행동을 교정하는데 유효하지만 실제로 교사의 칭찬이 하나의 강화매체로서 효과적인 것이라면, 칭찬을 억제하는 것은 벌이나 벌에 대한 공포로서 기여하며, 그릇된 행동을 조정하는데 효과적으로 활용될 수 있다는 점을 고려해야 할 것이다. 다만 사소한 그릇된 행동은 그 행동을 무시해 버리는 것이 더욱 바람직할 것이다

벌을 줄 때에는 언제나 실패한 일이나 그릇된 행동이 있는 즉시 가해야 하

고 잘못된 결과나 행동이 나타난 장기간 뒤에 벌을 주는 것은 삼가야 한다. 그리고 올바른 일이나 행동이 벌을 받은 후에 나타나자마자 즉시 그 학생에게 보상해야 하고 이 같은 보상은 바람직한 반응을 강화하게 하는 것이며, 학생이 벌을 준 교사에게 작용할지도 모른 나쁜 감정을 가능한 한 분산하는데 기여하기 때문이다.

(8) 긴장 수반의 회피

학교교육이 거의 모든 학생들에게 불안을 갖게 하는 것은 일반적인 현상이다. 약간의 불안은 학습활동을 촉진시킨다고 하는 반면 불안이 고조되고 장기화되면 지적반응의 혼란을 초래한다고 하는 것이 일반적인 경향이다(Ruebush, B. E., 1963). 불안에 쌓여있는 학생들은 학습과제에 대해서 잘 집중하지 못하며 성취결과도 낮은 것이다.

일정 목표를 성취하고자 노력하는 과정에는 약간의 긴장이 수반되게 된다. 성적이 우수한 학생들의 경우도 만점이나 A학점을 얻지 못할까에 대해서 불안을 경험하게 되며, 다른 학생들은 시험 준비가 충분한데 반해서 자신은 불충분한 것이 아닌가 하는 불안, 교사나 부모에게 칭찬받지 못하는 것, 또는 야단맞지 않을까 하는 등등의 불안에 휘말리게 된다.

교사는 학생들에게 학교에서나 학습상황에서 불안이 유발되는 소재를 가능한 한 회피하도록 해야 하고, 심한 불안을 안고 있는 학생들을 식별해서 신중하게 불안을 감소시키는 절차를 취해야 할 것이다. 불안이 있는 학생과 불안이 유발되지 않은 학습상황을 위해 교사는 노력하고 학생들의 학습동기를 강화하여 학습 성과를 높여 주어야 할 것이다.

참고 문헌

교육학대사전(1980). 서울: 교육출판사.

김아영, 백화정, 설인자, 양혜영, 이선자, 정명숙(1997). 교육심리학. 서울: 학문사.

김제한, 권순달, 이현주(2015). 교육심리학. 경기: 양서원.

김충기, 장선철(2005). 교육심리학. 서울: 태영출판사.

김형태(2007). 21세기를 위한 교육심리학. 서울: 태영출판사.

신명희, 박명신, 권영심, 강소연(2001). 교육심리학 이해. 서울: 학지사.

임승권(1998). 교육의 심리학적 이해. 서울: 학지사.

임창재(1999). 교육심리학. 서울: 학지사.

정원식(1985). 현대교육심리학. 서울: 교육출판사.

정종진(1996). 동기연구의 인지적 경향과 그 교육적 시사. 교육심리연구, 10(1), 93~122.

Atkinson J.(1964). *An introduction to motivation.* Princetion, NJ: Van Nostrand.

Bigges. J. B.(1971). *Information and Human Learning.* Glenview. Scott, Foresman and Company.

Bridgeman, B.(1974). *Effects of test score feedback on immediately subsequent test performance.* Jernal of Educational Psychology, 66. pp. 62~66.

Chauhan, S. S.(1980). *Advanced Educational Psychology.* New Delhli: Vikas Publishing Hause.

Combs, A. W.(1978). *Humanism, Education, and the Future. Educational Leadership.* 35, 300~303.

Guthrie, E. R.(1952). *The Psychology Of Learning.* NY: Harper& Row.

Klausmeier, H. H. & Goodwin, W. L.(1975). *Learning and human ability: Educational psychology(4th. ed).* New York: Harper & Row Publishers.

Lindsley, D. B.(1957). Psychophysiology and Motivation In M. R. Jones(ed). Nebraska symposium on Motivation. Lincolin: University of Nebraska Press.

Lefton, L. A.(1994). *Psychology (5th ed.).* Boston: Allyn and Bacon.

Murry, H. A.(1935). *Explorations in Personality.* N.Y. Oxford University Press.

Ruebush, B. E.(1963). *Anxiety. In child psychology: 62nd Yearbook of National*

Society for the Study of Education. Part I. Chicago: Univ. of Chicago Press. pp. 460~516.

Schunk, D. H.(1991). *Learning Theories: An Educational Perspective*. New York: Merrill.

Stipek, D. J.(1993). *Motivation to learn(2nd ed.)*. Boston: Allyn and Bacon.

Warren, H. C.(1943). *Dictionary of psychology*. Houghton Mifflin.

제10장

불안과 학교학습

1. 불안의 의미
2. 불안의 영향
3. 불안수정과 학교학습

1. 불안의 의미

불안이란 두려움 때문이거나 위험의 감정과 같이 생기는 정신 및 신체의 불쾌한 상태를 말한다. 불안은 오늘날과 같이 가치관의 혼란과 분쟁과 생활고가 심한 시대에는 인간의 정신생활에 있어서 지극히 문제의 대상이 되고 있다. 특히 학생들이 불안할 때는 학업에도 지장을 초래한다. 정신건강 문제에 있어서도 문제이지만 철학적인 측면에서도 문제이다. 즉 지금의 세대를 불안의 세대, 혼자 사는 시대니 하고 있는 상태에서 청년들이 3포 시대, 혹은 5포 시대라고 하는 말들을 거리낌없이 사용하고 있는 것을 보면 알 수 있다. 심리학적 불안이 수반되는 신체적인 감각, 즉 가슴이 두근거린다거나 혈관 운동에 정체가 생기는 등과 같은 현상은 불안과 구분해서 고민이란 말로도 불리어진다. 이 고민은 불안과 같은 의미로 쓰여지기도 한다.

Hansen(1977)은 불안(anxiety)은 편안하지 않으며 불길한 예감이 들고 긴장을 느끼게 되는 상태라고 하였다.

임창재(1995)는 불안은 공포, 걱정, 그리고 생리적 긴장으로 특징지워지는 정서반응의 하나로 뚜렷하지 않은 대상으로부터 느끼는 심리적 동요 상태라고 하였다.

불안은 특성불안과 상태불안으로 나뉘어지는데 특성불안이란 일반불안이라고도 하며 개인에게 내재되어 있는 불안을 말한다. 특성불안을 지니고 있는 사람들은 보다 넓은 범위에서 보다 강하게 불안을 느끼며, 불안을 느끼는 상황에서 손에 땀이 배기도 하며, 심장박동이 빨라지거나 불길한 예감을 갖는 등의 신체적·정서적 특징을 보인다(Woolfork, A. E., & McCune-Nicolich, L., 1984). 상태불안이란 특수불안이라고도 하며 특수상황에서 느끼는 불안을 말한다. 특성불안을 가지고 있지 않은 사람들도 어떠한 특수한 상황에서 상태불안을 경험할 수 있다(Shuell, 1981).

또 사람을 불안으로 꼼짝 못하게 하는 경험을 외상적 경험이라 한다. 모든 외상적 경험의 원형은 출생과정에서의 외상을 거쳐 태어나면서 말할 수 없이 큰 충격을 받는다. 이러한 외상적 경험들이 후에까지 발달해 가는 공포의 기초를 이룬다.

프로이트는 불안의 형태를 현실적 불안, 신경증적 불안, 도덕적인 불안 등 3가지로 나누었는데 이를 살펴보면 다음과 같다(임창재, 1995, 재인용).

첫째, 현실적 불안은 외부에 존재하는 위험을 인지했을 때에 받는 고통스러운 감정적 경험을 말한다. 위험의 인지와 불안의 발생은 어떤 물체 또는 환경 조건이 주어질 때 저절로 두려워하게 되는 유전적 경향에 의하며, 개인의 생애에서 이차적으로 학습된 후천적인 경우가 있다. 여기서 유전성은 사람을 민감하게 만들고 경험은 이 예민한 상태를 실제의 공포감으로 바꾸어 놓는다. 어린이들은 다량의 자극이 밀려올 때 그들의 자아가 이를 조절할 수 있을 만큼 발달하지 못하기 때문에 공포감에 사로잡힌다.

둘째, 신경증적 불안은 본능으로부터 오는 위험성이 인지될 때에 일어나는 것을 자아의 억제력이 본능의 대상 추진력을 막지 못하여 어떤 갑작스러운 충동적인 행위를 저지르게 되지는 않을까 하는 데서 오는 불안이다. 이 신경증적 불안은 아주 사소한 일에도 즉각적인 반응을 하며 항상 불안해하는 조바심의 형태로 나타난다. 항상 어떤 불상사가 일어나지 않을까 하고, 노심초사하고, 신경질적인 사람에게 나타난다. 신경증적 불안의 또 다른 형태는 강렬하고 비합리적인 공포심으로 공포증이라고도 한다. 이것은 어떤 사물이 실제로 가지고 있는 위험성보다 훨씬 커다란 위험이 있다고 느끼는 것이다. 모든 신경증적 공포감의 배후에는 자기가 두려워하는 대상을 갈망하는 이드(Id)의 원시적인 욕구가 숨어 있다. 또한 신경증적 불안은 정신적 공황의 상태로 나타나는데 심리적 공황현상이란 고통스러운 신경증적 불안에서 벗어나기 위해 자아나 초자아의 제지에 관계없이 이드의 욕구에 맹목적으로 따르게 되는 감정적 배설 행위이다. 심리적 공황에 의한 행동을 평소에 대수롭지 않게 넘어가던 문제에 대해 아주 극단적으로 반응하는 형태로 나타난다.

셋째, 도덕적 불안은 자아 속에 죄악감 또는 부끄러움으로 느껴지게 되는 양심으로부터 오는 위험이 인지될 때에 일어난다. 도덕적 불안을 만들어 내는 공포감은 원래는 객관적인 것이다. 도덕적인 사람은 나쁜 짓을 저지르려는 생각만으로도 스스로를 부끄럽게 여기며 도덕적이지 못한 사람은 강한 초자아를 가지고 있지 않기 때문에 도덕률에 어긋나는 생각이나 행동을 하여도 예사로 넘길 수 있다.

이와 같이 현실적 불안은 자아가 경고 신호를 무시하게 되면 몹시 해로운 어떤 일이 닥치게 되어 신체적 상처나 고통을 당하게 된다. 그러나 신경증적 불안이나 도덕적 불안의 경우는 위험이 외부에 있는 것이 아니고 공포감 자체를 두려워하는 것이다.

2. 불안의 영향

불안은 학생들의 학교생활을 통해 쉽게 관찰될 수 있으며 학생들에게 직접적인 영향을 미치고 있음을 볼 수 있다.

Gaudry와 Spielberger(1971)의 연구결과에 따르면 불안상태가 높은 학생들은 일반적으로 자기 비하적이며 모험을 좋아하지 않고 백일몽에 사로잡히는 행동양식을 자주 보인다. 또한 어린 학생들은 승낙과 거절 등으로 인해 불안이 조절되며 고학년 학생들은 불안을 느끼면 교실에서 공격적인 행동을 나타낸다(Good & Brophy, 1991).

적당한 불안은 오히려 잘해야 하겠다는 의지를 강화하여 성취동기를 부여하는데 일조할 수 있지만 지나치게 불안이 높거나 낮을 때는 학습에 열의가 없고 학업성취에 부정적으로 작용한다. 불안이 아주 높은 경우는 학습에 열의가 없고 흥분하고 서두름으로써 사고 작용이 흐트러지기 때문에 학습효과가 떨어진다. 불안이 낮은 경우는 학생들이 주의가 산만하고 과제에 집중하지 않기 때문에 학습효과가 떨어진다. 불안 수준은 기억에도 영향을 미친다. 기억하는데 실수의 가능성이 적은 학습과제에서는 불안 수준이 높은 학생들이 유리하나 점차 복잡해져서 실수의 가능성이 많아질수록 불안 수준이 높은 학생들은 불리하고 불안 수준이 낮은 학생들이 유리하다(김충기 외, 2005).

불안은 지능지수와도 관계가 있다. 사라손(Sarason, S. B.) 등은 불안이 높은 경우에 측정된 IQ는 낮았고 불안이 낮은 학생들의 경우 측정된 IQ는 높게 나타나 IQ와 불안의 부적 상관관계를 밝혔다. 불안이 높은 개인은 자신의 지식을 바르게 평가, 판단하지 못하고 정확한 선택 반응을 결정하지 못한다는 것이며, 선택한 것에 대해서는 정확성을 과대평가하고 선택하지 않은 것에 대해서는 과소평가하는 경향이 있다고 하였다.

연구결과에 의하면 불안수준이 높은 사람은 어렵고 복잡하며 시간이 충분하지 않은 경우에 학습장애를 일으키며, 쉽고 단순하고 시간적 여유가 있을 때가 적절하다고 한다. 반면에 시간적 제한이 있고 복잡한 과제일 때는 불안수준이 낮은 학생이 유리하며 불안수준이 낮은 학생들의 학업성취도가 불안수준이 높은 학생들보다 우수하였다고 하였다(임창재, 1995, 재인용).

3. 불안수정과 학교학습

학교현장에서는 지나치게 불안을 느끼거나 혹은 지나치게 불안해하지 않은 것 모두 학생들의 학업성취에 부정적으로 작용하게 된다. 따라서 교사들은 불안으로 인한 행동특성에 세심한 관심을 기울일 필요가 있다. 결국 학생들의 학업성취와 건전한 정신건강을 성취시키기 위해서는 학생들의 불안에 대한 본질을 이해하고 신중하게 대처하여야 한다(임규혁, 1996).

특히 학생들의 불안은 대부분 시험과 관련이 많다. Clarion대학교의 John J. Chiodo 교수는 시험과 불안 관계를 연구하고 시험 중 불안을 감소하는 규칙을 제시하였는데 과정 및 규칙은 다음과 같다(장동환 외 역, 1991).

'나는 남들이 하는 정도로 공부를 하여 학업성적이 좋았지만 중간시험이 학생들 및 그들 친지의 건강과 복지에 주는 위협은 인식하지 못했다. 그러나 오래지 않아 현실적 문제가 있음을 실감하게 되었다. 중간시험이 시작되면 학생들이 가족문제, 질병 및 사고가 현저하게 증가할 뿐만 아니라 그들 할머니들의 사망률이 정상 이상으로 증가하는 것 같았다.'

중간시험 1주일 전 많은 학생들이 보고를 하는데 할머니가 돌아가셨다든지, 감기와 독감이 많았다. 심지어는 아끼는 고양이가 죽었다는 예도 있다. 2학기 기말시험 무렵에도 학생들이 아프다거나 할머니들이 더 많이 사망했다는 일이 있었다. 기숙사의 식사와 밤샘 공부가 시험불안과 더불어 몇몇 학생들이 병이 날것이라는 예상을 할 수 있지만 할머니들의 사망을 이해할 수는 없었다. 사망원인이 손자들의 문제에 과민해서일까? 아니면 손자들이 시험불안에 떠는 것을 보고 할머니도 불안해하는 걸까? 하는 문제이다. 문제는 할머니들의 불안을 감소시키도록 도와주는 일이 중요하다는 점이었다. 이러한 노력의 결과 할머니들의 사망은 더 이상 없었다.

요약한다면 학생들의 시험 불안을 감소시키기 위한 일련의 노력이 중요한데 이를 위한 규칙을 보면 다음과 같다.

- 시험 범위를 복습시킬 것
- 시험보는 연습을 시킬 것
- 시간제한을 분명히 해 줄 것
- 어떤 자료가 필요하며 어떤 보조물을 사용할 수 있는지를 알려 줄 것
- 학점 산출 절차를 알려 줄 것

- 추가시험과 재시험에 관한 방침을 알려 줄 것
- 공부를 도와 줄 것
- 최종순간까지 문제를 풀도록 대비시킬 것
- 장시간 시험을 볼 때는 휴식시간을 제공할 것
- 학생들에게 수험기법을 코치해 줄 것 등이다.

이와 같이 불안이 학업성취에 영향을 미치는 것을 생각할 때 교사는 수업에 있어서 학습자에게 자신감을 가질 수 있도록 하는 언어적인 보상이나 긍정적 반응을 보여 줌으로써 자기 신뢰감을 가질 수 있도록 하고, 다양한 경험을 가지도록 함으로써 적응능력과 문제에 접근하려는 의욕을 불러일으켜 주어야 한다. 그리고 수업내용과 방법을 학습자의 개인차에 맞도록 하여 학습자들의 성취감을 가질 수 있도록 하는 방안이 모색되어야 한다(임창재, 1995).

발표수업 등의 활동을 할 때도 불안수준이 높은 경우는 발표가 원만하게 진행되지 못하는 경우가 많은데 적당한 불안은 오히려 발표활동을 실수 없이 진행할 수 있다. 하지만 불안수준이 아주 낮은 경우는 발표의 내용이나 발표방법, 발표의 논리적 과정들이 원만하게 진행되지 못하는 경우가 많다.

참고 문헌

임규혁(1996). 교육심리학. 서울: 학지사.

임창재(1995). 교육심리학. 서울: 학지사.

장동환, 김형채, 손정락 역(1991)(저자: Charles G. Morris). 심리학 입문 제6판. 서울: 박영사.

Hansen, J. C.(1977). *Counseling: theory and process.* Boston: Allen and Bacon.

Woolfork, A. E. & McCune-Nicolich, L.(1984). *Educational Psychology for Teachers.* Englewood Cliffs. NJ: Prentice-Hall.

Shuell, T. J.(1981). *Dimensions of individual differences.* In F. H. Farley & N. J. Gorden(eds.). Psychology and education: The state of union. Berkley. Clif.: McCutchan.

Gaudry, E., & Spielberger, C. D.(1971). *Anxiety and Educational Achievement Sydney:* John Willey & Son's.

Good, T., & Brophy, J.(1991). *Looking in Classrooms*(5th). NY: Harper and Row.

제11장

학습의 전이

1. 학습과 전이의 개념
2. 적극적 · 소극적 전이
3. 전이이론
4. 적극적 전이의 극대화 방법

1. 학습과 전이의 개념

1) 학습의 개념

인간은 태어나서부터 생을 마감할 때까지 배우고 익혀야 한다는 점에는 이의가 없다. 이는 학습이 학교에서 공부하는 것을 의미하는 좁은 의미보다 훨씬 넓다는 의미이다. 단지 신체적 · 정신적 기능이 일정수준에 도달하지 못한 미숙한 상태라든지 노쇠로 인한 기능 저하로 인하여 학습이 이루어지지 못하는 경우가 있다. 인간은 학습을 통하여 주위환경에 적응하고 생활능력을 쌓아 나간다. 이런 의미에서 학습은 배우고 익히는 것이며 모르는 사실을 알게 되는 새로운 지식의 습득과정이다. 즉, 노젓는 방법을 배우고, 사냥방법을 배우고, 자전거 타는 방법을 배우고, 윗사람을 존경하는 방법을 배우는 등이 모두 학습이다.

때문에 키가 자라거나 흰 머리가 생기는 것과 같은 단순한 성숙에 근거한 변화들은 학습으로 간주되지 않으며 또한 질병, 피로, 배고픔으로 인한 일시적 변화는 학습의 일반적인 정의로부터 제외된다. 이틀 동안 음식을 먹지 못한 사람은 배고픈 것을 학습한 것이 아니고 아픈 사람이 느리게 뛰는 것도 학습되지 않았다. 물론 학습은 우리가 배고픔이나 질병에 대해 어떻게 반응하는가에 부분적으로 관여한다.

학습에 대한 정의에 대해서는 학자나 학파에 따라 다양한 정의가 있지만 대체로 다음과 같은 공통성이 있다(이달석, 1997).

(1) 학습은 학습자 내부에서 일어나는 변화, 즉 정신상태에 있어서의 변화로 인간행동을 관찰함으로써 추론된다. 따라서 학습과 수행행동은 구분되며, 학습곡선은 수행지표의 변화를 그래프화한 것이다.

(2) 학습은 어떤 종류의 가시적인 행동이나 내면적인 행동(사고, 감정)이 새로 생겨났거나 그 방향이 좋건 나쁘건 간에 수행된 모든 행동의 변화를 총칭하며

교육은 좋은 방향의 변화만을 지칭한다.

(3) 학습한다는 것은 '가르치는 것을 배운다.' 즉, 가르치는 사람과 학습자의 관계뿐만 아니라 광범위한 의미를 가지고 있다. '자연을 학습한다.', '추우면 옷을 두껍게 입는 것을 학습한다.' 등은 가르치는 사람이 없어도 스스로 학습하기도 한다.

(4) 학습은 경험의 결과로 연령의 증가에 따라 학습의 용이성이 증가하는 것도 있으나 단지 성숙의 결과에만 기인한 것은 아닌 것을 말한다. 또한 학습은 영속적인 변화로서 약물, 피로, 생득적 반응 경향(젖을 빠는 동작 등) 등으로 인한 행동변화는 아니다.

(5) 학습은 적용과 전이가 가능하며 직접적인 경험의 결과만이 아니라 간접적 대리적 경험, 즉 타인의 행동을 관찰하거나 타인의 사상이나 이념을 읽고 들었을 때에도 학습이 이루어진다.

학습이란 이론적 관점에 따라 다르게 정의되기 때문에 일률적으로 정의 내리기 어렵지만 일반적으로 '경험이나 연습에 의한 비교적 지속적인 행동 혹은 행동적 잠재력의 변화'로 정의되고 있다. 학습의 의미를 추가하여 설명하면 다음과 같다(권대훈, 2006).

(1) 행동 혹은 행동잠재력의 변화

일차적으로 학습이란 행동이나 행동잠재력이 변화되는 과정이다 행동주의에 따르면 학습은 주로 환경요인에 의해 반응의 확률 혹은 반응형태가 변화되거나 자극과 반응 사이에 연합을 형성하는 과정이다. 그렇지만 행동의 변화가 학습의 전부는 아니다. 인지론에 따르면 지식, 사고방식, 신념을 획득하는 과정을 포함한다.

(2) 경험이나 연습

학습이란 경험이나 연습을 통해 일어나는 행동이나 행동잠재력의 변화를 지칭한다. 행동의 변화 원인은 선천적인 요인과 후천적인 요인으로 대별할 수 있다. 그런데 유전적인 요인에 의해 일어나는 선천적인 행동의 변화는 성숙이라고 하여 학습에 포함하지 않는다.

(3) 의도적 학습과 우연적 학습

학습은 학습자의 의도가 개입되는 의도적 학습과 의도하지 않은 경험으로 인해 일어나는 우연적 학습을 포함한다.

(4) 행동의 지속기간

학습이 이루어졌다는 것을 입증하자면 경험이나 연습을 통한 행동이나 행동잠재력의 변화가 상당 기간 동안 지속되어야 한다. 따라서 약물, 질병, 피로, 알코올과 같은 요인에 의해 유발되는 일시적인 행동의 변화는 학습의 범주에서 제외된다.

(5) 변화의 방향

원칙적으로 학습은 긍정적인 변화(바람직한 방향으로 행동이나 사고가 변화되는 것)와 부정적인 변화(바람직하지 않은 방향으로 행동이나 사고가 변화되는 것)를 모두 포함한다(단, 교육적인 의미에서 학습은 긍정적 변화를 의미한다).

(6) 학습과 수행

학습과 수행은 구분된다. 학습은 행동잠재력의 변화를 의미하고 수행은 행동잠재력을 직접 관찰할 수 있는 행동으로 나타내는 것을 뜻한다. 학습은 직접 관찰할 수 없고 수행의 변화로부터 추론할 수 있다. Skinner와 같은 극단적인 행동주의자들은 행동변화 자체가 곧 학습이므로 수행에 근거해서 학습을 추론

할 필요도 없다고 주장하지만 대부분의 학습이론은 학습을 자극과 행동을 매개하는 과정으로 간주한다.

교육학적 측면에서 학습을 정리하면 일정 학습 활동을 통하여 행동이 변화되는 과정이라 할 수 있다. 이렇게 행동이 변화되기 위해서는 그리고 효과적인 변화가 이루어지기 위해서는 학습의 순서가 매우 중요하다. 이를 그림으로 표현하면 다음과 같다.

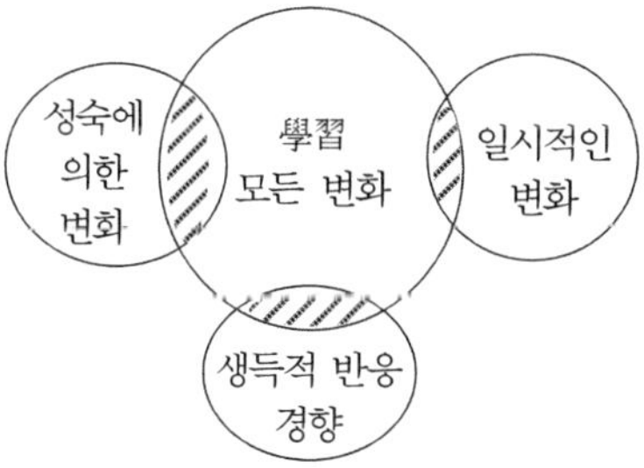

2) 전이의 개념

일정시간 내에 효과적으로 소기의 교육목표나 학습목표를 달성하기 위해서는 학습에 있어서 비약이 중요한 것이 아니라 앞의 학습과 관련한 연계 문제가 무엇보다 중요하다. 이러한 전후 학습관계를 전이라 칭할 수 있다. 즉, 전이는 앞에 이루어진 선행학습이 뒤에 오는 후행학습에 어떠한 영향을 미쳤느냐 하는 점이다.

전이란 학습이전에 이미 형성된 습관이 어떤 습관을 획득하거나 재학습하는데 영향을 미칠 때 나타나는 과정으로, 선행학습의 효과가 후속 학습에 영향을 미치는 현상을 말한다. 즉 어떤 과제의 수행이 다른 과제의 수행에 끼치는 전세직 효과이다. 즉 우리의 일상생활에서 과거에 얻어진 학습경험이 새롭게 배우려는 과제 학습에 크게 영향력을 행사하여 더욱 학습을 용이하게 하는 경우로써 하나를 배우면 열을 알 수 있는 능력이라고 할 수 있다. 그러나 이와 반대로 학습을 방해 또는 금지시키는 경우도 있음을 이해하여야 한다(김충기, 2001).

그러나 과거의 학습이 반드시 현재의 학습에 긍정적인 효과만을 갖는 것은 아니고 부정적인 효과도 상당히 갖는다고 할 수 있다. 이런 부정적인 전이는 두 가지가 있는데, 하나는 전진적 간섭에 의한 것이고 다른 하나는 후진적 간섭에 의한 것이다. 전진적 간섭이란 이전의 학습이 새로운 학습을 방해하는 것이고, 후진적 간섭은 새로운 학습이 이전의 학습을 지워버리는 것을 말한다(이용남 외, 1999).

2. 적극적 · 소극적 전이

수학을 잘하는 학습자는 공학을 하는데 이해가 빠르고 효과적인 학습이 이루어지는데 이를 정적 전이 또는 적극적 전이라 하고 수학을 배웠으나 영어를 하는데 도움이 되지 않으며 오히려 방해가 되었다고 생각할 때 부적 전이 또는 소극적 전이라 한다. 그리고 앞에 배운 학습이 뒤에 오는 학습에 하등의 영향이 없거나 정적, 부적 전이가 복합하여 결국 효과의 측면에서 영(zero)이었을 때를 영전이라 한다.

즉 하나의 학습이나 경험이 다른 학습을 수행하는데 학습을 촉진시켜 주며 쉽게 영향을 미치는 경우를 적극적 전이라 하고 하나의 학습활동이 뒤에 오는 학습활동을 하는데 있어서 방해하거나 금지, 또는 지체하게 하는 것을 소극적 전이라 한다.

3. 전이이론

긍정적 전이가 잘 이루어진다는 점은 학습에 흥미를 느끼거나 실패를 줄이는 역할을 할 수 있다. 따라서 어떻게 하는 것이 전이가 잘 이루어질까 하는 점이 매우 중요한데 이와 관련한 이론이 전이이론이다. 전이이론은 일반적으로 형식도야설, 동일요소설, 일반화설, 형태이조론 등으로 구분되어지는데 간단히 설명하면 다음과 같다(장대운, 1989).

1) 형식도야설

초기에 전이의 관심은 한 과목을 배우면 그 결과는 다른 과목에 어떤 형태로든 적극적으로 전이된다고 하는 형식도야이론(formal discipline theory)에 집중되었다.

형식도야설은 일반적으로 어려운 과목이나 내용을 배우게 되면 다른 과목들을 쉽게 할 수 있다고 믿고 있다. 이러한 어려운 몇 과목(형식이 다른 지식)을 통해 인간이 지닌 능력들을 잘 단련시켜 놓으면 장래에 도움이 된다고 믿는 것이다. 근육과 마찬가지로 인간의 정신도 훈련을 통해서 단련이 된다는 전이이론이다(김제한 외, 2015). 논어에 통달하면 훌륭한 암행어사가 될 수 있다고 믿는 것이나, 고대 라틴어의 학습은 당시의 개성을 존중하는 인격교육이 된다고 생각한 것은 이 형식도야이론이 전이의 이론으로 인정받는 부분이다. 이러한 형식도야설은 인간의 정신을 의지, 기억, 주의, 판단, 추리 등의 능력으로 이루어진 것이라고 보는 능력심리학(Faculty psychology)에 기초를 두고 있으며 일명 능력연마설이라고도 한다(김충기, 2001). 이 이론에서는 어떤 종류의 훈련은 광범위한 전이효과를 가져오며 결국 정신도야가 가능하므로 기하, 논리, 고전 등을 집중적으로 교육하기에 이르렀다.

2) 동일요소이론

Locke, J. 등이 주장한 형식도야이론은 20세기에 실험심리학의 발달로 비판을 받게 되었다. Thorndike와 Wooworth(1901)의 연구결과 전이는 광범위하게 전이되는 것이 아니라 과제, 목표, 방법, 접근법 등 한 영역의 훈련효과는 다른 훈련에 같은 요소를 갖는 만큼 전이된다고 하였다. 즉 같은 요소들끼리면 연합 연결현상이 전이된다는 동일요소이론(identical element theory)을 주장하게 되었다. 따라서 광범위한 전이이론이 동일요소로 보다 제한적인 것으로 해석하게 되었다. 전이가 일어나려면 자극이 유사하고 반응이 유사하며, 원리가 유사해야 가능하고 동일요소의 결합에서 일어난다는 원자론적 요소분석적 이론이다.

즉, 이미 배운 학습경험과 새롭게 배우는 학습경험 사이에 같은 요소가 있을 때 서로 연합 또는 연결현상이 일어나는 것을 말하며 특히 자극의 유사성, 원리의 유사성, 반응의 유사성이 있을 때 전이가 활발하다고 하였다.

3) 일반화 이론

동일요소, 동일구성 부분, 유사성에 의한 전이는 Judd, C. H.(1908) 등에 의해서 비판받고 일반적인 지식, 일반적인 원리를 알면 비슷한 학습이나 경험에 전이가 일어난다는, 즉 일반화 내용이 전이된다는 일반화 이론을 주장하였다. 하지만 학습의 전이에서 학습지도 방법과 학습방법이 절대적이라고 주장함으로써 학습재료의 중요성을 소홀히 하고 있다는 점이다.

4) 형태이조론

Gestalt학파에서 동일요소이론에 반대하고 자극의 전체적 구조의 유사도가 전이를 매개한다고 하는 형태이조이론을 주장하였다. 대표적인 학자는 Koffka이다. 그는 한 경험에서의 형태가 인지구조화하여 새로운 경험으로 인지구조화되고 그 구조가 유사할 때 전이가 통찰적으로 일어난다고 한다. 즉, 앞의 학습과 다음 학습 사이에 전이가 일어나는 학습상황에는 공통성이 존재하는데 그 공통성은 두 학습자료의 단편적인 요소가 아니라 형태 또는 그 자료 내의 관계성에 공통성이 있어야 한다는 것이고 기억된 내용보다는 이해된 내용이 보다 쉽게 전이된다고 한다(김충기, 2001). 이는 인지구조로서의 학습이론과 같은 맥락에서 전이이론이다.

4. 적극적 전이의 극대화 방법

학습에서 적극적 전이가 일어나도록 하는 학습과정은 학습자에게 많은 행동변화를 예측하게 한다. 여기에는 교수자의 적극적인 전이를 위한 학습방법이라든지, 교수-학습과정, 교수자의 전문적인 능력에 대한 방법을 모색한다던지 전이 효과를 추구하기 위한 꾸준한 노력이 있어야 한다. 전이를 극대화할 수 있고 학습에 적용할 수 있도록 여러 학자들의 연구결과를 종합적으로 조목화한 Blair, G. M.(1875)의 제언은 다음과 같다(장대운, 1989, 재인용).

(1) 교수학습 목표의 분명한 설정과 그것에 대한 행동적 용어로서의 진술은 효과적인 전이를 가져온다.

(2) 전이가 될 것이라는 학습자의 기대와 학습자료의 일반화 및 그것이 새로운 장면에 유용할 것이라는 태도의 유지 등은 전이를 유발한다.

(3) 선택적인 주의와 분명한 지각을 통하여 전이효과를 증대시킬 수 있다.

(4) 학습경험 중에서 단순히 경청하고, 읽고, 지켜보기보다는 읽고, 쓰는 따위의 외형적 반응으로 형태화했을 때 훨씬 전이효과가 크다.

(5) 추상적인 원리를 특수 과제에 적용하는 방법을 할 수 있을 때 전이가

용이하다.

(6) 선행학습이 충분히 그리고 잘 이루어졌을 때 전이가 크다.

(7) 단순한 예를 통하여 일반화하기보다는 개념, 원리, 방법을 다양화시켰을 때 전이효과가 크다.

(8) 학습의 원리, 법칙, 용법을 강조했을 때 전이가 커진다.

(9) 학습자료의 내용 속에 포함된 개개의 요소에 주의하면 전이가 커진다.

(10) 학습방법을 학습할 때 전이효과를 증대시킬 수 있다.

(11) 지식의 적용에 있어서 개인의 실패에 대해서 알게 하고 잘못의 원인을 토론하면 실패를 줄이고 전이를 크게 한다.

(12) 반응 강화에 의하여 확실하게 되는 것처럼 일반화된 반응, 문제해결, 창조적 활동 등은 강화되고 전이된다.

이 외에도 학습자의 능력이나 주의집중력, 자신이 경험했던 내용, 앞에 학습한 내용과 뒤에 학습한 내용 사이의 시간적 간격의 길이 등이 전이에 관계된다.

참고 문헌

권대훈(2006). 교육심리학의 이론과 실제. 서울: 학지사.

김제한, 권순달, 이현주(2015). 교육심리학. 경기: 양서원.

김충기(2001). 교육심리학. 서울: 동문사.

이달석(1997). 교육심리학. 서울: 학지사.

이용남, 강만철, 김계현, 방선옥, 송인섭, 이신동, 이재신, 최진승(1999). 신교육심리학. 서울: 학지사.

장대운(1989). 교육심리학. 서울: 동문사.

제12장

기억과 망각

1. 기억과 망각에 대한 이론적 접근
2. 기억의 형태
3. 장기기억의 증가법
4. 기억을 방해하는 요인
5. 망각이론

1. 기억과 망각에 대한 이론적 접근

우리는 어떤 학습을 할 때 기억을 잘해서 시험을 잘 보았으면 하는 바램을 갖는 경우가 많다. 그만큼 학습이나 생활에 있어서 기억은 중요한 부분이다. 물론 잊어야 하는 부분들이 계속 기억됨으로써 겪는 괴로움을 생각한다면 적절한 망각은 삶을 살아가는데 있어서 또한 중요하다고 할 수 있다.

그렇다면 기억이란 어떻게 정의 내릴 것인가? 우리가 기억한다는 것은 바깥에서 주어진 정보를 받아들이고(부호화) 이를 저장하며, 필요할 때 끄집어 내는(인출) 과정을 말한다. 즉 기명(이름을 새기는 것)하고 파지(붙드는 것)하며, 재생하고 재인하는 기억의 4과정이다. 즉 기억은 외부의 어떤 학습이나 경험에 대하여 그 결과를 유지하고 있는 것을 말한다. 망각은 바로 이러한 유지 상태가 느슨해진 것을 말한다.

이와 관련한 이론을 동기화 및 형태이론적 측면에서 접근한다(김용래, 1985).

1) 동기화 및 형태이론의 접근

망각에 대한 동기화 이론의 접근을 보면 자료를 학습하고 그 자료를 기억하려고 하는 개인의 동기화에 관심을 두고 있다. 개인은 그 자신에게 보다 유의미한 자료를 더욱 잘 기억하게 된다는 것이다. 동기화 이론의 접근은 역시 어떤 완성된 과제보다도 미완성과제를 더욱 쉽게 재생할 수 있다. 이 같은 현상은 'Zeitgarnik 효과'라고 부르는 것으로서, 개인은 이미 마쳤다고 하는 이유 때문에 완성된 과제를 기억하고자 하는 동기화가 약화된다고 하는 것이 동기화 이론가들의 하나의 가정이다(Zeitgarnik, 1976). 그러나 개인이 만일 지금까지 완성하지 못한 어떤 과제에 열중하고 있다면 그 과제를 완성하기 위해서 그 과제에 대한 기억코자 하는 동기화는 잔존하고 있다고 봐야 하며, 여기에는 그와 같은 동기화가 개개인에 있어서는 정도의 차이가 있음을 전제로 한다.

동기화 이론에서 망각에 대한 매우 의의있는 설명으로 볼 수 있는 것은 억압된 욕망에 관한 심리적 매카니즘이다. Freud에 따르면 개인은 의식을 통해서 고통스러운 경험을 하게 되고, 지속적인 자아의 상태에서 고통스러운 경험과 관련된 학습은 억압을 받게 된다. 이와 같은 접근에 따르면 교실에서 배운 내용을 어떤 학생이 거의 기억하지 못하는 것은 그 학생이 심한 불안과 공포를 가지고 있기 때문이라는 점이다,

다시 말하면 그 학생은 경험과 학습한 내용에 대해서 기억하는 것을 억제하기 때문일 것이다. 따라서 교사는 교실을 공포나 불안이 없는 공간으로 만들어 주고 학생들의 기존 불안을 감소시킬 수 있는 분위기를 조성하는 것은 억압과 욕망으로 인한 학습내용의 망각을 방지할 수 있음을 이해해야 할 것이다.

형태이론의 접근을 보면 이미 학습이론에서 살핀 바와 같이 형태이론에는 조직의 법칙이 있다. 형태심리학자들의 견해에 따르면 기억하게 하는 주요 결정 요인은 무엇보다 형상과 배경의 명확한 대조를 이루게 하는 것이 좋은 조직이라고 보고 있다. 이점은 학습 상황에서 좋지 못하게 조직된 학습내용이나 자료는 잘 조직된 것보다 빨리 쇠퇴현상을 가질 것이라는 점이다.

학습효과 면에서 볼 때 사실상 학생들에게 제시된 학습자료가 근본적으로 좋지 못하게 조직되었다면 학생들이 학습된 내용을 기억하는 것을 약화시키는 결과가 초래될 것이라고 하는 것은 재론의 여지가 없다.

2. 기억의 형태

1) 감각기억

우리는 오관(五官)을 통하여 각종 정보를 받아들이게 되는데 이러한 정보들은

감각 양상을 통해서 우리에게 전달된다. 이러한 물리적인 자극들이 감각으로 들어오는 특징들을 그대로 짧은 시간 동안 보존해 두는 것이 감각기억이다. 여기에 저장된 정보들은 곧 없어지거나 다음 단계로 넘어가므로 여과 장치에 비유할 수 있다. 더 처리되는 정보는 감각적인 특징에서부터 그 정보를 해석하여 의미를 찾아내는 형태재인 단계를 거쳐 단기기억으로 들어가는데 이를 1차적 기억이라고 한다(Waugh, N. C. & Norman, D. A., 1965).

나머지 많은 양의 정보는 대부분 1초 이내의 짧은 시간 동안 사라져 버린다. 감각기억에 정보가 머무르는 시간을 시각적 감각기억인 경우에 1초 이내이고 청각적 감각기억인 경우에는 좀 더 오래 지속되는 것으로 보이지만 아직 정확한 시간에 대해서는 알려진 바가 없다(김동기 외, 1995).

일반적으로 감각기억은 시각이나 청각 정보의 부호화에 의하여 이루어진다. 감각기억은 자극에 대한 즉각적인 감각 재인에 불과하다. 사전 지식 없이 어떠한 숫자를 기억하지 못할 것이다. 그러나 읽기를 중단하고 즉각 '읽었던 것 중 마지막 숫자가 무엇인지' 묻는다면 십중팔구 정확하게 대답할 것이다. 사실상 각각의 숫자는 매우 짧은 시간 동안 감각기억에 저장되지만 1초도 안 되는 시간 안에 주의를 끌지 못하거나 처리되지 않는다면 그것은 더 이상 이용할 수가 없을 것이다. 이러한 감각기억은 그 상이 완전한 상태로 지속되는 것이 아니라 단기기억으로 들어갈 수 있는 새로운 정보로 변형된다. 단기기억은 반복되어 암송되지 않으면 20초가 지나기 전에 소멸된다(김정휘 외, 2002).

왁자지껄한 음식점에서 옆 좌석의 이야기를 듣지만 이를 반복하여 암송하지 않으면 얼마 지나지 않아 무슨 말을 했는지 기억해내기 어렵다. 이는 청각을 통하여 받아들인 정보가 머무르는 시간이 극히 짧음을 의미하며 감각기억에 의함이기 때문이다.

2) 단기기억

약 20~30초 정도 감각경로를 통하여 들어온 정보가 의식화된 흔적으로 남게 된 기억을 단기기억이라 한다. 단기기억이 필요할 때도 있지만 우리는 이러한 단기기억으로부터 벗어나기 위하여 암송한다든지, 실제 반복적인 시연을 하기도 한다. 우리가 단기기억으로 이루어진 기억을 장기기억으로 연결시키지 않으면 그 흔적이 의식화 되지 못하기 때문에 망각현상이 일어나게 된다. 이러한 단기기억은 장기기억으로 갈 수 있는 한 과정이라 볼 수 있기 때문에 단기기억에도 충실해야 한다. 한 예로 벼락치기 행태로 시험공부하고서는 지속적인 장기기억을 위한 노력을 하지 않으면 망각하게 되는데 이와 같은 예가 단기기억이라 할 수 있다.

3) 장기기억

장기기억에 대한 정리를 하면 다음과 같다(임승권, 1998). 오관(五官)을 통하여 유입된 감각기억과 단기기억을 장기적으로 기억할 때 장기기억이라 한다. 이렇게 장기기억화되면 장기간 혹은 일생 동안 그 정보를 저장하게 된다. 그러나 단기기억으로부터의 모든 정보가 장기기억으로 이관되는 것은 아니다. 따라서 우리가 흔히 기억이라고 말하는 것은 이 장기기억을 말하며 기억이 잘 안나는 것은 장기기억화되지 못했음을 의미한다.

장기기억에 있어서 정보가 어떻게 조직화되어 저장되는가를 설명할 때 그것을 의미적 기억과 삽화적 기억으로 구분하여 설명하고 있다. 의미적 기억에 저장되어 있는 것은 아주 평범한 것에서부터 특수한 것까지 논리적으로 그 분류층이 잘 짜여져 있어 망각이 잘 일어나지 않는 것으로 밝혀지고 있다. 삽화적 기억은 특정한 곳에서의 특정사건에 대한 정보로서 논리적 분류층의 조직화가 잘 이루어지지 않는 것이어서 망각이 잘 이루어지게 되는 것이다. 때문에 단기기억을 어떻게 잘 조직화하여 장기기억으로 저장하느냐가 기억을 좌우한다고 할 수 있다.

하지만 최근에는 기억과정에 정서가 중요한 역할을 하고 있는 것으로 알려지고 있다. 우리는 돌발적인 사건을 당하여 정서적으로 충격을 받아 아무것도, 심지어는 이름조차도 회상할 수 없는 경우가 있다는 사실을 경험했거나 들은 적이 있을 것이다. 때로는 극심한 불안 상태에서 모든 것이 회상이 잘 이루어지지 않은 것을 직접 경험하기도 하였다. 이는 정서가 기억에 영향을 미치고 있음을 말하고 있는 것으로 특히 불안의 영향이 큰 것으로 R. Brown과 J. Kulik(1977)은 밝히고 있다. 따라서 학습은 할수록 잘 이루어질 수 있는 것이지만 불안은 적을수록 학습이나 기억이 촉진될 수 있다고 하였다.

3. 장기기억의 증진법

장기기억은 의미가 있는 부호화가 이루어져 기억된다. 주의의 기능이 강한 학습은 장기기억과 관련이 있다. 따라서 의미적 수준에서의 정보처리는 장기기억에 도움이 되므로 학습에 있어서 의미성을 부여하는 일은 매우 중요하다. 이러한 장기기억은 2차적 기억이다(Waugh, N. C. & Norman, D. A., 1965).

우리 삶에 있어서 학습된 내용을 잘 기억하고 이를 생활에서 얼마나 잘 재현하여 활용하느냐 하는 것은 매우 중요한 일이다. 정보처리 입장에서 설명하면 우선 감각으로 유입한 정보가 감각기억화되고, 단기기억화되었다가 또다시 장기기억화되는 과정에는 여러 가지 요인이 작용하여 장기기억의 질을 결정하게 된다.

장기기억을 증진하기 위한 방법으로는 다음과 같은 방법들이 있다(임채식 외, 2010).

1) 주의력

우리는 흔히 주어지는 자극에 대해 그 크기, 색, 명암, 형태와 같은 자극의 속성에 유의하여 기억힌다. 이와 같이 누가 얼마만큼 주의를 집중하고 그 자극의 속성을 관찰했느냐가 장기기억에 도움을 준다.

2) 의미화

라면 이름이 '라또마니', '너구리'라든가, 산란계 이름이 '마니나'라든가, 육계의 이름이 '마니커'라든가 하는 것은 글자와 관련하여 어떤 의미를 갖도록 한 것으로서 기억하는 주체가 얼마나 의미화하느냐에 따라 기억을 질을 결정한다.

3) 기술화

'Ice'라는 영어의 단어를 기억할 때 'c'만 기억하고 그 앞에는 'I' 뒤에는 'e'가 온다고 기억한다거나, '683386'이라는 숫자를 기억함에 있어서 '683'만 기억하고 그 뒤는 그 숫자의 역순임을 기억한다거나 하는 것은 기술적인 것, 혹은 어떤 요령을 통한 기억 방법인 것이다.

4) 정보의 요약, 조직화

조선시대 역대 임금의 순위를 기억함에 있어서 태조, 정종, 태종, 세종…… 순으로 기억하는 것이 아니라 태정태세문단세…… 등으로 요약한다거나 루트(√)등으로 요약한다거나 루트(√)값을 기억할 때 '$\sqrt{2}$ = 1.41421, $\sqrt{3}$ = 1.73205, $\sqrt{5}$ = 2.236……'을 하네하네이일을 한칠삼이영오가 두리세여…… 등으로 요약하여 기억하는 따위의 방법이다.

5) 언어나 신체적 활동

주판셈을 잘하는 사람의 암산 식을 보면 계속 숫자를 작은 소리로 부르거나 주판이 주어지지 않았음에도 주판알을 튕기듯 손가락을 움직이는 모습을 볼 수 있으며, 또 어떤 경우에는 기명할 때나 재생할 때 책상을 두드린다거나 혹은 발바닥으로 땅을 치는 따위와 같이 언어, 또는 특수한 행동을 기억과 관련시키는 것을 말한다.

6) 심상 및 Loci법

Loci란 라틴어의 장소란 말로서 이 기법은 기원전 이미 희랍이나 로마에서 사용된 것으로 알려져 있으며 이는 기억할 정보를 자기가 살고 있는 거리나 장소 또는 특정의 대상 및 그 특성과 관련시켜 기명하고 재생하는 방법이다. 즉, 시험공부를 한 책상에서 시험을 볼 경우는 그렇지 않는 것에 비하여 기억의 재생이 용이한 경우를 말한다. 이러한 것들은 대체로 주어진 정보를 체계적으로 기호화하는 요령이 되는 것이나, 기억주체의 특성이나 정보의 내용에 따라서 달라질 수도 있고, 그 수준에 따라서 장기기억화의 정도가 결정되기도 한다. 분명한 점은 암기 혹은 기계적 기억보다는 기억내용을 기호화한다거나 의미화하여 기억하는 것이 장기기억화에 효과를 기대할 수 있다.

4. 기억을 방해하는 요인

학습 효과적 측면에서 기억을 강화하는 것은 매우 중요하지만 이러한 기억의 강화를 방해하는 요인이 있다. 이를 살펴보면 다음과 같다(임채식 외, 2013, 재인용).

1) 전기경련(電氣痙攣) 쇼크

전기경련 쇼크에 의한 역향건망증을 조직적으로 연구한 J. Jubin, S. E. Barrera에 의하면 10명의 환자에게 일정한 학습을 시킨 후 전기경련 쇼크를 가하여 학습법 내용에 대한 파지 현상을 조사하였더니 전기경련 쇼크가 파지를 저해했다. 그리고 파지 저해 효과는 전기경련 쇼크가 원래 학습에 시간적으로 가까이 접근할수록 크다고 하는 것을 발견할 수 있었다.

그러나 G. A. Miller나 E. E. Coons의 연구는 전기경련 쇼크의 벌로서의 효과를 강조하여 전기경련 쇼크는 기억을 고정시키는 과정을 저해하는 것이 아니고, 공포나 갈등을 일으켜 그것에 의한 해당 행동을 억제하는 것이라고 보았나.

2) 경련유발제

학습완성 후에 인슈린을 투여하면 경련을 일으켜 파지가 현저히 저해된다는 것이 인정되었다. 또 학습 시행 후 4일이 지난 뒤 인슈린을 투여하였더니 기억에 장애가 인정된다는 점을 C. A. Pearlaman(1961)의 실험 결과에서도 인정하고 있다.

3) 산소결핍

산소결핍이 되도록 하여 역향성의 학습저해 효과를 측정하였더니 역시 그 저해 효과가 크다고 한다. R. Thompson(1953)과 R. S. Pryer(1956)도 박쥐에게 변별학습을 완성시킨 후 박쥐를 감압실에 집어넣고 산소결핍을 일으켰더니 마찬가지로 학습 저해가 일어났다고 보고하였다.

4) 온도

금붕어를 회피학습 완성 후 15분 이내에 가열마취(heat narcosis)를 시키면 파지가 현저히 저해되지만 1시간 이상 지난 뒤 이와 같은 조치를 다시 취하면 효과가 없다고 한다. 냉각의 효과에 대하여 F. N. Sudak와 W. B. Essman의 연구에 의하면 박쥐를 회피학습 후 11분 이내에 체온을 25℃까지 하강시켰더니 기억의 상실이 현저하였지만 학습 후 1시간 이상 경과 후 냉각시킨 경우에는 효과가 거의 없었다. 그러나 뇌의 전기적 활동력(뇌파)에는 온도의 변화가 영향을 준다고 하는 것만은 부인할 수 없다.

5) 마취

마취약의 효과에 관하여는 학습시행 후 각종 마취약을 투여하여 그 효과를 조사 연구하였는데 마취약이 파지를 저해하고 그 저해 효과는 훈련시행에 시간적인 접근이 가까울수록 큰 것이라고 하는 결론이 나왔다 특히 마취약은 기억이 고정되기 전에 투여하면 고정의 과정을 억제하는 것이 현저하다.

6) 일산화탄소

학습 후 탄산가스를 들여 마시게 하였는데 역향성 건망증을 볼 수 있었으며 학습 후 30분을 경과하여도 그 효과가 인정되었지만, R. I. Taber(1965), 그리고 R. M. Paolino(1966)의 쥐의 실험으로서는 4분까지만 효과가 있고 학습한 후 4분 후에 들이 마시는 것은 별로 효과가 없었다고 말하고 있다. 그러나 기억에 영향을 준다고 하는 사실을 부인하기는 어렵다.

7) 뇌에 직접적인 자극

1962년 H. Mahut(1962, 1964)의 연구에 의하면 학습 후에 뇌에 대하여 직접

자극을 가하면 기억에 영향을 준다고 보고하고 있다. 쥐의 시상비특수핵(視床非特殊核)에 전기적인 자극을 가하였더니 확실히 영향을 준다고 했다. 특히 최근 D. J. Albert(1966)에 의하면 음성 분극 전류의 통전은 기억의 고정이 저해되고, 양성 분극 전류의 통전은 고정이 촉진을 한다고 보았다.

8) 환경의 복잡성

환경의 복잡성은 기억 고정이나 파지에 저해적인 영향을 준다. 특히 아동에게 복잡한 환경요인은 학습에 좋지 않은 영향을 준다. 어떤 사실의 기억고정은 단순화된 대로의 파지인데 복잡화된 사건들은 단순화된 현상들을 헝클어 뜨리고 만다. M. R. Rosenzweig(1960)의 쥐에 대한 실험과 E. L. Bennett(1964)의 쥐에 대한 실험이 이를 잘 입증하고 있다.

5. 망각이론

1) 망각의 의미

망각이란 기명된 신경계의 흔적이 일정기간 지속되지 못하고 변용, 소실되는 현상을 말한다. 즉, 일단 기억한 학습이 시간의 경과, 사용하지 않음 등의 원인으로 인해 약화되고 드디어 소멸되어 다시 재생되지 않는 현상을 말한다. 망각은 기억흔적이 현재의 경험과 결합되지 않아 기억해 낼 수 없는 상태라 할 수 있으며, 장기기억화된 내용을 다시 의식화하지 못하는 현상을 말한다(김충기, 2001).

2) 망각 곡선

기억과 관련된 주요 관심사의 하나가 기억한 내용을 재생하지 못하는 망각의 문제이다. 즉, 장기기억화된 학습내용을 다시 재생하지 못하는 현상인 망각 현상이 있으며 또 시간이 경과함에 따라 그 망각량이 증가한다는 사실을 모두가 경험적으로 인정하는 바이다. 1885년 H. Ebbinghaus는 무의미 철자의 학습을 통하여 시간 경과에 따른 망각률을 밝혀 유명한 망각곡선을 제시한 바 있다. 망각률과 망각곡선은 〈표 12-1〉, [그림 12-1]과 같다.

표 12-1 망각률

경과시간	파지율	망각률
0.33	58.2	41.8
1	44.2	55.8
8	35.8	64.2
24	33.7	64.2
48	27.8	72.2
6×24	25.4	74.6
31×24	21.1	78.9

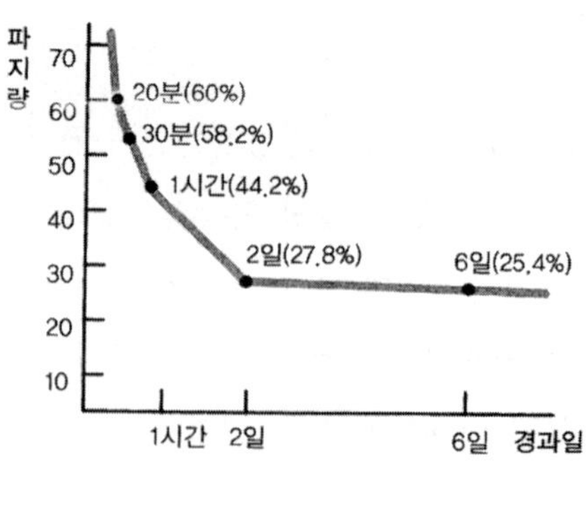

[그림 12-1] 망각곡선

3) 망각이론

(1) 기억흔적 쇠잔 이론

망각의 문제를 설명하는 이론의 하나가 기억흔적 쇠잔이론 (memorytrace-decay theory)이다. 일명 소멸설이라고도 한다. 이에 의하면 학습내용이나 정보는 뇌 속에 기억흔적으로 남는 것으로 설명되는데 그것을 사용하지 않으면 않을수록 기억흔적은 점차로 쇠잔되거나 소멸된다는 것이다. 즉, 소멸설(decay theory)이란 우리가 어떤 사실을 학습하고 그것을 기억하여 장기기억화시키면 우리의 대뇌 피질부 속의 기억 중추에 기억흔적으로 남게 되지만, 계속해서 사용하지 않으면 시간의 경과에 따라 기억흔적이 점차로 소멸된다는 것이다. 따라서 정보의 계속적인 사용, 암송, 반복학습을 통하여 기억흔적이 쇠잔된 것으로 간주된 이후에 최면상태나 무의식적 과정에서 기억내용이 나타나기도 하는데 이러한 현상에 대하여는 기억흔적 쇠잔이론으로 설명할 수 없다.

(2) 간섭이론

간섭이론(intervention theory) 혹은 간섭설이라는 것이 있는데 이에 의하면 일단 학습된 내용이나 기억된 정보는 또 다른 학습이나 정보에 의하여 간섭받지 않는 한 그대로 기억으로 잔존하게 되지만 만약 다른 학습, 정보에 의하여 심히 간섭을 받게 되는 경우에는 학습된 내용이나 기억된 정보에 혼란이 일어나거나 망각이 발생하는 것으로 설명한다. 즉, 새로운 것을 학습하거나 일상생활에서 경험되는 새로운 정보들이 유입됨으로 인해서 기억된 정보의 파지, 재생에 장애가 일어나거나 망각현상이 발생하는 것으로 설명하고 있다.

이와 같이 간섭설(interference theory)은 새로운 학습과 기억에 의해 이전의 학습과 기억이 간섭을 받거나, 반대로 이전의 학습과 기억에 의해 새로운 학습과 기억이 간섭을 받게 되므로 망각이 발생한다는 것이다. 특히 이러한 이론을 주창하는 학자들은 선행학습 내용이 후행학습 내용에 의하여 방해를 받는 경우를 역행제재(retrograde inhibition)라 하고, 선행학습 내용에 의하여 후행학습이 방해를 받는 경우를 순행제재(proactive inhibition)라 하고 있다. 그러나 이 이론으로도 설명되지 않는 현상이 있는데, 어떤 내용을 학습한 후 다른 학습을 전혀 하지 않고 잠만 자고 일어났음에도 불구하고 망각현상이 일어나는 상태에 대하여 간섭이론은 명확하게 설명하지 못한다.

그런가 하면 정서적 요인도 망각에 작용하는 것으로 설명하기도 한다. 즉 S. Freud의 지적에 의하면 인간은 의식화하기 곤란한 문제, 사회적으로 금기된 사항, 또는 충격적인 경험, 의식화함으로써 불안이 야기되는 기억들은 무의식적으로 억압시키기 때문에 망각현상이 발생한다고 하였다. 사실 우리의 경험내용이나 정보가 정서적으로 유쾌한 것은 흔히 잘 기억되고, 부정적 경험이나 불유쾌한 정보 따위는 쉽게 망각되는 경향이 있음이 인정되기도 하여 정서적으로 혼란되었거나 심한 긴장 혹은 당황한 상태에서는 기억된 정보의 재생이나 인출은 지장을 받기도 하기 때문에 망각만이 아니라 장기기억의 인출에 정서적 문제가 깊이 게재되어 있는 것이 확실하다.

이러한 사실에서 보면 망각현상은 기억흔적의 쇠잔과 간섭이라는 두 가지 요인에 더하여 정서적 요인이 관련되어 있음을 알 수 있다.

(3) 기억 저장설

기억저장설(memory storage theory)이란 학습한 내용이 오래도록 기억되기 위해서는 단기기억 상태에서 계속적인 반복연습(rehearsal)을 통해 단기기억을 장기기억으로 저장시켜야 하는데, 충분히 반복연습하지 않음으로써 장기기억으로 저장되지 못했으므로 쉽게 망각된다는 것이다.

4) 망각의 방지

우리가 학습한 내용은 학습 직후부터 장기기억이 이루어지기 전에 이미 망각현상이 나타나고, 망각에 대비한 어떤 노력이 없는 한 얼마 지나지 않아서 학습한 것의 대부분을 재생해 내지 못하게 된다는 것을 알았다. 물론 그것은 자연적이고 불가피한 현상이기는 하지만 학교학습에서는 망각을 방지하고 보다 장기기억화할 수 있는 노력이 필요한 것이다. 여기에 기억이론이나 망각이론에 기초하여 Biehler(1978)가 학교학습과 관련하여 망각을 방지하기 위하여 제안한 것을 소개하기로 한다.

첫째, 암송과 반복 사용이다.

물론 학습을 완전히 해야 하는 것이기는 하지만 그렇더라도 기억흔적은 서서히 쇠잔되는 것이므로 강요에 의한 정서적 문제를 야기시키지 않으면서 여러 가지 방법으로 반복시킨다.

둘째, 의미성의 강조 및 변별학습의 조장이다.

암기 학습 방법이나 생각없이 하는 빈복 암송을 배제하여 간섭현상으로 인한 혼란을 줄이는 방안으로서 의미가 내포되도록 학습시킨다.

셋째, 즐겁고 유쾌한 학습장면의 설정이다.

억압현상이 나타나지 않도록 가능한 한 학교 생활이나 학습장면을 즐겁고 유쾌하게 만드는 일이다.

넷째, 간섭의 최소화이다.

학습간의 간섭을 최소화하기 위하여 충분히 학습되도록 하며, 적절한 학습기간을 설정하여 교과의 특성에 따라 전습법이나 분습법을 사용한다.

다섯째, 요점에 주의를 기울이도록 한다.

칠판이나 노드, 책에 색깔 있는 분필이나 볼펜 등으로 중요한 부분만을 적는다거나 대문사로 쓰고 밑줄을 긋는 것처럼 크기, 색깔 또는 고유성이 나타나도록 하거나 구두로라도 강조하여 학습자들로 하여금 그 내용에 주의를 갖게 한다.

여섯째, 학습내용이나 정보를 기초화하거나 상기하도록 한다.

학습내용의 의미를 강조하면서 이미 학습된 것과 계속 관련시켜 나아가면서 기명하는 방식을 제시하고 계속 상기시키도록 한다.

일곱째, 학습내용의 구조, 형태, 체제에 계속 주의를 일으키도록 한다.

참고 문헌

김동기, 노명래, 박정욱, 송인섭, 신기명, 심응철, 오세진, 윤영화, 이승복, 이양, 홍준표(1995). 심리학 개론. 서울: 양서원.

김용래(1985). 교육심리학. 서울: 세광출판사.

김정휘, 주영숙, 하종덕(2002). 교육심리학 입문. 서울: 원미사.

김충기(2001). 교육심리학. 서울: 동문사.

임승권(1998). 교육심리학적 이해. 서울: 학지사.

임채식, 임창재, 김의석, 신현욱, 정석환, 김영일(2010). 실기교육방법론. 경기: 양서원.

Biehler, R. F., & Snowman, J.(1993). *Psychology applied to teaching.* Houghton Mifflin Co.

Gibson, J. T.(1976). Psychology for the classroom. New Jersey: Prentice-Hall Inc.

Waugh, N. C. & Norman. D. A.(1965). *Prymary memory. Psychological Review. 72.* 89~104.

제13장

연습곡선과 연습방법

1. 연습의 의의

연습은 목적을 달성시키기 위하여 작업을 반복적으로 되풀이하거나 숙달시키는 과정과 그 효과를 포함하는 전체적인 과정을 말한다. 하지만 특별한 목적이나 효과를 따지지 않고 반복하는 것도 연습인데 이는 동물이나 유아의 학습에서 볼 수 있다.

이러한 연습은 학습효과를 높이기 위해서 하는데 이러한 연습을 통하여 학습자는 질적 · 양적으로 진보하고 정신기능도 예민하고 정밀해진다. 결국 연습이 많다는 의미는 학습 내용에 대하여 각인이 정확해져 행동변화의 요인으로 정착함을 의미한다. 하지만 연습에도 학습의 진보에는 변화와 한계가 있다. 즉 아무리 연습해도 진전이 없는 경우가 있다. 이를 생리적 한계라고 한다. 연습은 상대적인 것으로 연습에 따라 학습과 작업성적의 진보 · 발전은 일반적으로 학습자의 능력, 동기, 체질과 작업의 성질, 곤란도, 교양, 장소 및 상황 등에 따라 다르다(김충기, 2001).

2. 연습곡선

교육이 인간행동의 변화라는 측면에서 연습은 중요한 교육적 방법이다. 이러한 연습은 강화를 받을 때 효율적이다.

연습에 의해서 학습이나 작업이 어떻게 달라지는가를 알기 위해서 학습결과를 세로축으로 하고 학습 횟수를 가로축으로 하여 연습에 의한 양적 변화, 즉 학습이나 작업의 진보 과정을 그림으로 표시한 것을 연습곡선이라 한다. 또한 학습이나 작업의 효과를 나타내는 것이라고 하여 학습곡선 또는 작업곡선(Learning curve or Work curve)이라고도 한다. 일반적으로 연습의 결과를 측정하는 준거는 다음과 같다(김제한 외, 2015).

- 일정한 시간 내에 할 수 있는 작업량의 증가(작업량)
- 일정한 작업량을 달성할 수 있는 시간의 감소(속도성)
- 학습결과에 대한 정오비율에 있어서 착오수의 감소(정확성)
- 학습결과의 목표에 대한 성공과 실패의 비율(확률)
- 작업결과의 우수성(작품의 우열 비교)

연습의 진보나 향상은 여러 가지 조건의 차이로 달라지기 때문에 연습곡선도 다음과 같이 다양하다. 이러한 연습곡선의 형태를 살펴보면 다음과 같다(김충기, 2001).

1) 직선형 연습곡선

가속도 곡선이라고도 하며 [그림 13-1]의 A와 같은 곡선으로 시행 상호간의 진보비율이 동일한 경우를 말한다. 그림 A는 일정 단위시간 내의 작업량을 척도로 하였을 경우이고, B의 경우는 일정 단위작업을 수행하는데 소요되는 시간을 척도로 하였을 경우이다.

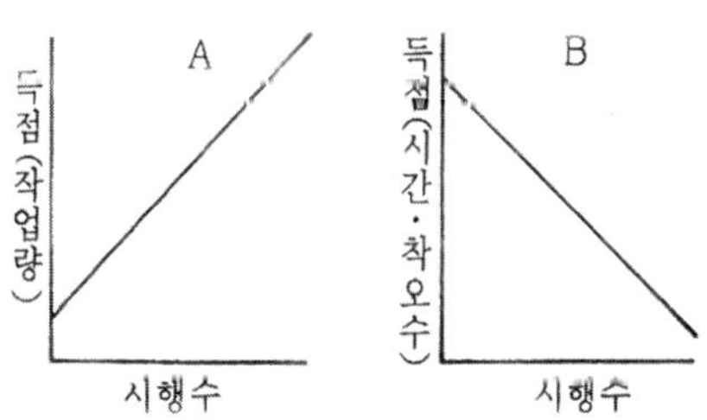

[그림 13-1] 직선형 연습곡선

2) 소극적 가속도 곡선

이 곡선은 [그림 13-2]에서와 같이 학습 초기에는 급속한 진보를 보이나 연습의 계속과정에서 진보가 느리게 나타나는 것으로 운동학습에서 많이 볼 수 있다. 예를 들면 영어학습에서 찾아 볼 수 있다.

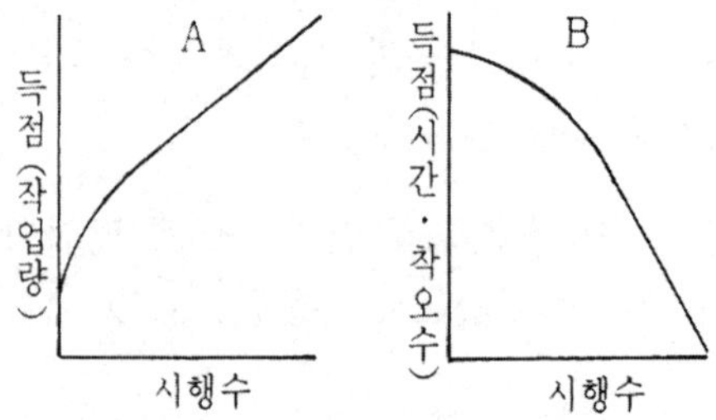

[그림 13-2] 소극적 가속도 곡선

3) 적극적 가속도 곡선

이 곡선은 [그림 13-3]에서 보는 바와 같이 학습 초기에는 진보가 느리지만 학습을 계속함에 따라서 급속한 진보를 보인다. 이것은 작업의 곤란도에 비하여 학습능력은 비교적 적으나 노력의 의지가 왕성한 경우이다. 예를 들면 독일어 학습이나 수학학습에서 찾아볼 수 있다.

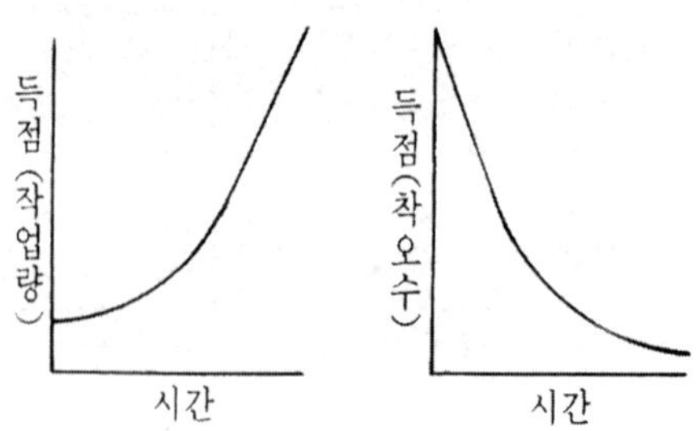

[그림 13-3] 적극적 가속도 곡선

4) 적극적 · 소극적 가속도 곡선

적극적 가속도 곡선과 소극적 가속도 곡선을 합한 이른바 S-형 곡선으로 [그림 13-4]에서 보는 바와 같이 학습 초기에는 적극적 가속도로 진보하나 그 계속 과정에서 소극적 가속도로 진보하는 경우다. 이 유형의 곡선은 학습자료가 비교적 어려울 때 또는 학습자가 어릴 경우에 나타난다. 일부 심리학자들은 이 S-형 곡선을 연습의 기본곡선이라고 한다.

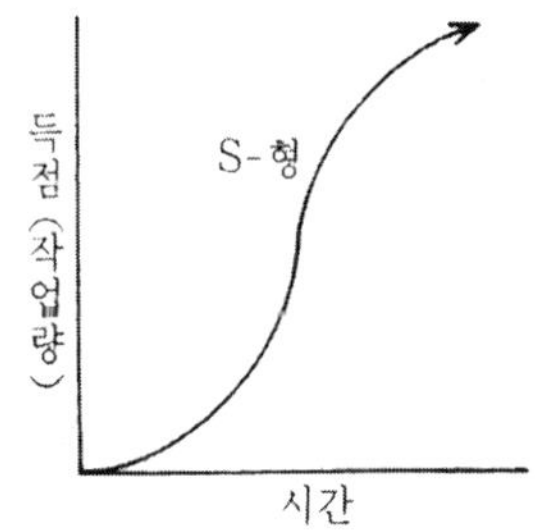

[그림 13-4] 적극적 · 소극적 가속도 곡선

5) 학습의 고원(高原)현상

[그림 13-5]와 같이 학습이 진행하는 도중 학습곡선이 적극적 가속도 곡선에서 소극적 가속도 곡선으로 바뀌어지는 중간에 계속적인 연습에도 불구하고 학습능률이 더 이상 오르지 않고 제자리걸음을 하는 기간을 가지게 한다. 이러한 상태를 학습의 고원(plateau)현상이라고 한다.

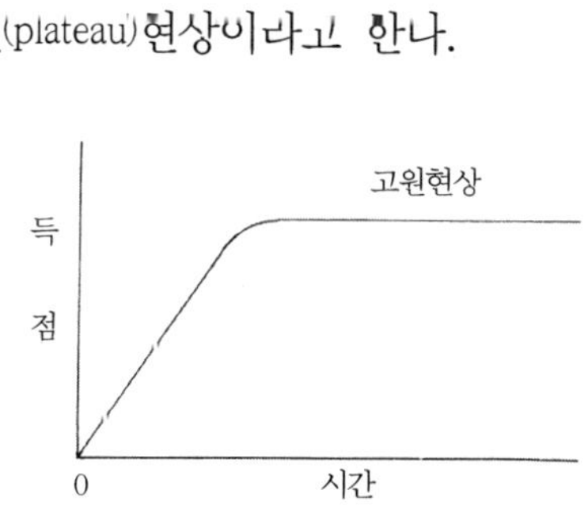

[그림 13-5] 학습의 고원현상

고원현상이 발생하는 이유는 다음과 같다.

(1) 학습과제에 대한 실망과 흥미의 상실

(2) 학습과제의 곤란도 증가

(3) 나쁜 습관의 고집 또는 형성

(4) 주의의 이동

(5) 과제의 일부분에 신경을 집중한 경우

(6) 적합한 학습방법 채택의 실패

학습자는 이 단계에서 정체하여 연습을 포기할 수도 있다. 이 사실은 학습지도에서 학습자의 형편에 따라 과제곤란도, 시간길이, 분량 등이 조정되어야 함을 나타낸다.

연습을 효과적으로 지도하려면 다음과 같은 일반적인 원리를 참고하여야 한다.

(1) 학습자가 연습에 대한 필요를 느끼게 한다(동기유발).

(2) 연습의 의미와 효과를 이해시킨다(연습목표 확인).

(3) 자율적으로 노력할 마음의 자세를 갖도록 연습시킨다(자율적 학습, 자기 주도적 학습).

(4) 한 번에 오랫동안 연습을 시키지 말고 적당히 시간을 나누어서 연습시킨다(흥미의 지속도 확인).

(5) 학습자를 잘 분석해서 전습법 · 분습법을 적절히 이용하여야 한다(학습방법 확인).

(6) 개인차에 맞는 연습법을 택한다(능력별 연습).

(7) 진보된 상황을 학습자에게 과학적으로 평가시킨다(합리적 평가방법 제시).

3. 연습방법

연습횟수가 많다는 것은 파지 능력을 강화하여 학습효과를 높일 수 있다는 의미이다. 기능적인 학습에 있어서도 연습의 횟수가 많으면 숙달될 수 있으며, 이로 인한 작업 능률도 향상시킬 수 있다. 이러한 연습방법에는 여러 가지 방법들이 있는데 연습과정에 있어서 휴식없이 연속적으로 반복하는 학습을 전습법이라고 하고, 연습 도중에 휴식을 하며 연습하는 것을 분습법이라 한다. 이러한 과정을 결정할 때는 고려되어야 할 조건들이 있다. 학습해야 할 기능의 성질, 휴식시간의 길이, 연습기간 중의 시행횟수, 소요시간, 학습자의 능력 등은 연습방법에 영향을 미친다. 구체적인 연습방법을 살펴보면 다음과 같다(임창재, 2005).

1) 전습법

전습법은 [그림 13-6]과 같이 학습내용이나 기술을 한꺼번에 학습하는 방법이다. 전습법의 장점은 망각이 적고 학습에 필요한 반복이 적으며 시간과 노력이 적게 든다는 점이다.

전습법이 필요한 경우는 다음과 같다.

(1) 학습과제가 비교적 유의성이 있고 통찰학습이 가능한 경우

(2) 과거의 학습효과가 적극적인 전이가 용이한 경우

(3) 이미 학습된 기능이 어느 정도 망각이 일어난다고 하더라도 높은 수준의 효과를 이루고 있을 경우

(4) 잘 알려진 지식과 기능을 숙달하기 위한 고도의 요구가 있을 경우

(5) 연습기간이 장기간 연장되어도 생산적인 결과를 필요로 하는 경우

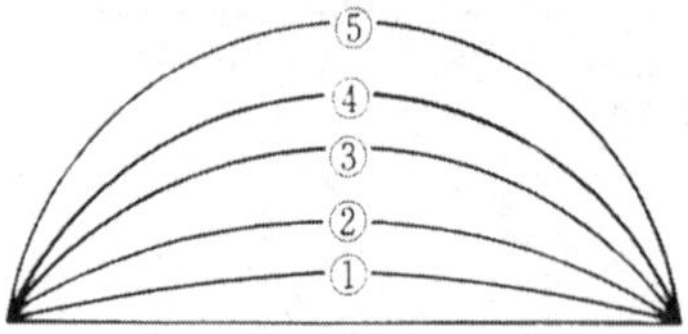

[그림 13-6] 전습법 학습

2) 분습법

분습법은 학습내용이나 기술을 몇 개의 단위로 나누어 학습하는 방법이다. 분습법은 순수분습법, 점진적 분습법, 반복적 분습법으로 나누어 볼 수 있다.

(1) 순수분습법

순수분습법은 [그림 13-7]과 같이 각 내용이나 기술을 일정한 수준에 도달할 때까지 각각 학습하고 그 후 각 내용이나 기술을 동시에 학습하여 일정한 수준까지 학습하는 방법이다.

(2) 점진적 분습법

점진적 분습법은 [그림 13-8]과 같이 내용이나 기술 1과, 내용이나 기술 2를 각각 학습하고 다음에 내용이나 기술 1과 2를 동시에 학습하여 전체로 하며 다음에 내용이나 기술 3을 하고 이어서 1, 2, 3을 동시에 학습한다. 다음 4를 넣어 1, 2, 3, 4를 전체로 하여 5를 학습하는 형태로 9까지 학습한다. 이와 같이 내용이나 기술을 점차 합해서 전체를 학습하는 방법이다.

(3) 반복적 분습법

반복적 분습법은 [그림 13-9]에서와 같이 내용 1을 학습하고 다음에 내용 2를 동시에 학습하며 그 다음 내용과 함께 1, 2, 3, 4, 5를 동시에 학습하는 방법이다. 반복적 분습법이 필요한 경우는 다음과 같다.

① 작업량이나 학습 과제량이 비교적 많은 경우

② 학습과제가 유의성이 없는 경우

③ 학습과제의 내용이 복잡하고 곤란도가 큰 경우

④ 그릇되게 반응하기 쉽고 특히 학습의 초보단계인 경우

⑤ 동기유발이 낮고 많은 노력과 시간이 투입되어야 할 경우

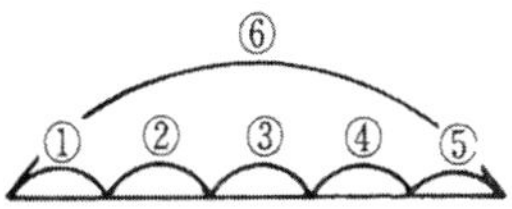

[그림 13-7] 순수분습법

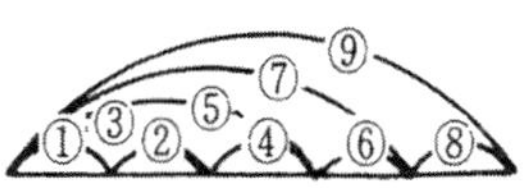

[그림 13-8] 점진적 분습법

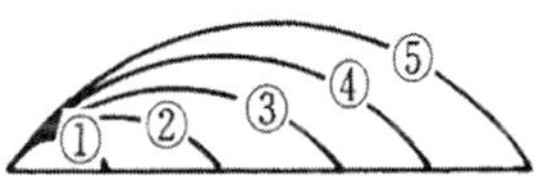

[그림 13-9] 반복적 분습법

이러한 전습법과 분습법에서 '어느 방법이 효과적이다'라고 단정적으로 결정할 수는 없다. 그러나 대체로 다음과 같은 경향을 살펴볼 수 있다.

① 지능이 우수한 학습자나 연령이 증가함에 따라 전습법이 유리하고 효과적이다.

② 연습도가 증가하는 데는 전습법이 유리하다.

③ 유의미한 학습자료는 전습법이, 내부적 연관성이 적고 무의미한 학습자료는 분습법이 유리하다.

④ 분산적 학습법일 때에는 전습법이 유리하나 집중적인 학습법일 때에는 분습법이 유리하다.

⑤ 학습내용이 길고 어려울 때에는 분습법이 유리하다.

그리고 전체 시간을 집중시켜 연습하는 집중적 학습법이 유리한가, 아니면 일정시간을 나누어서 분산적으로 학습하는 것이 유리한가에 대한 연구가 있으나 일반적으로 후자가 효과적이다. 분산적 학습법이 유리하다고 하는 것은 휴식으로 인한 피로회복, 흔적의 보존, 반복, 방해적 결합의 소실 등의 요인이 관계되고 있기 때문이다(김제한 외, 1982).

또한 분산법은 연습내용이 무의미하고 기계적인 연습일 때, 연습량이 많고 어려울 때, 학습 초기나 준비도와 능력이 낮을 때는 집중법보다 효과적이다. 일반적으로 한 번의 연습시간은 초등학교는 30~40분, 중 · 고등학교는 40~60분, 대학과 일반은 100~120분이며, 중간에 쉬는 시간은 연습 시간에 비례하나 너무 짧거나 길어지면 오히려 좋지 않고 5~20분이 효과적이다. 종합적으로 교수방법, 교수-학습 내용은 학습자에 따라 적절히 조정하되 가급적 내용은 나누어서 쉬어 가면서 연습하는 것이 바람직하고 효과적이다(Digman, J. M., 1959).

3) 연습의 원리

연습을 효과적으로 지도하려면 다음과 같은 일반적 원리를 고려하도록 한다(김제한 외, 1982).

① 학습자에게 연습의 필요성을 알도록 한다.

② 연습의 의미와 효과를 이해시킨다.

③ 학습결과 또는 진전 상황을 옳게 이해시킨다.

④ 개인차를 고려해서 연습시킨다.

⑤ 학습자료의 내용을 분석해서 그것에 맞게 전습법과 분습법, 또는 집중법과 분산법을 적절히 이용하여 연습하게 한다.

⑥ 연습목표를 달성하려는 성취동기를 갖도록 지도한다.

참고 문헌

김제한, 권순달, 이현주(2015). 교육심리학. 경기: 양서원.

김제한, 이달호(1982). 교육심리학. 서울: 학문사.

김충기(2001). 교육심리학. 서울: 동문사.

임창재(2005). 실기교육방법론 수업심리학. 서울: 학지사.

Digman, J. M.(1959). *Growth of Motor Skill as Function of distribution of practice. Journal of Experimental Psychology*. Vol. 57, pp. 310~316.

제14장

인 성

1. 인성의 정의
2. 인성이론

1. 인성의 정의

같은 형제 자매라 할지라도 얼굴이나 행동하는 것이 다르듯이 그 사람에게 풍기는 인상이나 인품도 다르다. 어떤 사람은 조그마한 일에도 화를 잘 내는 사람이 있고 어떤 사람은 이를 잘 견디는 사람도 있다. 남을 잘 배려하는 경우도 있고 자신의 이익에 연연하는 경우도 있다. 이와 같이 사람들은 제각기 나름대로의 행동상의 특성을 가지고 있다. 이러한 사람됨됨이의 전체적 조화를 한마디로 인성, 성격, 인격, 인품, 기질, 개성, 됨됨이 등으로 표현한다.

그렇다면 인성의 정의는 어떻게 내려야 하는가(김제한 외, 1982).

인성은 영어에서 Personality로 표현하지만 또 다르게 Character 등으로 표현하기도 한다.

Personality는 어원적인 입장에서 라틴어의 'Persona'에서 유래된 것으로 그 의미는 고대의 연극배우들이 썼던 가면을 말한다. 이는 사람이 태어날 때 가지고 있는 특성을 나타낸다. 즉 가면을 쓰고 관중 앞에서 그가 지니고 있는 외관적 효과를 의미한다. 그리고 다른 측면에서는 그 가면을 쓰고 무대 위에서 연기하는 역할, 즉 배역이 지닌 내적으로 가지고 있는 개인적 성질까지도 동시에 의미한다. 그러므로 Personality는 반드시 그 개인의 외관적 효과만을 뜻하는 것이 아니고 그 개인이 지니고 있는 내면적 특성도 내포하고 있다. 즉 그 사람의 특성이나 생활양식을 말한다. Character라는 말은 어원이 라틴어가 아니고 희랍어로서 '카라크테로(xα pα kthp)'에서 파생된 말이라고 하는데 이는 조각을 의미하는 것으로서 사람에게 새겨진 특징(mark)을 말한다. 이렇게 본다면 Character나 Personalty는 동의어로 사용할 수 있다고 하겠다.

일반적으로 Character라고 말하면 대체로 도덕적 가치규준을 두고 있으며, Personality는 도덕적 가치규준보다는 그 개인이 지니고 있는 전인적 특성을 포괄적이고 객관적으로 표현할 때 사용되고 있다. 예를 들면 Character라고 하면 그 사람의 마음이 바른가, 착한가, 믿을 수가 있는 가 등 즉 '바람직하다' 또는 '바람직하지 못하다'는 식으로 도덕적 가치평가를 의미하며, Personality 라고 할 때는 그가 사회적으로 영향을 주는 좋은 인상이나 인품을 주로 말한다고 할 수 있다.

기질도 인성과 비슷한 심리학적 개념으로 쓰고 있는데 원래 기질이란 감정이 나타나는 방법의 강약, 깊이, 지속, 안정, 불안정 등과 같이 어떠한 인성의 정서적 반응형식을 규정하는 소질적인 것을 말한다. 즉 감정이나 정서의 소질이라 할 수 있다. 성격과 비슷한데 구태여 구분하자면 인성은 밖으로 나타나는 행동 또는 반응의 특징에 중점을 두어 인성의 의지적 측면을 나타내는 것으로서 후천적으로 형성된다는 점이며, 기질은 보다 내면적인 것이며 감정적 특징을 나타내는 것으로서 선천적 유전에 의해서 결정된다고 보고 있다. 하지만 표현되는 양상이 의지인지, 감정인지, 충동인지 구분하기는 쉽지 않기에 혼용되어 사용되기도 한다.

개성(individuality)도 같은 의미로 쓰여지는데 개성이란 개인이 가지고 있는 고유한 특이성을 말한다. 즉 타인과 다른 그 사람의 독자적인 생리적, 심리적, 정서적 특성을 의미한다.

인성도 같은 의미로 쓰여지는데 조연순(2008)은 인성을 '자신의 내면적 요구와 사회적 · 환경적 필요를 조화시킴으로써 세상에 유의함을 미치는 인간의 특성'이라고 규정하였다. 이효련(2003)은 인성은 '인간이 누구나 도달해야 할 바르다고 인정하는 마음의 상태'라고 정의하였다. 즉 사람의 성품은 마음의 바탕을 이루며 지적, 정의적 · 행위적 요소로 구성되었으며, 품격은 사람이 도달하여야 할 가치를 상정하고 있음을 알 수 있다. 추병완(2000)은 인성은 '인간으로서 갖추어야 할 성향인 도덕성을 의미한다'고 보았으며, 지 · 덕 · 체를 고루 갖춘 전인의 이미지와 결부시켰고, 남궁달화(1999)는 인성은 '마음과 사람됨의 두 요소로 구성되었다'고 보았다.

이와 같이 인성이나 성격에 대한 다양한 정의가 있는데 교육부에서 정의한 인성교육을 보면 '인성교육이란 자신의 내면을 바르고 건전하게 가꾸고 타인·공동체·자연과 더불어 살아가는 데 필요한 인간다운 성품과 역량을 기르는 것을 목적으로 하는 교육을 말한다'라고 하였다(인성교육진흥법 법률 13004호. 신규제정, 2015. 1. 20).

이 법에서 인성교육에서 강조해야 할 핵심 가치·덕목은 인성교육의 목표가 되는 것으로 예(禮), 효(孝), 정직, 책임, 존중, 배려, 소통, 협동 등의 마음가짐이나 사람됨과 관련되는 것으로 정하였다. 아울러 인성교육의 목표가 되는 구체적 가치·덕목을 실행하기 위하여 핵심역량이 필요하다고 하였는데 여기서 '핵심역량이란 핵심 가치·덕목을 적극적이고 능동적으로 실천 또는 실행하는 데 필요한 지식과 공감·소통하는 의사소통 능력이나 갈등해결 능력 등이 통합된 능력을 말한다'라고 함으로써 인성교육에 대한 구체적 진흥을 도모하고자 하였다.

아울러 인성교육 목표를 달성하기 위하여 다음과 같은 내용을 인성교육의 기본방향으로 제시하였다.

① 인성교육은 가정 및 학교와 사회에서 모두 장려되어야 한다.

② 인성교육은 인간의 전인적 발달을 고려하면서 장기적 차원에서 계획되고 실시되어야 한다.

③ 인성교육은 학교와 가정, 지역사회의 참여와 연대하에 다양한 사회적 기반을 활용하여 전국적으로 실시되어야 한다.

인성교육의 평가에 있어서는 보다 더 체계적인 내용으로 다음과 같이 구체화하였다

① 교육부장관 및 교육감은 종합계획 및 시행계획에 따른 인성교육의 추진성과 및 활동에 관한 평가를 1년마다 실시하여야 한다.

② 교육부장관과 교육감은 인성교육 평가결과를 종합계획 및 시행계획에 반영할 수 있다.

③ 그 밖에 인성교육의 추진성과 및 활동 평가에 필요한 사항은 대통령령으로 정한다.

성격에 대하여도 많은 정의가 있는데 Allport는 성격에 대한 많은 학자들의 정의를 검토한 후 다음과 같이 정리하였다. 즉 "성격이란 환경에 대한 그의 독특한 적응을 결정지어주는 한 개인의 정신적·물리적 체계의 역동적인 조직이다"라고 하였다. 이는 그 사람의 됨됨이 또는 개인의 행동을 규정하는 일반적 경향이라고 하겠다. 이 정의를 분석·설명하면 다음과 같이 요약할 수 있다(城戶幡太郎, 1954).

첫째, 성격은 정신과 신체의 양 기능의 통합체의 체제로서 유지하고 있으며,

둘째, 개인의 정신·신체적 경향이나 반응 등의 단순한 통합이 아니고 어디까지나 전인적인 조식 및 통합을 의미하며,

셋째, 모든 사람의 성격은 독자적인 변화를 하면서 어떤 환경에도 적응할 수 있는 역동성, 유동성, 적응성을 가지고 있다는 것이다.

그러므로 성격은 단순한 행동이나 활동 그 자체라기보다는 오히려 그 개개인의 행동을 규정하는 경향성을 의미한다고 할 수 있다.

이와 같이 인성과 성격에 대하여 정의가 내려지고 있지만 정확하게 구분하는 데는 한계가 있으므로 여기에서는 이를 통합하여 인성으로 정의하고 다음 내용들을 정리한다.

2. 인성이론

인간의 인성은 사람마다 다르다. 인성이 다르기 때문에 행동도 각각의 모습으로 나타난다. 이렇게 인성이 다르다는 점을 학문적으로 접근한 학설이 인성이론이다. 인성이론에 대하여는 특질 및 기질학적 이론, 정신분석학적 이론, 현상학

적 이론 등으로 구분할 수 있다.

1) 특질 및 기질학적 이론

(1) Allport와 Cattell의 특질이론

특질이론에 대하여는 Allport와 Cattell이 대표적이다. Allport는 인성 특성을 공동특성과 개인적인 특성 두 가지로 분류하였다. 공통적인 특성은 여러 개인들이 유사하게 가지고 있는 공통된 특성으로 개인 간에 비교가 가능한 특성이다. 개인적인 특성은 각 개인에게만 독특한 것으로서 개인들 간에 비교할 수 없는 특성이다. 따라서 공통적 성향을 알아보기 위해서는 객관적인 검사상에서 각 개인이 받은 점수의 양적 차이를 비교해 봐야 하고 개인적 성향을 알아보려면 각 개인의 독특한 생활 과정을 찾아보아야 한다.

Allport는 '특질은 이름뿐이 아니고 실재하는 심리적 구조이며 성격을 구성하는 실재적인 단위이다'라고 하였고 여기서 특질이란 개인적 특성을 의미한다고 하였다. 예를 들면 이타적 태도는 여러 사람을 비교할 수 있는 특질이지만 각 개인마다 그 이타적 태도가 나타나는 과정은 다르다는 것이다(Allport, 1961).

Cattell은 실증주의적 연구를 한 사람으로서 인간의 특질은 한 개인이 여러 상황과 시간에 따라 일관성 있게 행동하려는 성향을 지니는 정신적 구조라고 하였다. Cattell은 인간의 특질을 표면특질과 근원특질로 구분하였다.

표면특질은 표면적으로 함께 속하는 일련의 행동들로 나타난다. 예를 들어 친절성의 표면특질에는 미소짓는 것, 악수하는 것, 그리고 도와주는 것 등의 행동이 속하기 때문에 이런 행동들이 관찰될 때 우리는 그 개인을 친절하다고 기술한다. 그러나 표면특질은 대인관계 등 일상생활에서 쉽게 관찰될 뿐만 아니라 특정한 환경적 압력에 의하여 쉽게 변화하기 때문에 행동들 간의 상관되는 경향을 나타낼 뿐 설명적 역할은 할 수 없다. 이에 반하여 근원특질은 개인의 행동, 생각, 감정에 영향을 주는 것으로서 성격의 핵심을 이루는 특질이다. 이 특질은 각 개인이 보여주는 행동의 일관성을 결정짓는다. 하나의 근원특질은 여러 표면특질에 영향을 주는데, 예를 들이 친절성과 공격성 특질에 속하는 일련의 행동들을 나타내는 사람의 저변에는 정서적 불안이라는 근원특질이 존재할 수 있다는 것이다. Cattell에 의하면 근원특질은 표면특질과는 달리 일상생활에서 쉽게 관찰되지 않는다.

Cattell은 수백 명의 남녀 조사대상자들에게 질문지, 성격검사, 행동관찰 등의 조사방법을 통해서 60개의 특성요인을 평정하고 이 자료를 통계적 · 수학적 요인분석 방법으로 분석하여 성격의 특질을 〈표 14-1〉과 같이 16개의 인성요인으로 정리하였다(Cattell, 1965).

표 14-1 Cattell의 근원 특질(16개 요인)

요인 명칭	높은 점수——낮은 점수	요인 명칭	높은 점수——낮은 점수
A요인	내성적(분열적 기질)—— 외향적(순환적 기질)	L요인	신뢰함(이타주의)——의심이 많음(망상분열증)
B요인	낮은 지능(정신적 결함)——높은 지능(일반지능)	M요인	실제적(조심성있는 행동)——상상력이 풍부함(자율성, 자기몰두)
C요인	정서불안(신경적 정신불안)——정서 안정적(자아강도가 강함)	N요인	솔직함(생의 단순성)——교활함(궤변)
E요인	겸손함(복종성)——독단적(지배, 우월성)	O요인	평온함(침착함)——걱정이 많음(범죄 경향)
F요인	심각함(우울, 동요, 번민)——낙천적(침착, 쾌활, 사교직)	Q1요인	보수적(보수주의)——실험적(급진주의)
G요인	수단적(경박, 정서적 의존성——양심적(게으름, 태만, 책임에 대한 질책)	Q2요인	집단 의존적——자립적(자립적 자기충족)
H요인	수줍음(선천적 도피기질)——대담함(모험적, 자율적 쾌활성)	Q3요인	변덕스러움——자제함(의지통제)
I요인	강인함(강인한 현실주의)——예민함(정서적 민감성)	Q4요인	긴장이완됨——긴장함(신경적 긴장)

(2) 기질특성이론

인간의 인성에서 기질특성이론을 강조한 학자들은 인간은 생물학적 사회학적 존재이기 때문에 기질과 인성을 분리하여 생각할 수 없다고 주장한다. 이러한 기질특성이론을 최초로 강조한 학자는 Hippocrates(460~377B.C)이다. 이 외에도 셀든(Sheldon)은 체형기질설을 주장하였고 융(Jung)은 양형설을 주장하였다. 스프랑거(Spranger)는 생활형식 기질특성을 주장하였고, 딜테이(Dilthey)는 세계관 유형을 강조하였으며, 혈액형에 따라서도 기질적 특성이 있다고 하였다. 이를 살펴보면 다음과 같다(김충기, 2001).

(가) Hippocrates의 체액이론

Hippocrates는 인간의 기질을 체액에 따라 다음과 같이 4가지로 분류하였다.

① 다혈질

다혈질은 명랑하고 현실적이며 온정적이고 부드럽고 정서적이며 흥분이 빠르다. 낙천적 인성을 지니고 있으며 교제가 능하고 농담을 즐긴다.

② 우울질

우울질은 우울하고 걱정스러우며 소심하고 슬퍼한다. 모든 일에 불평불만이 많으며 매사에 비관적이다.

③ 담즙질

담즙질은 쉽게 흥분하고 분노하며 의기양양하다. 모든 행동이 기민하고 과단성이 있으나 실수가 많다.

④ 점액질

점액질은 냉정하고 침착하며 사색적이다. 동작은 느리나 오래 지속한다.

셀든(Sheldon)은 체형 기질설을 주장하였는데 체격과 소질과의 관계에 따른 인성유형으로서 다음 세 가지로 분류하였다.

① **내배엽형(비만형, 내장형)**

소화기관이 발달되었으며 그 성격은 사교적이고 향락적이며 애정이 풍부하다.

② **중배엽형(근골형, 신체형)**

근육, 혈관조직이 발달되었으며 그 성격은 투쟁적이고 잔인하며 냉정하다. 자기 주장적이고 권력욕, 모험심이 강하다.

③ **외배엽형(세장형, 두뇌형)**

피부, 신경조직이 발달되었으며 그 성격은 고독하고 과민하며 신경질적이다. 극도의 자제와 억제력의 소유자이다.

(나) Jung의 양성이론

Freud의 제자 융(Jung)은 인성의 기질을 내향성과 외향성으로 나누어 정리하였다. Jung은 정신현상의 근원적인 Libido를 성욕이나 우월감 등으로 한정하지 않고 정신적 에너지 일반으로 해석하여 리비도가 외부로 작용하는 것, 흥미나 관심이 객체로 향하는 것을 외향이라 하며, 리비도가 안으로 작용하는 것, 흥미나 관심이 주체에 향한 것을 내향이라 했다.

Jung은 외향적이며 내향적 경향이 습관화한 상태가 내향적인데 사람은 누구나 외향과 내향의 두 기능을 다 가지고 있으며, 그 어느 쪽이 비교적 우수하느냐에 따라 성향이 결정된다고 하였다.

① **내향성**

ⓐ 주관적으로 모든 것을 결정하기 쉽다.

ⓑ 절대적인 표준과 원리에 따라 행동한다. 즉 완고하고 고집이 세며 운명주의를 신봉한다.

ⓒ 융통성과 적응력이 부족하다. 현실에 적응하기 어렵기 때문에 내부 안전감이 결여되어 가끔은 겁쟁이 같은 모습을 보인다.

ⓓ 느낀 것이 뼈 아프게 마음에 스며들기 때문에 고독한 생활에 빠지고 자신의 병 같은 것에 집착한다. 이러한 감정은 내부에 고착되기 때문에 표면에 나타나지 않는다.

ⓔ 적응은 언제나 퇴행적이고 환상적이다. 만일 자기만의 생활에 대해서의 만족이 환경과의 격심한 부조화가 일어날 때는 비사교적이 된다.

ⓕ 전형적인 신경증은 강박관념이나 강제당하는 상태이다. 강렬한 심적 어려움을 느낄 때는 외계가 요구하는 사소한 자극에도 몹시 괴로워하며 스스로를 차단하고 몽상으로 자신을 위로한다.

② **외향성**

ⓐ 객관적인 자료에 의해서 행동한다.

ⓑ 필요성과 기대에 의해서 행동한다. 친절하고 개방적이기 때문에 모든 조건에 순종하기 쉬울 뿐더러 새로운 친구를 잘 사귄다든지 미지의 장소에도 아무런 걱정 없이 갈 수 있다.

ⓒ 새로운 사태에 적응을 잘한다. 그런데 이러한 조건이 오기도 전에 이미 마음을 빼앗겨 장차 어떤 결과가 일어날 것을 감지하고 새로운 것, 신기한 것, 유행하는 것을 좋아한다. 이것으로 인하여 기존의 것, 과거의 것에는 무관심하거나 경멸하기도 한다.

ⓓ 자신의 병 같은 것에는 거의 무관심하다.

ⓔ 적응은 언제나 현실적이어서 사교적 요소가 많지만 줏대가 없는 인간이 되기 쉽다.

ⓕ 전형적인 신경증은 히스테리이다. 위험한 사태가 일어나면 수비적이 아니라 공격하여 분쇄하기도 하고 때로는 공상적인 사람과 같이 편협한 태도가 나타난다.

(다) Spranger의 생의 양식이론

스프랑거(Spranger)는 생의 양식, 즉 개인이 추구하는 가치체계에 따라서 다음 여섯 가지 유형으로 기질을 분석하였다.

① **이론형**

이론형은 진리추구에 흥미와 보람을 느끼는 사람이다.

② **경제형**

경제형은 이익추구에 중점을 두는 사람이다.

③ **권력형**

권력형은 정치형이라고도 하며 권력에 의한 지배에 흥미를 갖는 사람이다.

④ **사회형**

사회형은 타인을 사랑하고 타인을 위해서 사회에 봉사하는 데 중점을 두는 사람이다.

⑤ **심미형**

심미형은 미적 가치추구에 흥미를 갖는 사람이다.

⑥ **종교형**

종교형은 종교적 가치관, 성스러운 것에 흥미를 갖는 사람을 말한다.

(라) Dilthey의 세계관에 따른 이론

딜테이(Dilthey)는 종교, 예술, 철학 등에 표현된 세계관 유형에 따라 세 가지로 인성유형을 구분하고 있다.

① **감성적 인간**

감성적 인간형은 유물론, 자연주의, 실증주의, 물질적 재산의 축적, 지상의 행복과 향락에 전념하는 감각적, 충동적인 생활인을 말한다.

② **영웅적 인간**

영웅적 인간형은 자유의지론, 유신론, 주관적 현상주의, 초감각적 세계를 추구하기 위해서 의지와 노력을 기울인다. 즉 주변의 저항과 방해를 극복하고 자유를 획득하는 것을 목적으로 한다.

③ **사색적 인간**

사색적 인간은 범신론을 믿으며 객관적 이상주의, 세계적 감정 및 가치의 관점에서 본다. 인간은 세계와 완전한 통일을 이루고 자연에는 신이 존재한다고 생각하는 관점을 지닌 사람을 말한다.

(마) Lanasteiner의 혈액형에 따른 이론

1901년 독일의 Lanasteiner는 혈액의 응집에서 세 가지 혈액형을 발견했는데 1928년에 다시 네 가지로 밝혔다. 사람의 혈액형과 기질과의 사이에는 상관이 있다고 보았는데 이를 살펴보면 다음과 같다.

① O형(29%)

O형은 의지가 강하고 결단력이 있으며 사물에 흔들리지 않고 노력하는 성질이다. 정치인들이나 군인들의 성향이 많다.

② A형(32%)

A형은 내향적이며 조심, 치밀하며 온순할 뿐더러 겸손하고 반성을 자주하는 성격을 소유하고 있다. 학자나 교육자에게 많은 형이라 할 수 있다.

③ B형(29%)

B형은 외향적이며 명랑하고 모험심이 많으며 부지런하고 사교적인 형이다. 일반적으로 외교관이나 사업가가 많다.

④ AB형(10%)

AB형은 외면은 B형이고 내면은 A형의 소유자로서 감정표시가 적고 사양심이 많으며 주의성이 많으나 극과 극을 달리는 사람이다. 몰인정하다는 평을 듣기도 한다.

2) 정신역동적 관점에서의 이론

(1) Freud의 정신분석 이론

현대적 의미에서 인성 · 성격에 대한 이론을 최초로 시도하여 심층심리학의 체계를 정리한 사람이 Sigmund Freud(1856~1939)이다. 이를 살펴보면 다음과 같다(이춘 외, 2015).

프로이트는 인간의 인성 형성은 인간이 생물학적 존재이므로 본능적인 욕구가 있으나 성장하면서 강한 성적 충동과 사회적으로 수용 가능한 행동으로 변화하려는 욕구간의 균형을 이루려고 노력한다고 보았다. 따라서 초기의 경험과 생물학적 존재라는 것을 강조하여 성격이 결정되어 있다는 입장을 견지하였다. 프로이트는 생물학적 관점에서 본능을 중요시하였다. 본능이 인간의 행동을 추동하고 방향짓는다고 보았다. 이러한 본능에는 두 가지 범주가 있는데 하나는 인간의 생존을 위한 식욕과 성욕 같은 성장과 발달 지향적인 본능으로서 삶의 본능이다. 이렇게 삶의 본능에 의해 나타난 정신에너지를 리비도(libido)라고 한다. 다른 하나는 죽음에 대한 무의식이 대상을 죽이고자 하는 파괴의 성격으로 표출되는 죽음 본능이다. 또한 프로이트는 인성의 세 가지 구조적 요인인 원초적 자아(id), 자아(ego), 초자아(superego) 의 세 가지 요소가 상호작용을 하면서 작농한다고 보았다.

(가) 성격의 구조

① 원초적 자아(id)

원초적 자아는 성격의 가장 원시적인 부분으로 모든 본능의 저장소이다 이 원초적 자아는 본능적 추동에 의해 작동되며 다른 요소인 자아와 초자아에 쾌락을 위한 압력을 가한다. 생물학적 구성요소로서 직접적인 신체적 욕구에 관련되며 도덕적 고려 없이 쾌락을 추구하는 쾌락원리에 의해 작동된다. 즉 쾌락만이 좋다는 쾌락주의에 젖어든 상태이다.

② 자아(ego)

자아는 도덕적 가치를 추구하지 않는 인간 성격의 심리적 구성요소이다. 이는 개인이 현실을 인식하고 조정하는 현실원리에 의해 작동한다. 즉 현실 요구에 맞춰 쾌락을 지연시키거나 충족시킬 다른 방법을 모색하게 된다. 따라서 도덕적 측면을 고려한 합리적인 행동을 위한 조정역할을 한다.

자아에 머무는 성격은 매우 이기적이기 때문에 비사회적 태도를 보이게 된다.

③ **초자아(super ego)**

초자아는 인간 성격의 사회적 구성 요소로 개인의 도덕성과 개인이 추구하고자 하는 이상에 의해 작동되는 도덕 원리이다. 프로이트는 세 가지 자아 간의 갈등에 의해 불안이 야기된다고 보았다. 즉 현실을 자각하고 두려움을 느껴 현실의 위험에서 우리를 보호하려는 현실 불안, 현실을 인식하는 자아와 본능에 의한 원초적 자아의 갈등에서 비롯된 신경증 불안, 도덕적 원리인 초자아와 본능적인 원초적 자아의 갈등에 의해 야기된 도덕적 불안이 그것이다. 이러한 불안을 감소시키고 자신을 보호하기 위한 다양한 방어기제가 나타나는데 그것이 무분별하고 충동적으로 사용될 때 병리적으로 나타난다. 이러한 방어기제는 억압, 부정, 반동형성, 투사, 퇴행, 전위, 승화, 합리화 등 다양하게 나타나는데 공통적인 특성으로는 현실에 대한 부정과 왜곡이며 무의식적으로 작동된다는 특징을 가지고 있다. 프로이트의 정신분석에서는 성격형성과 치료적 자신이 무의식으로 억압해 버린 요소들을 의식화하는 작업으로 본다.

원초적 자아, 자아, 초자아는 서로 간에 조화를 이루어야 한다. 자아는 원초적 자아의 요구를 초자아가 인정하는 방식으로 만족시키도록 하여야 한다. 그래야만 자신의 감정을 죄의식 없이 자유롭게 표현할 수 있다.

(나) 발달단계

Freud는 '아이는 어른의 아버지이다'.라고 말한다. 개인의 성격은 5세경에 이미 토대가 형성된다고 주장하며 이에 근거해서 발달이론을 제안하고 있다. 충동적이고 강렬한 성적 충동을 어떻게 다루느냐에 따라 발달단계를 기술하는데, 즉 성적 충동은 한 발달단계에서 다음 발달단계로 이동하고 성적에너지는 발달단계에 따라 특정 신체부위에 집중된다는 것이다. 고착은 각 단계별로 성적 쾌감을 충분히 느끼지 못하거나 지나치게 몰두하면 생기는 현상으로 다음 단계가 시작된 후에도 이전 단계의 쾌락에 집착하는 것을 말한다(임정훈 외, 2014).

Freud는 유아기로부터 청소년기에 이르기까지의 성격발달을 모두 다섯 단계로 정리하였다. 다섯 단계는 구강기, 항문기, 남근기, 잠복기, 생식기로 구분되는데 이를 정리하여 보면 다음과 같다(김이영 외, 2014).

① **구강기**

구강기는 원욕의 지배 상태로서 출생 후 1세까지의 기간으로서, 리비도가 입 주변에 집중되는 때다. 리비도가 입과 입술, 혀, 잇몸 등 구강 주위에 집중되기 때문에 무엇이든 빨거나 깨물고, 삼키는데 쾌감을 얻으려고 한다. 어머니 젖을 빨 때 느끼는 쾌감이 대표적인 예이다. 구강기가 한 인간의 첫 번째 발달단계라는 점은 신생아의 생존과도 직결되는 사항이라고 볼 수 있다. 만일 구강기가 항문기나 남근기 이후에 오게 되면 먹는 것에 대한 본능이 줄어들어 생존의 문제까지도 위협할 수 있다.

구강기 전반에 주로 접촉하는 사람은 어머니이기 때문에 영아는 어머니에게 접근하고 의존하려는 행동을 많이 보인다. 그러나 구강기 후반에 이르면 이유 문제로 갈등을 겪으면서 어머니에 대해 우호적인 태도를 가지면서도 때로는 적대적이고 파괴적인 행동을 보이기도 한다. 구강기에 영아의 욕구가 적절히 충족되면 자신 있고 안정감을 느끼며 성장하게 되지만, 욕구 충족에 심각한 문제가 발생하게 되면 불안정하고 남에게 의존하거나 공격적인 성격을 갖게 된다. 이를테면 구강기 동안 신체적으로나 정서적으로 무시나 박탈을 당하게 되면 충족되지 못한 사랑과 보살핌에 대한 강한 갈망을 추구하기 쉽고, 타인에 대한 불신감 때문에 원만한 인간관계가 어려워질 수도 있다.

구강기를 전반기와 후반기로 나누어 살펴보면 구강 전기에 욕구 좌절을 경험하게 되면 수동적인 성격이 되어 타인에게 의존적이고 모든 것을 희생해서라도 타인의 인정을 받고 싶어하며, 구강 후기에 고착된 사람은 공격적인 성격을 지니게 되어 타인과 논쟁을 자주 하고 비꼬기나 타인을 이용 또는 지배하려는 행동을 자주 보이게 된다(이인정 외, 2008).

② **항문기**

자아가 발달하는 시기로 리비도가 배설기관인 항문에 집중되는 시기로서 생후 1~3세까지를 말한다. 이 시기에 아이는 배설을 통해 쾌감을 얻는다. 이 시기의 아이들은 괄약근의 발달로 배설을 하거나 보유할 수 있는 능력이 생긴다. 유아는 배변훈련을 통해서 항문 근육의 자극을 경험하게 되고 이러한 경험을 통해 성적 쾌감을 얻게 된다. 유아가 적절한 장소에서 배설을 하면 적절한 보상을 주게 된다. 시간과 장소가 적절하지 않을 때는 이를 규제하게 된다.

항문기의 유아는 의존성이 강했던 구강기의 신생아와는 달리 언어발달과 인지발달이 어느 정도 이루어지기 때문에 부모의 말을 알아듣고 생각도 할 수 있게 된다. 때와 장소를 가려서 배설을 하게 되면 부모의 칭찬 등 사회적 승인을 얻는 쾌감도 누리게 된다. 이에 따라 청결 습관을 요구하는 어머니의 현실적 요구를 이해 · 수용하게 되면서 자아를 발달시키게 된다. 이러한 성공 경험을 통해 유아는 구강기의 의존성에서 벗어나 자기 조절과 자립심, 자존심을 획득함으로써 다음 발달단계로 나아가게 된다.

배변훈련은 한 인간이 최초로 경험하는 사회적 통제인 만큼 매우 신중하게 이루어져야 한다. 배변훈련에는 준비가 필요한데 부모는 이를 고려하여 훈련을 시켜야 한다. 이를테면 신체적으로는 배변을 위한 괄약근의 수축-이완 능력이 갖춰져야 하고 정신적으로는 배변욕구를 통제할 자아의 발달이 이뤄져야 한다. 그 훈련을 구강기에 할 수 없는 이유도 바로 그러한 훈련을 위한 신체적 · 정신적 준비가 전혀 되어 있지 않았기 때문이다. 그런데 발달의 개인차가 시사하는 바와 같이 그 준비에는 유아들마다 차이가 있다.

그러므로 부모는 유아의 준비상태를 잘 살펴서 배변훈련을 시작해야 한다. 너무 일찍 시작하거나 너무 강하게 시키게 되면 항문기에 고착되는데 그렇게 되면 지나치게 고집이 세고 인색하고 엄격하거나 청결한 성격을 지니게 된다. 반면에 잔인하거나 공격적이거나 적개심이 강한 사람이 되기도 한다.

③ **남근기**

3~6세경은 초자아가 발달하는 단계로서 남근기이다. 생식기 영역이 쾌감과 흥미의 대상이 된다. 이 시기의 아동은 반대 성의 부모에 대한 현저한 애착을

보이면서 동성의 부모를 질투하게 된다. Freud는 이러한 애착과 질투를 남아에 대해서는 '오이디푸스 콤플렉스(Oedipus Complex)' 여아에 대해서는 '엘렉트라 콤플렉스(Electra Complex)'라고 정리하였다. 그리스 신화로 오이디푸스는 자신의 아버지를 죽이고 어머니와 결혼을 하였는데 Freud는 오이디푸스가 자신의 어머니를 성적으로 요구하며 이러한 목적을 방해하는 아버지를 죽이려고 하는 남아의 모델이라고 믿었다. 즉 남아에게는 거세불안이 유발되는데 이 불안을 감소시키고자 어머니에 대한 성적인 욕망과 아버지에 대한 적대심을 억압하게 되며 아울러 아버지에 대한 동일시를 통하여 남성다움을 발달시켜 나간다. 여아의 경우는 아버지에 대한 성적인 애착을 느끼게 되는데 이러한 과정에서 여아에게 남근 선망이 나타나게 된다. 남근 선망을 하는 여아는 어머니에 대한 공포를 갖고 있지 않은데, 아버지에 대한 공포를 갖는 남아의 경우와는 다르다.

④ **잠복기**

6세부터 11, 12세까지를 말하며 초등학생기와 일치하고 일부 아동은 사춘기에 해당한다. 이 때는 오이디푸스 콤플렉스를 지나고 성적 욕구나 갈등이 억압되어 다른 심리적 발달이 일어나지 않는다. 이 시기는 오히려 성인에게 필요한 능력을 갖추는 시기이기도 하다. 또한 지적 활동이나 운동 및 사회성 발달과 일상생활에 적응하기 위한 지식, 기능을 습득하는데 열중함으로써 타인으로부터 인정받는 활동에 적극적이다. 특히 지적인 탐색이나 주위 환경에 대한 탐색이 활발하게 나타난다.

이 단계에서 과도한 억압이나 스트레스를 받아서 고착이 일어나면 어른이 되어서도 이성에 대한 친밀감을 제대로 느낄 수 없다. 친구에 대한 집착이 너무 강해지면 다음 단계인 생식기에서 동성 친구에 대한 우정이 이성에 대한 관심이나 애정으로 전개되지 못하고 동성애에 머물 가능성도 있다(김이영 외, 2014).

따라서 사회에서 필요한 다양한 활동을 경험할 수 있는 기회를 최대한 제공하도록 한다.

⑤ **생식기**

리비도가 다시 성기로 돌아오면서 이성에 대한 성적 흥미나 성인적 책임성이 발달한다. 이타심을 가지게 되기도 한다. 이성에 대해 진정한 관심을 가지게 되고 성숙한 사랑을 하려 한다. 이 단계까지 정상적으로 발달한 사람은 이타적이고 원숙한 인성을 지니게 된다.

(2) Erikson의 심리사회적 발달 이론

Erikson은 프로이트의 이론을 확장하였다고 할 수 있다. 그는 결정론 대신 성격이 평생에 걸쳐 발달하는 것으로 보고 본능적 측면 뿐만 아니라 심리사회적 측면에서 조망하고자 하였다. 따라서 원초적 자아보다 자아를 더 강조하며 자아는 원초적 자아와 독립적인 것으로 파악했다.

또한 과거의 해석과 더불어 미래에 대한 해석 또한 성격 형성에 의미가 있다고 보았다. 이러한 Erikson의 이론은 자연적으로 자아발달에 깊은 관심을 가질 수밖에 없다. Erikson은 자아야 말로 인간 행동과 기능의 기초가 된다고 하여 이를 자아심리학이라 불렀다. 인간은 의사결정과 문제해결에 있어 합리적이고 의식적인 존재로, 자아는 현실을 다루어 나가는 자율적인 체제로 규정한다. 이러한 자아의 발달은 사회적 제도와 가치체계의 상호작용 관련성이 있다고 보았다. 사회체제 안에서 개인의 전 생애에 걸쳐 자아는 발달이 일어나는데 다양한 발달 단계에서 출현하는 자아의 특징에 관심을 가지는 것이 Erikson의 심리사회적 발달이다. 즉 인간의 발달은 유전적 요인에 의존한 일련의 단계에 의해 좌우된다는 개념으로 점성적 모델(epigenetic model)을 제시하였다..

Erikson은 발달 단계에서 필연적으로 위기가 발생한다고 보았는데 이 위기는 생리적 성숙과 사회적 욕구로부터 발생된 인생의 전환점으로 파악된다. 따라서 위기는 재앙이 아닌 취약한 시기에 새로운 힘을 얻을 수 있는 시기이며, 새로운 환경의 요구가 있는 전환점이라 할 수 있는 것이다. 때문에 Erikson은 개인의 발달 과정에서 겪는 위기를 생존을 위한 원천으로 파악하고 발달의 여덟 단계를 적응과 부적응 대처 방식으로 제시하였다 이 두 방식이 모두 자아 정체감에 흡수되어야 각 단계의 위기가 해결된다고 보았다.

이를 살펴보면 다음과 같다(이춘 외, 2015; 임정훈 외, 2014).

(가) 제 1단계: 신뢰감 대 불신감(0~1.5세)

유아가 처음으로 관계를 갖는 것은 어머니이다. 따라서 어머니가 아이의 신체적·심리적 필요와 욕구를 충분히 충족시켜 주고 일관성 있게 양육할 때 유아는 신뢰감이 형성된다. 하지만 아이의 필요와 욕구를 충족시켜 주지 못하고 양육시에 일관성이 없을 때는 유아가 불신감을 갖게 된다. 여기서 신뢰감은 바람직한 것이지만 신뢰감만을 간직하고 불신감의 효용은 무시하면 안 된다. 인간의 성장에서는 어느 정도 불신감도 필요하다.

(나) 제 2단계: 자율성 대 수치 및 회의(2~3세)

Freud의 심리성적 발달단계로 항문기에 해당되는 이 시기의 아동은 신체 및 생리적으로 성숙함에 따라 대·소변 가리기와 같은 자기통제가 가능하고 외부 세계를 독자적으로 탐색하려고 한다. 이 시기의 아동은 무엇이든지 스스로 해 보려는 강력한 의지를 표명한다. Erikson에 따르면 이 단계에 당면하는 심리사회적 위기의 극복 여부는 부모들이 아동들에게 자율적인 활동을 어느 정도로 허용하는가에 따라 좌우된다. 부모가 아동의 독자적인 행동을 격려하면 아동은 충동을 통제하게 되고 자율성을 형성하게 된다.

하지만 부모가 과보호 내지 통제하거나 독자적인 행동에 대해 비난하면 아동은 자신의 능력을 의심하게 되고 수치심을 발달시키게 된다. 만약 아동이 스스로 할 수 있는 것을 부모가 대신해 주거나 반대로 스스로 할 수 없는 것을 아동에게 강요하면 아동은 수치심을 크게 느끼게 되고 자신과 외부 세계를 통제할 수 있는 능력에 대해 의심을 하게 된다.

(다) 제 3단계: 주도성 대 죄책감(3~6세)

이 시기의 아동은 자신의 활동에 대하여 계획 및 목표를 세우고 이를 달성하고자 노력하며 또래집단과 더불어 놀이 활동에 참여하면서 주도성에 의한 자기주장이 나타난다. 이때 주도성에 대하여 금지하거나 나쁜 것으로 인식하는 과정에서 좌절을 경험하게 되면 주도성이 위축되고 자기주장에 대해 죄책감을 갖게 된다. 아동들은 이러한 금지와 허용을 통하여 사회적으로 허용된 목표와 도덕적인 감각을 획득하게 된다.

(라) 제 4단계: 근면성 대 열등감(6~12세)

자아성장의 결정적인 단계로 볼 수 있는 제 4단계는 프로이트의 잠복기에 해당하는 단계이다. 근면성 대 열등감의 갈등으로 특징지을 수 있는 이 시기는 학교에서 부과하는 여러 과제에 주의를 기울이고 성실히 임하는 과정에서 근면성을 획득한다. 아동은 가정과 학교에서 주어진 일을 완성함으로써 얻어지는 기쁨과 인정을 위해 부지런히 활동한다. 이렇게 획득한 근면성은 전 생애에서 중요한 과업성실성을 갖게 된다. 아동의 재능을 발견하고 격려해 주는 부모와 교사의 태도는 근면성을 촉진시킨다. 반대로 야단맞거나 거절당하면 열등감에 빠지게 된다. 만일 이 시기에 근면성을 발달시키지 못하고 실수나 실패를 거듭하게 되면 아동은 부적절감과 열등감을 갖게 된다.

건강한 발달이 이루어질 경우 이 시기에서 과제는 자신의 신체와 사회에 대한 이해를 넓히는 것이다, 즉 적절한 성 역할에 대한 가치와 감각을 계속 발달시키며 사회적 과제에 참여하는 것이다. 또한 자기와 다른 사람들을 수용하는 방법을 배우며 학교 공부에서 요구되는 기본 지식들을 습득한다.

(마) 제 5단계: 자아정체성 대 역할 혼미(12~18세)

청소년기의 핵심적인 과제는 정체성을 확립하는 것이다. 정체성이란 자기의 욕구, 능력, 신념, 과거 경험을 일관성 있는 자아상으로 조직한 것을 의미한다. 다시 말하면 정체성이란 자기 자신이 어떤 존재인가에 대한 확고한 인식을 말한다. Erikson은 정체성 확립을 발달의 가장 중요한 목표로 간주한다. 청소년기에는 자아의 다양한 측면을 통합하여 일반적인 자아를 형성해야 한다. Erikson은 통합된 자아의 형성과정을 자아정체성과 정체성 혼미상의 위기로 개념화하고 있다. 청소년이 여러 상황에서의 역할을 성공적으로 통합하면 정체성이 발달한다. 그렇지 않으면 성적 및 직업적 정체성에 대한 혼미가 나타나며 정체성 위기를 겪는다.

정체성 위기는 '나는 누구인가?'라는 의문에 대한 답을 추구하는 과정에서 경험하게 되는 긍정적인 자기평가와 부정적인 자기평가 사이의 갈등과 이를 극복해 가는 과정을 가리킨다. 즉, 정체성 위기는 강력한 정체성을 확립하지 못했을 때 경험하는 절망과 혼돈을 의미한다. 청년기에 자기 존재에 대한 의문이 강하게 부각되는 것은 생물학적 성숙으로 인해 원욕이 강화되면서 초자아도 동시에 강화되면 자아가 새로운 균형을 달성하기 위해 내면세계를 새롭게 정립하려고 하기 때문이다. 정체성 위기는 성인으로 수행해야 할 사회적 역할에 대한 두려움과 회의에서 기인하기도 한다. 따라서 정체성 탐색은 일종의 자아붕괴에 직면했을 때 이를 극복하는 과정으로 볼 수 있다.

(바) 제 6단계: 친밀감 대 고립감(19~24세)

정체감 형성 다음은 사회적 관계를 만들어 가는 단계이다. 사람들을 잘 사귀고 건전한 관계를 유지해 갈 것이냐 아니면 사회적으로 소외되어 고립된 존재가 될 것이냐가 이 단계의 갈림길이다. 여기서 Freud와 Erikson의 차이가 있다. Freud는 정체감은 없어도 도덕심과 기술만 있으면 적절히 사회관계를 형성하고 사랑을 하고 어른이 된다고 하였다. 하지만 Erikson은 내가 누구인지를 확인하지 못한 상태에서 만든 친구관계나 사회관계는 모래성과 같다고 말한다. 일단 모든 사람들은 개인적인 정체감을 만들어 내야 하고 그 정체감을 근거로 사회관계를 확장해 가야 한다는 것이다(싸이코 짱가, 2004). 즉 자아정체성의 확립이 친밀성을 획득하는 데 토대를 제공한다는 것이다. 이 시기의 친밀성은 주로 배우자 관계를 통해 형성되지만 희생과 양보를 바탕으로 하는 친구관계를 통해서도 획득된다.

(사) 제7단계: 생산성 대 침체성(25~65세)

이 단계에서는 배우자를 선택하여 두 사람 간의 친밀성이 확립되고 나면 그들의 관심은 두 사람만의 관계를 넘어 그 밖의 타인에게 관심이 확대되기 시작한다(김희수, 2003). 30대와 40대의 사람들은 자기와 배우자를 넘어서 가족, 직장, 사회로 그들의 관심을 이동한다.

가정적으로는 자녀를 낳아 양육하고 직장에서는 다음 세대를 양성하는 데 관심과 노력을 기울이게 되는데 이를 통해 생산성을 경험할 수 있다. 그러나 이 시기 성인들이 생산성을 경험하지 못하면 침체감에 빠지게 되고 이렇게 되면 이들은 부모 역할이나 지도자 역할을 제대로 수행하지 못할 수도 있다.

(아) 제8단계: 자아통합감 대 절망감(65세 이상)

이 단계는 노년기에 해당되는데 인생을 되돌아보고 정리하는 단계이다. 이 단계는 대개 심신이 노쇠해지고 사회적으로 은퇴를 준비하거나 경험하는 단계이다. 이 단계는 자아통합감과 절망감 간의 갈등이 발생한다. 앞의 각 단계들의 갈등 상황을 성공적으로 해결한 경우는 후회없이 과거를 회고하고 긍정적인 가치를 부여하게 된다. 그러나 앞 단계의 갈등상황이 해결되지 않은 채로 남겨진 경우나 자신이 원하는 포부가 성취되지 않았다고 생각하는 경우 자신이 살아온 삶이 후회스럽고 무가치하다고 느끼는 절망, 자기비하를 경험하게 된다.

이상의 Erikson의 이론에 대한 교육적 의의와 한계를 살펴보면 다음과 같다(임정훈 외, 2014). Erikson은 정신분석적 이론을 발전적으로 확대하여 영유아기에 집중된 발달의 범위를 인생의 전반으로 확장시켰고 관심의 대상에서 제외되어 왔던 청소년기를 주목함으로써 교육현장에 많은 시사점을 주고 있다. 에릭슨이 제시하는 구체적 발달단계 이론은 각 발달 수준별로 아동이 어떤 발달적 경험을 하여야 하는지 그리고 교사나 부모가 아동에게 어떤 발달적 기대를 해야 하는지를 명확하게 제시해 줌으로써 실제 학교 및 가정에 많은 현실적 지침을 제공한다. 예를 들면 취학 전 아동들의 경우 자율성과 주도성을 발달시킬 수 있도록 독자적인 탐색의 기회를 충분히 제공하고 수용할 수 없는 행동을 했다고 해서 아동에게 수치감을 주거나 죄책감을 느끼게 해서는 안 된다. 아동의 자아 주도적인 활동에 지나치게 간섭하는 것은 곤란하며 가능하면 인정하고 포용하는 것이 자율성과 주도성 형성에 중요하다.

초등학생들이 열등의식이 아닌 근면성을 형성할 수 있도록 교사가 가급적 많은 성공과 성취의 경험을 통해 긍정적인 자아개념을 심어 주는 것이 필요하다. 또한 중 · 고등학교 시절 자아정체성의 탐색이 무엇보다 중요하므로 교사는 학교교육의 전반적인 영역에서 그리고 또래들과의 관계형성에서 청소년들이 건강한 자아정체성을 형성할 수 있도록 각별히 유의하고 이를 위한 환경을 조성해 주어야 한다.

물론 Erikson의 이론이 다소 모호하고 경험적으로 검증되지 않았다는 한계에서 벗어나기는 어렵다. 특히 단계 설정 등에 있어 과학적인 근거가 부재한 상황에서 주관적이고 개인적인 견해에 근거하고 있으며, 각 단계에서 제기되고 있는 갈등 상황이 다소 중복적이며 구분이 분명하지 않다는 비판을 받고 있는 것도 사실이다. 그럼에도 불구하고 에릭슨의 이론은 전 생애에 걸친 발달단계 이론을 제시함으로써 평생교육의 가능성과 중요성을 시사하고 있다는 점에서 그 의미가 크다고 할 수 있다. 또한 이는 전 생애에 걸친 개인의 발달을 추적해 갈 때도 매우 유용한 지침을 제공한다. 마지막으로 에릭슨이 던지는 '나는 누구인가?'의 물음은 굳이 청소년기에 국한되지 않고 지속적으로 우리 자신을 돌아보고 성찰할 수 있는 토대를 형성해 준다.

참고 문헌

교육부(2015. 1. 20). 인성교육진흥법 법률 13004호, 신규제정.

김이영, 백경숙, 전재선, 최윤희, 한용기, 홍성훈(2014). 교육심리학. 경기: 양서원.

김제한, 이달호(1982). 교육심리학. 서울: 학문사.

김충기(2001). 교육심리학. 서울: 동문사.

김희수(2003). 신교육심리학. 서울: 한올출판.

남궁달화(1999). 인성교육론. 서울: 문음사.

싸이코 짱가(2004). 너 싸이코지. 서울: 자유로운 상상.

이인정, 최혜경(2008). 인간행동과 사회환경(개정 2판). 서울: 나남출판.

이춘, 고병호(2015). 인성교육의 이해와 지도. 서울: 교육아카데미.

임규혁(1996). 교육심리학. 서울: 학지사.

임정훈, 한기순, 이지연(2014). 교육심리학. 경기: 양서원.

조연순(2008). 인성교육: 변화하는 아동 특성을 고려하는가? "교육정책 포럼. 제 183호." 한국교육개발원.

추병완(2000). 인성교육의 목적과 원리. "학교경영. 13. 7"(pp. 28~33). 한국생산성연구소, 교육연구사.

Allport, G. W.(1961). *Pattern and Growth in Personality.* N.Y.: Holt Rinchart & Winston. p. 295.

Cattell, R. B.(1965). *The Scientific Analysis of Personality.* Baltimore: Pengin.

城戶幡太郎(1954). 體系教育心理學辭典. 東京. 岩崎書店. p. 127.

제15장

학습집단과 학교학습

1. 학습집단의 구성
2. 학습집단의 특성과 형성과정
3. 학습집단의 문제 상황
4. 학습집단의 통제방법괴 훈육

1. 학습집단의 구성

교육이 바람직한 인간형성을 위한 과정인데 이를 보다 효율적으로 형성하기 위하여 다양한 노력을 기울이고 있다. 하지만 많은 노력에도 불구하고 일정 목표에 도달되지 못한 경우가 있다. 이는 학교교육이 매우 복잡하고 역동적인 집단으로 구성되어 있고 개인적으로나 집단적으로 많은 영향을 주고 있기 때문이다. 따라서 보다 효과적인 학습의 결과를 얻기 위하여 가장 적절한 방법의 학습집단을 구성하는 일은 매우 중요하다.

학습집단을 구성하는데 있어서 먼저 고려할 점은 학습집단 구성이 교육적 효과를 높일 수 있는 구성인지 아닌지를 판단해야 하는 점이다. 일반적으로 학습집단이 대집단으로 구성되는 것보다는 소집단으로 구성되는 것이 보다 효율적이라는 점에는 이의가 없다.

소집단으로 구성되면 학습자들 간에 학습에 대한 긴장감이 강화되며 교수자 입장에서도 학습자를 보다 정확하게 장 · 단점을 파악하여 학습자에게 적합한 지도를 할 수 있기 때문이다. 하지만 이러한 학습집단을 구성하는데 있어서 학습의 효율화를 전제로 학습과제의 난이도 문제, 학년 수준, 학습자들의 능력, 학습을 위한 지원체제 등을 골고루 사전 점검하여야 한다.

Dunkin(1974)은 학생집단은 학업적 효율성을 유지하기 위하여 모든 집단 구성원이 적절한 학습 경험을 할 수 있도록 소집단화 내지는 학급 이하의 규모로 소집단화할 것을 강조하고 있으며, Renzulli(1974)는 학습집단의 규모가 대집단화됨에 따라서 전체적 생산성은 제고되고 있으나 개인적 생산성은 현저히 감소되고 있음을 밝히면서 학습 소규모화를 강조하였다(임승권, 1993, 재인용). 이러한 주장은 이상적인 주장이지만 실제적으로 학습집단을 소규모화하면 당연히 학습효율성이 높다는 당연성에는 문제가 있다. 하지만 일반적인 입장에서 학습집단을 소규모화하는 것은 OECD의 학급당 소인수 인원배정의 예로 볼 때 바람직한 학습집단 구성이라고 볼 수 있다.

우리 주위에서는 학습효과 측면에서 동질 집단으로 소규모화하려는 경우가 많은데 우열반 형태로 구성하는 것은 교육의 보편성, 평등성 측면에서 바람직하지 않다. 따라서 과목별 학습능력이라든지, 연령, 지능, 성별, 사회적 성숙도, 적성, 학업성취도 등에 따라 학습집단을 소규모화하여 다양하게 구성하는 것은 있을 수 있겠다. 즉 예를 들면 속진아들에 대한 오름 학습을 위한 학습집단을 구성한다든지, 지진아들에 대한 보충학습 집단을 구성하는 것은 학습효율 제고 측면에서 고려해 볼 사항이다. 이러한 학습집단 구성이 학습자들의 동기부여에 기여한다거나 학습효율성 측면에서 호의적이기도 하지만 구성원들 간의 갈등의 소지가 있음을 간과해서는 안 된다.

하지만 민주주의 사회에 특수집단으로 인식될 수 있는 우열반 편성 등은 긍정적 측면보다는 부정적 측면이 있음을 주시하여야 한다. 일부에서는 학교에서의 정책적 결정으로 특별반을 구성하는 경우도 있는데 교육적 측면에서 비판을 받기도 했다. 구성과정은 다를 수 있지만 우등반에 소속되는 학습자들은 긍정적 측면에서 학업성취에 대한 그들 간의 선의의 경쟁이 있을 수 있다. 하지만 일면으로는 우월감과 자만감, 일류의식에 사로잡혀 있는 경우가 많을 수 있다. 반면 열등반에 소속되는 학습자들은 상대적으로 좌절감과 실패의식, 그리고 열등감에 놓여 있음으로써 오히려 교육적 역효과가 나타날 수 있다는 문제점도 있다.

2. 학습집단의 특성과 형성과정

1) 학습집단의 특성

학습집단은 함께 학습하는 공동의 목표인 학습효율성을 증진시키기 위하여 구성된 집단이다. 물론 이러한 학습집단은 다양한 특성을 가지고 있고 그러한 특성이 집단 구성원간의 의사소통, 학습목표, 학습의 효용성 등에 영향을 미치고 있다. 일반적으로 학습집단을 형성할 때는 다음과 같은 특성을 가지게 되는 것으로 지적되고 있다(임승권, 1998).

(1) 학습집단은 형식적 집단이다.

학교 내에서 찾아볼 수 있는 학생들의 집단은 비형식 집단과 형식적인 집단이다.

비형식적 집단이라 함은 단순히 심리적 상호의존성에 근거하여 형성된 집단이다. 이러한 집단은 때로는 그들이 속한 학교나 학급과 같은 형식적 학습집단이 할 수 있는 것들을 행하기도 하고 개인에게는 많은 영향을 미치기도 한다.

이에 비하면 어떤 학습집단이나 형식적 집단이라는 특성을 지니고 있는 것이다. 그 점은 교사의 권위에 의한 지도, 이에 따른 학습자의 피동성, 보다 단조롭고 반복적 생활, 따분한 행정적 조치들이 있는 전형적인 모습이다. 이러한 형식성 때문에 학생들은 보다 민감하고 상호의존적 비형식 집단에 관심을 보이게 된다고 보는 것이다. J. C. Coleman(1968)은 학교의 구조가 갖는 이러한 형식성 때문에 학습자들이 학습에 대하여 부정적인 태도를 보이면서도 학습을 위해 어쩔 수 없이 그 학습집단에 소속되고 있다고 지적하였다.

(2) 준거에 의하여 구성원의 행동이나 태도가 통제받는다.

준거란 집단에 의하여 받아들여지는 행동의 기준으로서 집단 구성원이 지켜야 할 태도이며 동시에 구성원에 대한 기대이기도 하다. 또 그것은 Shaw가 지적한 바와 같이 예상되는 행동의 기초이기도 하다. 이러한 준거가 없다면 그 집단의 기능 발휘는 있을 수 없는 것이다. 이러한 준거는 집단에 따라 다른 것은 분명하다.

그러나 학습집단에서는 다른 비형식적 집단에 비하면 공통된 준거가 마련되고 이 준거에 따라 학습집단으로서의 기능을 발휘하며 학생들의 행동이나 태도에 통제를 가하고 있다. 때문에 이러한 통제로 인한 획일화 또는 동화가 문제로 제기되기도 한다.

(3) 집단 구성원의 압력이나 동조가 크게 작용한다.

어린이들은 동년배인 친구로부터 거부, 배척되기를 바라지 않으며 그들로부터의 칭찬과 인정을 추구한다. 학습집단에서도 이는 마찬가지여서 구성원의 압력은 항상 존중되고 이는 학습자의 행동에 커다란 영향을 미친다.

S. Asch(1952)는 실험을 통하여 학습자들이 학습집단 구성원의 사회적 압력에 따라 동조현상을 나타내고 있음을 밝힌 바 있다. 그는 피험자들에게 8인치의 선이 그어진 카드가 포함된 4장의 카드를 제시하고 그 중에서 8인치의 카드를 찾아내게 하였다. 대부분의 피험자들은 혼자 있을 때에는 정확한 정답반응을 보이고 있었으나 친구들이 거짓으로 반응하도록 꾸며진 경우 친구들에게 동조하여 거짓 반응을 하고 있음을 발견하였다. 즉 피험자 절반 이상이 동료집단의 압력하에서는 정답 반응을 보이지 않으면서 그것이 정답 반응인 것처럼 꾸미고 있었다는 것이다. 이러한 동조, 혹은 동화현상이 학습집단에 대단히 강력하게 작용하고 있는 것이다.

(4) 학습집단은 응집력이 있다.

응집력이란 집단 내에서 구성원들에 의하여 느껴지는 전체적 결집감을 말한다. 이는 집단의 규칙이나 가치가 지지받고 그것에 동조하게 되었을 때 생성되는 것이며 '나'라는 개념보다는 '우리'라는 개념이 나타나게 됨으로 응집력 있는 집단으로 되는 것이다. 때문에 응집력이 있느냐 없느냐 혹은 어느 정도의 응집력이냐 하는 것이 구성원간의 친화성을 결정하는 것이다. 학습집단 내에서도 이러한 응집력이 구성원의 친화성의 정도를 가늠해 주며 학습집단 구성원에게 주는 영향력을 달리하게 되는 것이다.

2) 학습집단의 형성과정

학습집단이 형성되는 것은 자연적인 과정을 통해서 형성되기고 하고 의도적인 과정을 통해서 형성되기도 한다. 자연적인 과정은 학업능력이 같은 친구들끼리 형성되기도 하고 학업과 관계없이 절친한 친구관계 때문에 형성되기도 한다. 의도적인 과정은 교사의 의도나 학부모들의 의도와 관련되어 형식성을 갖춘 학습집단이 형성된다.

이러한 학습집단은 효율적이고 능률적인 집단이 되기도 하고 때로는 부정적 특성을 갖는 집단이 되기도 한다.

학습집단 형성단계와 관련한 몇 가지 이론을 살펴보면 다음과 같다(임승권, 1988).

(1) Schumuck의 4단계설

Schumuck, R. A.(1971)는 효율적 학습집단의 형성과정을 다음과 같이 4단계로 나누었다.

(가) 제1단계

학습자들이 안정과 수용되기를 바라는 단계이다. 즉 학습자들은 서로를 검증하며 또 교사에 대한 신뢰를 나름대로 검토하는 단계로서 교사들은 이들의 요구를 이해하고 수용해 주면서 격려가 필요하다는 것이다.

(나) 제2단계

집단구성원 간의 영향력이 발생하는 단계로서 학습집단의 구성원 간에 의사소통이 이루어지면서 학습자에 따라서 학습을 이끌어 나아가거나 사회적 역할에서 영향력이 나타나게 되고 또한 학습집단의 준거가 형성되는 단계이다.

(다) 제3단계

집단응집력이 생기고 공동의 목표를 추구하게 되는 단계이다.

(라) 제4단계

이상적 단계로서 학습만이 아니라 집단 내에서 자유로운 의사의 표현과 다양한 타인의 수용, 자유로운 감정의 표현이 가능한 수준의 단계로서 곧 학습집단의 이상적 수준의 단계이다.

(2) Stanford와 Roark의 7단계설

Stanford와 Roark(1974)는 학습집단의 형성과정을 다음과 같이 7단계로 설명하고 있다.

(가) 제1단계

집단형성의 시작단계로서 학습자들이 자신의 위치와 적절한 행동방식을 탐색하여 집단에 대한 감정과 기대를 갖는 단계이다. 이 단계에서 교사들은 학생들에 대한 기대와 감정을 분명히 밝혀 주어야 한다.

(나) 제2단계

준거형성 단계로서 학습자들이 교사나 학습과정에 대하여 나름의 검증을 하게 되고 그 검증결과에 따라 어떤 준거가 형성되며 집단 특성이 결정되는 시기이다.

(다) 제3단계

갈등단계로서 집단의 규범이 설정되면 학습자들은 이에 따라 적절한 반응을 하여야 하고 또 그것이 강요되게 된다. 이는 학습자의 자주성이 침해되는 것이어서 자주와 통제 사이에서 갈등과 때로는 적개심이 나타나는 단계이다.

(라) 제4단계

과도기적 단계로서 규범이나 규칙은 학습자들이 지켜야 하는 것으로 인정되면서 갈등과 적개심이 사라지는 단계이다. 그러나 때로는 이 단계는 나타나지 않기도 한다.

(마) 제5단계

생산단계로서 하나의 학습집단으로 정착하게 되고 집단에 대한 신뢰감, 의사교환, 참여의식이 나타나며, 고도의 정적 상호작용이 현저하게 나타나는 단계이다.

(바) 제6단계

애정표출 단계로서 제5단계보다는 약하기는 하지만 학습집단 구성원이나 교사와 학생간에 밀접한 애정감이 나타나는 단계이다.

(사) 제7단계

최종단계로서 유용성과 통정된 행동이 나타나며 개인의 의사에 따라서 어떤 실현이 있게 되는 단계이다. 이러한 이론은 학습자의 참여에 기초하고 있다는 점에서 인본주의적 견해로 지적되고 있다.

3. 학습집단 내의 문제 상황

학습집단은 집단별로 목적이 있다. 그리고 그 집단의 유지는 기간별로 차이는 존재하지만 일정 목표가 달성되면 해체되기도 한다. 하지만 집단 내의 문제가 발생하면 일정 목표를 달성하지 못하였음에도 조기에 해체되기도 한다. 자율적인 학습집단이 동류의식을 가지고 형성되었다면 그 기간이 길 수도 있지만 오히려 일찍이 학습집단이 문제가 될 수도 있다.

그러나 교사의 지도가 개입된다든지 학교 등 기관에 의하여 통제되는 경우는 일정 목표와 기간 등이 맞물려 학습자들의 자율에 의한 해체가 이루어지지 않는다. 즉 학습집단 내의 학습자 간의 문제가 발생하여도 의무적 집단으로서 유지되는 경우가 많다. 이를 학습집단 내에서의 경쟁, 학습집단 내에서의 친소관계, 학습집단 내에서의 사회형태 등으로 나누어 구체적으로 살펴보면 다음과 같다(임승권, 1988).

1) 학습집단 내에서의 경쟁

어느 학습집단에서든지 경쟁은 존재한다. 그리고 이러한 경쟁은 학습에 긍정적이든 부정적이든 영향을 미친다. 실제로 학교에서나 가정에서 학습효과를 증대시키기 위해 경쟁을 조장하거나 강요해 온 것은 사실이다.

지금까지 많은 연구들은 학습집단 내에서의 경쟁에 대하여 부정적인 효과를 지적하고 있다. M. M. Clifford(1972)는 경쟁은 파지(retention)에 비효과적으로 작용하고 있어서 동기유발의 유인으로 하는 것의 위험을 지적하면서 아울러 비교육성을 지적하기도 하였다. 또 J. B. Maller는 이기적 작업효과가 이타적 작업효과보다 큰 효과가 기대되며 학습에 강력하게 작용하고 있으나 이기적 동기가 우수한 학생에게 유리하게 작용하여 문제가 됨을 지적했다. 즉 경쟁의 효과는 항상 우수한 자들에게 유리하게 작용한다는 것이다.

J. M. Johnson(1977)과 J. W. Michael(1977) 등의 주장을 종합해 보면 경쟁적 상황은 점차 확대 치열해지며 경쟁상황에서의 승리를 경험하는 것은 극소수에 불과하며 대부분이 실패경험을 하게 되고, 실패자는 계속 실패자로 뒤지게 된다는 것이다. 학교라는 상황은 모든 학생이 협동하고 조화되는 것을 이상으로 하고 있음에도 경쟁이 조장될 때는 집단구성원 간에 일정 거리를 두게 되며, 상호작용도 적어지고 경쟁상대를 배척한다고 하였다. 하지만 Johnson의 연구에서의 지적은 개인 간의 경쟁이 아닌 집단 간의 경쟁으로 유도되었을 때는 부정적 결과나 비교육적 효과가 감소되고 있다고 밝히고 있어서 학습집단 내에서의 경쟁이 필연적인 것이라면 개인적인 것이 아닌 소집단간의 경쟁화로 유도하는 것이 교사의 책무이기도 하다.

그리고 학습과 관련없이 학습을 방해하는 집단이 발생하기도 한다. 이들은 학습보다는 자신들의 폭력적 위상을 통하여 또 다른 학급집단의 구성원으로서의 역할을 하기도 한다. 때에 따라서는 학업우수자와 친구관계를 형성하여 학급 내에서 절대적인 강자의 위치를 지키려 하고 경쟁의 최고의 정점에 서고자 한다.

2) 학습집단 내에서의 친소관계

학습집단 내에서의 사회적 작용은 주로 의사소통에 의존하게 되며 그 형태는 친소관계에 따라 결정된다. 즉 서로 어떻게 좋아하고 어떻게 느끼느냐에 따라 결정된다. R. Lippitt(1959)는 친소관계를 결정하는데 있어서 처음은 상대의 신체적인 외관에 의하여 결정한다고 하였다. G. Walaster(1974)도 외적 특성에 따라 상대를 좋아하기도 하고 싫어하기도 한다고 하였다. 즉 객관적 판단이 결여되었음에도 신체적으로 매력있고 건강한 사람, 혹은 잘생긴 사람을 보다 좋아하고 지적으로 우수한 사람이며 행복한 사람으로 판단하고 있었다고 하였다. 이점은 근래의 잘생긴 연예인상에 대하여 호감을 갖는 것과 비슷하다고 할 수 있다.

E. Aroson(1969)은 상대의 능력이 친소관계에 영향을 미친다고 하였다. 즉 지능이 우수하거나 성적이 높은 대상이 친한 상대가 된다는 의미이다. D. N. Byren(1971)은 태도나 의견의 유사성이 친소관계에 영향을 미친다고 하였다. 환경의 유사성도 친소관계에 영향을 미친다.

기타 친소관계에 영향을 미치는 요소는 교사의 권위 때문이라든지, 친구와 같은 사회적 압력에 대한 동조 등도 관련된다.

3) 학습집단 내에서의 사회형태

학습집단 내에서 사회상태를 알아보는 방법이 사회측정법이다. 그 대표적 기법은 추인법, 동료평정법, 지명법, 사회관계도 등이다.

추인법은 사회적 특성에 관한 질문에 대하여 동료 학생 1~2명의 이름을 쓰게 한 후 그 나타난 빈도를 가지고 전체집단 내에서 위치나 평가를 알아보는 방법이다.

동료평정법은 학생에 대한 교사평정이 주관적이며 제한적이라는 취약점을 보완하기 위하여 평정척도를 제작하여 학생들로 하여금 평정하도록 하는 방법으로서 학생들의 사회적 적응도를 이해할 수 있고 보다 신뢰롭고 타당한 자료를 얻을 수 있다.

지명법은 추인법과 유사한 방법으로서 학생들에 의하여 지각된 유능성, 학습집단내에서의 권력관계나 사회적 인정도를 측정하는 데 이용할 수 있어서 상호관계에 대한 유용한 정보를 얻을 수 있다. 이 방법이나 추인법은 생활지도에서 학급 내 학생들간의 문제를 파악하는 데도 활용할 수 있는 방법이다.

사회관계도는 평면도 방법과 Moreno의 입체적 방법이 있는데 평면도 방법은 좋아하는 친구와의 관계를 평면에서 도식화하는 방법이며 입체적 방법은 친구들이 호불호에 대한 선택과 비선택을 구분하여 4차원 중 가장 친한관계에 있는 학습자를 원 한 가운데 넣고 외톨이는 맨 밖의 원에 배치함으로써 친소관계를 파악하는 것이다.

4. 학습집단의 통제방법과 훈육

학습집단이 지속적으로 잘 운영된다면 큰 문제가 없지만 학습집단 구성 자체가 이미 이질적 요소를 가진 집단이기 때문에 이를 적절히 통제하지 않으면 오히려 역효과가 날 수도 있다. 이러한 문제를 해소하기 위하여 훈육을 하게 되는데 훈육의 개념 속에는 권위에 의한 행동통제, 벌에 의한 지도, 학생 스스로에 의한 자기통제 등의 방법이 있는데 이를 구체적으로 살펴보면 다음과 같다(임승권, 1993).

1) 권위에 의한 행동통제

미성숙자는 아직 이성적이지 못하기 때문에 성숙단계로 성장하는 과정에서 성인이나 부모, 교사 등 특정 권위를 가진 자에 의하여 행동의 통제나 조절이 요구된다. 하지만 행동의 통제는 지적으로 우수한 집단이나 고학년인 경우는 오히려 역효과가 나기 때문에 대상에 따라 신중하게 접근하여야 한다. 그렇다고 통제나 조절에 대하여 지도가 소홀하게 되면 오히려 방종과 무질서가 나타나고 때로는 문제행동이 심화된 경우도 있다. 때문에 학습자를 독립된 개체로서 인정하며, 학생의 고유한 개성신장 혹은 자율적 행동을 강조하는 입장에서 학생을 권위에 의해 강제적으로 다루어서는 안 되며, 하나의 인격체로서 존중하고 자연스러운 분위기를 마련하여 지도할 수 있는 적절한 시기를 고려하여 행동통제를 하도록 하여야 한다.

2) 벌의 사용

학습집단이 적절히 유지되면서 일정 목적을 달성하기가 쉬운 일이 아니다. 특히 인위적으로 조직된 학습집단에서는 더욱 그러하다. 왜냐하면 학습자들은 아직 미성숙자이며 스스로의 의지로 자신을 통제하기가 어렵기 때문이다. 이러한 현상은 성인인 경우에도 종종 나타난다. 과거 야간자율학습이 학교 현장에서 당연시되어 시행되던 시기에 많은 학습자들은 이 학습집단에서 일탈하고자 하였고 교사들은 이 집단을 유지하면서 학습효율성을 높이고자 하였다. 하지만 이에 대한 부작용이 적지 않아 지금은 대부분 폐지되었다.

정상적인 학습집단에서는 학습 효율성 차원에서 벌이 사용되기도 하는데 이는 학습자의 학습활동에 문제를 야기할 때 학습집단의 보호차원에서 벌이 사용된다. 근래는 체벌적 제재보다는 벌점 등을 활용하는 경우가 많은데 어떻든 벌을 사용하는데는 신중을 기해야 한다. 이 벌의 사용에 대한 제안들을 다음과 같이 정리해 본다(임승권, 1993).

(1) 벌의 부정적 효과

① 벌은 자기통제력을 약화시킨다.

② 벌은 부정적 모델을 유발한다. 벌받은 경험이 있는 자는 다른 사람을 벌주는데 크게 죄의식이 없을 수 있다.

③ 벌의 피해자는 공격적이 된다.

④ 벌로 인하여 학교나 학습에 기피현상이 나타날 수 있다.

⑤ 벌은 불쾌한 경험을 주게 된다.

⑥ 벌을 상습적으로 활용할 경우 학습자들은 벌의 고통으로부터 벗어나기 어렵다.

⑦ 마음이 약한 학습자는 벌받은 다른 친구들을 보고 스스로 두려워하는 마음을 가진다.

⑧ 벌은 노예적 근성을 키울 수 있다.

(2) 벌 사용시 유의할 점

① 행위에 대하여만 벌이 사용되며 인격과는 결부시키지 않는다.

② 벌은 시종 일관성 있게 사용한다.

③ 벌은 바람직하지 않는 행동에 즉각적으로 주어진다.

④ 벌은 가능한 한 적게 주도록 하며 관용이나 벌의 면제를 삼간다.

⑤ 벌을 왜 주어지는지를 벌받는 학생이 인식하도록 한다.

⑥ 벌은 항상 공정하게 주어져야 한다.

⑦ 벌을 주는 대신에 다른 행동에 참여하도록 하면 벌의 효과가 크다.

⑧ 학습집단의 면전에서의 벌보다 개인적으로 조용한 가운데 벌하는 것이 보다 낫다.

⑨ 남녀혼합 집단시 이를 고려하여 벌을 사용한다.

⑩ 벌이 끝나면 가급적 빨리 벌받은 학생이나 벌을 준 교사가 벌에 대하여 잊도록 한다.

3) 자기통제

인간은 누구나 스스로가 자신의 행동을 통제할 수 있는 능력을 가지고 있다는 전제를 믿는 관점에서 자기통제를 설명하고 있다. 학습자 스스로가 타인의 기대에 부응하여 자기 스스로가 행동을 통제할 수 있게 되고 지도한다고 하는 것은 성숙되었다는 반증이며 현실검증이 가능해졌다는 의미이다. 즉 자기행동에 책임을 질 수 있다는 것을 뜻한다. 이것은 무엇을 가르쳐서 알게 될 때 이루어지기보다는 경험을 통하여 나타날 때 가능한 것으로 보았다. 이들 내용에 대하여 학자들의 주장을 살펴보면 다음과 같다(임승권, 1993).

Ferguson(1972)는 이러한 자기통제나 자기지도에의 접근은 시행착오에 의한 경험으로부터 이루어진다고 보면서 가르쳐 질 수 있는 것이라기보다는 경험되어져야 하는 것으로 본다.

French와 B. H. Ravan(1959)의 주장은 그것은 교사의 특성, 즉 권위적이냐 민주적이냐 하는 특성에 크게 영향받는 것으로 설명하고 있기도 한다. 즉 이들의 주장에 따르면 권위주의적 교사들의 권위의식은 사회적으로 보상이나 벌은 줄 수 있을 때 인정되는 것이어서 그것을 인정하고 수용하는 상황에서 벌을 사용하게 되고, 강조되며 그것에 따라 벌로서 학습집단을 통제하게 되는 것이라고 본다. 이러한 분위기에서 학습자들은 자기통제력에 발전이 있을 수 없다고 보는 것이다.

그러나 우수한 지적 능력과 지도능력을 갖고 있으며 학습자들로부터 존경과 동일시 대상이 되고 있는 교사들은 권위보다는 통찰과 자기지도를 할 수 있게 지도하는 것이어서 그러한 자기지도, 자기통제가 쉽게 이루어진다고 지적하고 있다. 특히 학습집단에서의 훈육과 관련하여 통제에 있어서 교사들이 가지고 있는 오해가 지적되어야 할 것이다. 그것은 문제를 야기하는 행동은 지도를 반드시 필요로 하는 학생들이고 훈육의 문제를 야기하지 않은 학생을 바람직한 학생으로 보고 있는 잘못된 시각이다.

일반적으로 학습집단 안에서 조용히 앉아 자기 세계에 몰두하면서 훈육상의 문제를 야기하지 않는 학생을 고맙게 여기며 모범적이고 건전한 학생으로 인정할 때가 흔하다. 학습자 집단에서 고립되고 소외된 학생들은 학습의 방해라는 측면에서 훈육이나 특별지도의 문제를 야기하지 않고 있으나 이들은 훈육이나 또 다른 지도상의 도움이 요청되는 학생이라는 사실을 옳게 이해하여야 한다.

H. S. Sullivan(1974)의 지적과 같이 권위가 보다 존중되고 질서에의 동화, 무엇보다도 지식 기술이 강조되는 풍토에 길들여지도록 하는 교육적 지도와 학생들이 스스로의 책임감, 자기 신뢰, 자기 지도, 자존심 따위를 유지할 능력을 유지 · 발전시킬 수 있는 다양성 있는 사람으로 지도할 것이냐에 대한 교육자로서 지도관에 대한 성찰이 학습집단의 통제문제와 관련하여 다시 한번 검토되어

야 한다.

4) 훈육문제

올바른 인성형성과 관련해서 꾸준히 제기되는 문제는 훈육이다. 특히 행동면에서의 지도와 관련해서는 훈육은 매우 중요한 문제이다. 학습집단이 학생들의 모임체이고 이러한 집단 내에서는 항상 크고 작은 학생들간의 문제가 수시로 발견되게 된다. 이러한 훈육문제는 어느 사건이 발생한 후의 수습 차원이 아니라 사전예방 차원에서 중점적으로 이루어져야 되는데 여기에는 교사들에게 큰 부담이 될 수 있다. 하지만 교사라면 당위성을 가지고 이러한 문제를 최소화한다거나 해결하는데 누구보다도 헌신적인 노력을 기울여야 한다. 많은 연구과정과 경험과정을 통하여 이러한 훈육문제 지도에 있어서는 심리학자들이나 교육학자들이 그 원인을 밝혀 지도함으로써 문제를 쉽게 해결할 수 있을 것으로 판단하고 있다. 이러한 훈육문제에 대하여 학습집단이나 학습환경에 많은 영향을 받는다는 점에서 학습실제에 유념하여 문제행동을 예방해야 한다고 주장하고 있는 S. L. Yelon과 G. W. Weinstein(1977)의 견해를 살펴보면 다음과 같다(임승권, 1993).

① 학습을 보다 의미있게 한다. 학습이 의미있게 진행되고 그렇게 받아들여질 때 훈육문제는 피할 수 있다.

② 학습자의 능력이나 관심에 기초한 학습을 계획하고 진행한다.

③ 모든 규칙을 분명히 인식시키며 또한 모두가 지키도록 한다. 규칙의 준수는 여러 사람이 함께 하는 상황에서는 필수적인 것이라는 것을 분명히 이해시키고 인식하고 있어야 준수될 수 있는 것이다.

④ 누구나 지킬 수 있는 것을 규칙으로 삼는다. 규칙의 준수에 예외가 있다든지 실제로 적용할 수 없는 규칙은 학생을 당혹하게 하거나 또 갈등상태를 야기하게 한다. 지킬 수 없는 규칙은 그 의미를 상실한다.

⑤ 규칙은 일관성이 유지되어야 한다. 기분이나 감정에 따라서 마련된 것이거나 때와 장소에 따라 달라질 수 있는 규칙은 계속 문제를 야기한다.

⑥ 규칙의 마련에 학생들을 참여시킨다. 권위에 의하여서 제정된 규칙이 아니라 그것을 지킬 사람들이 마련한 규칙은 스스로 지키려는 노력도 증대되고 규칙에 대한 불평, 불만, 혹은 오해도 적어진다.

⑦ 환경을 조화롭게 조절한다. 학습활동을 방해하거나 학생들의 주의를 산만하게 하는 환경적 요인들이 제거될 때 훈육문제는 감소된다.

⑧ 적절한 행동에는 즉각적인 보상을 하도록 한다. 학생들에게 주어지는 칭찬이나 보상은 항상 학생들에게는 중요한 의미를 갖는다. 특히 저학년에서의 효과는 지대함을 인식하여야 한다.

물론 이러한 노력들이 훈육의 문제를 근본적으로 해소시킬 것으로 기대되지는 않는다. 그러나 조금만 관심을 가지고 유의한다면, 유효한 결과를 기대할 수 있는 평범하면서도 가치있는 제안이 될 수 있을 것으로 기대되어지는 것이다.

위와 같은 예방대책에 대하여 행동주의 심리학자들은 환경적 자극에서, 정신분석학자들은 내적 갈등에서, 사회심리학자들은 인간관계의 역할과 관련해서 문제의 원인과 예방책을 제시하고 있기도 하기 때문에 어떠한 방법이 절대적으로 훈육문제를 해결할 수단이라고 강조하기는 어려움이 있을 수 있다.

참고 문헌

임승권(1993). 교육의 심리학적 이해. 서울: 학지사.

Clifford, M. M.(1972). Thoughts on theory of constructive failare. Educational Psychologist, 19, 108~120.

Dunkin, M. J. & Biddle, B. J.(1974). The study of teaching. NY: Holt, Rinehart & Winston.

Moreno, J. L.(1946). Psychodrama, 1. NY: Beacon House.

Schmuck. R.(1971). Influence of peer group. in G. Lesser(Ed.). Psychology and educational practice, 502-529. Glenview, IL: Scott, Foresman.

제16장

행동수정과 학교학습

1. 행동수정과 상호작용 효과
2. 행동수정의 원리
3. 행동수정과 강화이론
4. 행동수정 전략

1. 행동수정과 상호작용 효과

지금 우리사회의 일부 모습을 보면 순간의 화를 참지 못하여 상대방을 상해하거나 살인을 너무도 쉽게 생각하는 범죄가 발생하고 있다. 초등학생들 사이에서도 친구를 왕따시킨다거나, 폭력을 휘두른다거나, 자기의 가방을 친구가 들고 가게 하거나 하는 등 직 · 간접적인 폭력이 증가하고 있고 중 · 고등학교에서도 마찬가지 현상이 일어나고 있다. 심지어는 성인집단에서도 사회적으로 용납하기 어려운 행동들을 하는 경우가 적지 않게 언론에 보도되고 있다. 근래에는 어린이집이나 유치원 등에서도 교사들의 돌출된 행동으로 인한 영유아들의 피해가 심심찮게 언론을 장식하고 있는 실정이다. 이러한 결과는 어디에서 시작했을까? 하는 의문이 적지 않지만 분명한 점은 체계적인 교육을 통하여 사전에 예방할 수 있거나 사건의 강도 측면에서도 약화시킬 소지가 분명히 있을 것이다. 이 점은 교육이 그 책임의 선봉에 있음을 부인할 수 없다. 왜냐하면 교육은 바람직한 행동으로의 변화를 목적으로 하기 때문이다.

그러한 목적을 달성하기 위하여 형식적 교육이든 비형식적 교육이든 간에 많은 교육적 노력을 기울인다. 그 중에서도 대표적인 형식적 교육기관에서는 바람직한 인간 형성을 위하여 체계적이고 계획적인 교육 프로그램을 운영하게 된다. 교육기관의 이러한 노력에도 불구하고 실제적으로 우리사회에는 바람직하지 못한 행동을 하는 사람들이 적지 않은데 이는 사회적 비용 지출이 증대한다거나 삶의 질을 저하시키는 요인이 되기도 한다.

따라서 올바른 행동을 할 수 있도록 하는 교육적 행동 수정과정이 필요한데 이러한 행동수정을 위한 체계적인 노력이 이 장에서 다루어야 할 부분이다. 행동수정은 이미 이루어지고 있는 행동이 개인적으로나 사회적으로 바람직하지 않을 때 이를 올바른 방향으로 수정하기 위한 일이다.

행동수정을 하기 위해서 해야 할 우선적인 일은 행동수정 대상자와의 상호작용이다. 그러기 위해서는 행동수정을 필요로 하는 학습자를 선정하는 일이다. 대상자의 선정이 특별히 행동수정을 필요로 하는 학생들이겠지만 그렇다고 해서 정상적인 학생이 배제되어서는 안 된다. 왜냐하면 언젠가는 그들도 행동수정 대상이 될 수 있기 때문이다.

교사가 행동수정이 필요한 학생들을 정확히 파악하고 그들과 꾸준한 상호작용을 하게 되면 처음에는 행동수정에 대한 관심이나 효과가 미미할 수도 있지만 지속적인 상호작용은 바람직한 행동수정의 결과를 가져올 것이다. 때에 따라서는 교사의 행동이 격할 수도 있고, 때로는 설득하고, 훈계하면서 상호작용을 하게 되는데 이러한 모든 상호작용은 모두 교사와 학생 간에 영향을 미치게 된다는 점이다. 따라서 교사는 행동수정을 필요로 하는 학생에게 보다 조직적이고 체계적으로 접근하여 상호작용을 펼쳐야 할 것이다. 이러한 행동수정에 관련한 전반적인 내용을 김용래(1985)의 저서를 기준으로 하여 첨삭하여 기술한다.

2. 행동수정 윤리

인간의 행동을 한번의 지시나 교육으로 조정할 수 있거나 통제하기는 쉬운 일이 아니다. 인간생활에 있어서 개인의 선택이나 자기결정권은 자신만의 권리이다. 행동수정을 실제 적용하는 사람들은 그러한 개인의 권리를 보장하는 가장 중요한 역할을 하는 사람이라 할 수 있다.

개인의 행동수정은 인간의 행동과 관계 측면에서 볼 때 매우 바람직한 일이다. 인간은 혼자 살 수 없는 사회적 동물이기에 사회적 삶을 살아갈 수 있는 적절한 행동수정은 꼭 필요하다. 행동수정을 비판하는 입장에 있는 인도주의자들은 행동수정이 오히려 인간을 통제하는 수단으로 활용될 소지가 있다는 점을 염려하고 있다. 그리고 다른 사람의 행동을 수정함에 있어서 인간의 동기에 대한 수용 가능성을 거부하고 있다.

행동수정은 경험과 학습행동에 근거한 일련의 기법이다. 행동수정은 바람직한 인간형성에 관련한 하나의 기술이라고 할 수 있기에 윤리적인 문제에 앞서서 오로지 인간으로서 개인을 위한 노력에 관심을 두고 있다.

따라서 행동수정 활용에 있어서 윤리는 활용자 개인의 내적인 문제이기 때문에 행동수정의 가능성을 단순히 무시하거나 배격하는 것은 바람직하지 못하다 할 수 있다. 행동수정의 가능성에 대해서 바람직하지 못하다고 하는 것은 행동수정을 시도하는 어떤 개인의 불합리한 의도나 목적 자체에 있는 것이다. 이와 같이 바람직하지 못한 입장을 통해서 개인의 행동을 통제 조정당하는 것으로부터 개인을 보호하기 위한 가장 효과적인 방법은 행동수정에 대한 지식과 이해를 갖는 것이 무엇보다도 중요한 일이다.

우리가 행동수정의 기술적인 입장을 받아들인다면 매우 헌신적이고 양심적인 행동수정가나 교육전문가들을 위한 두 가지 측면에서의 윤리적인 문제를 제기한다. 하나는 '과도한 욕망과 경쟁적인 입장으로 흐르기 쉬운 학생들의 경우를 어떻게 보호하느냐' 하는 것이다. 다른 하나는 '개인행동 통제의 수단으로서 의도적으로 불쾌하고 고통스러운 조건을 사용하는 것은 어떤 잘못이 있는가' 하는 것이다. 이 두 가지 질문이나 의문은 정당하고 진지한 것이다.

행동수정의 윤리적 문제는 개인 자신이 '내가 다른 사람의 행동을 변경 수정시키고자 하는 것이 그 개인에게 과연 유익하고 도움이 될 수 있을까?' 하는 의문을 생각할 때 행동수정의 적용은 바르고 정당하게 될 것으로 본다.

행동수정이 학생을 위해서나 그의 학교학습을 위해서 유익하다고 하는 점을 정직하게 말할 수 있다고 하면 윤리적인 문제는 크게 의심할 필요가 없을 것이다. 성공적인 행동수정의 노력은 개인이나 학생들에게 바람직한 변화를 갖게 하기 때문에 유익하다고 결론짓게 될 것이다.

따라서 개인이나 학생들에게 그들의 생활을 개선하는데 도움이 될 수 있는 것은 강화되어진 성취결과이다. 이러한 것이 행동수정을 적용하는데 의의를 갖게 하는 것이며 행동수정 자체가 문제가 아니라 행동수정을 적용하는 개인의 의도에 따라서 윤리적인 문제가 존재한다는 점이다.

3. 행동수정과 강화이론

1) 강화의 가치

개인에게 주어지는 특정 대상이나 조건 또는 상황은 좋은 것과 싫은 것이 있다. 재치있는 행동수정자는 항상 개개인의 특유한 기호에 대해 무척 민감하며 관찰 포착력이 빠르다. 비록 기호에 따른 강화물을 적용할 수 있는 식별이 실제 가능하다고 하더라도 개인에게 일정 강화들이 가치로운가 하는 것은 그 개인의 욕구나 그 강화물의 유익성에 따라서 다르다고 할 수 있다. 행동수정 프로그램의 활용에 있어서 강화 자체가 그 프로그램이 의도하는 특성을 지니고 있는 것이 중요한 문제이다.

인간의 행동은 강화물의 가치가 반드시 효과적이라고 하는 것을 기대하기 어려운 복잡성을 가지고 있다. 성공적인 행동수정을 위해서는 적용하는 강화물의 효과에 민감해야 한다. 어떤 교사가 '믿을 수 없고 적대감에 쌓인 학생들의 행동을 교정하고자 신체적 접근이나 쓰다듬어 주는 것'을 강화물로 이용하는 것을 생각할 수 있다. 또한 학교에서 성적 점수, 벌, 칭찬, 꾸지람 등을 강화물로서 사용해 왔던 것이 효과적이었던가 하는 것을 생각해 볼 수도 있다.

강화메뉴를 활용하는 기술은 어떤 경우나 비슷하다(Daley, 1969). 이 메뉴를 개발하는 것이 강화효과를 향상시키는 것이다. 강화메뉴를 찾아내기 위해서 행동수정가나 학교에서의 교사는 노력해야 한다.

연령이 어린 아이가 유아스런 말을 할 수 없는 경우는 그들의 요구나 바램이 무엇인가를 전달 표시하는데 어려움이 있을지 모르나 그 이외의 경우는 가능하다. 예를 들면 강화메뉴를 마련하기 위해서는 개인이 언제나 즐거워하고 요구하며 희망하는 제반 목록을 준비하여야 한다. 그리고 어떤 일이나 행동이 만족스럽게 성취되었을 때 그 행동을 강화하기 위해서 교사는 학생이 원하는 것이 무엇인가를 말할 수 있게 유도한다.

여기에서 얻은 자료는 그 개인 또는 학생을 위한 강화메뉴를 작성하는데 도움이 되고 있다. 이러한 방법은 청년들이나 성인들을 대상으로 해서도 가능하다. 그들이 자유로이 택할 수 있는 어떤 환경을 제공하면 그들이 이끌리는 어떤 일을 선택하게 된다. 그러므로 개인의 행동을 강화하는 것을 찾아내기 위해서는 어떻게 행동하는가를 관찰하고 살펴야 한다.

상당히 많은 교사들이 학급집단에 관심을 두는 경우가 많지만 개인 학생에 대해서도 관찰이나 질문 등의 절차를 통한 행동목록을 만들어 행동을 발견하는 것은 강화를 위해서 매우 중요한 일이다. 따라서 강화의 가치는 강화를 적용하고자 하는 집단이나 개인의 요구, 희망, 기호 등을 기반으로 할 때 의의가 있음을 알아야 한다.

2) 강화의 즉시성

강화과정에서 흔히 소홀하게 되는 경우가 있다. 행동과 보다 밀접하고 즉시적인 강화물은 표적행동과 직접 관계되고 있다. 그리고 보다 강한 것일수록 효과가 있다. 앞에서 언급한 바와 같이 강화가치와 강화물의 적용시간의 밀접한 결합은 매우 중요하다. 강화의 즉시성 개념은 매우 일반적이며 행동에 대한 설명에 있어서나 행동수정 계획에 있어서는 반드시 염두해 두어야 할 사항 중의 하나이다. 강화물의 효과를 최대화시키고자 한다면 강화물은 즉시 제공해야 하고 특히 새로운 행동을 학습하는 조기 단계에서는 매우 중요하다.

강화의 즉시성이 의미하는 것은 개인이 강화를 연기하는 것을 참을 수 없다고 하는 뜻과는 다르다. 대체적으로 강화를 지연시킬 때 나타나리라고 기대하지 않았던 행동, 즉 표적행동이 아닌 엉뚱한 행동이 나타날 가능성이 많다. 그리고 강화를 지연시키는 것은 단순히 학습의 프로그램의 효과를 위해서는 강화내용들을 배분하는 방법상의 조정도 검토해야 할 것이다.

3) 소멸

바람직한 행동이나 기대하는 행동을 고도로 지속시키기 위해서는 조직적인 보상의 입장이 적용될 수 있으나 바람직하지 못한 행동을 중지시키기 위해서는 적극적 강화를 없애거나 억제할 때 기대 효과가 크다. 이처럼 잘못된 행동이 아무런 강화가 없을 때 약화되거나 중지되는 현상을 소멸이라 한다.

예를 들면 누구든지 아무도 귀담아 들어주는 사람이 없다고 느끼게 되면 더 이상 이야기하기를 원치 않을 것이며 마침내는 이야기를 중단하게 되는 것과 같은 것이다.

Allyon & Michael(1959)은 주의력과 행동 사이의 관계를 잘 밝히고 있다. 그는 정신병원에서 담당하고 있는 환자들이 나타낸 여러 가지 괴상한 행동의 경우를 관찰 기록하였다. 그는 환자가 조용하고 합리성이 있는 행동을 하며 이상한 행동이 없을 때만 그 환자를 살피기 위해서 병실을 방문하였다. 그는 여러 차례 그와 같이 하였다. 그렇게 한 결과 환자의 괴상한 여러 가지 행동이나 시간은 극적으로 줄어들었다는 것이다.

효과적인 행동수정 프로그램은 바람직한 행동에 적극적인 강화와 바람직하지 못한 행동에 대해서는 무시하는 것을 포함한 전략인 것이다. 이러한 행동수정 프로그램의 배합은 가장 효과적이며 어려움이 없는 것으로 소극적 강화와 벌을 주로 하는 것보다 실시상 더욱 용이하다.

4) 보상과 벌

행동수정에 대한 개념 설명 단계에서는 벌과 같은 소극적 강화와 보상과 같은 적극적 강화를 혼동하기 쉽다. 이들 사이에는 유사점이 있지만 본질적인 차이점이 있다. 새로운 적응행동과 같은 것을 학습하는 것은 적극적 및 소극적 강화를 규칙적으로 제공하는 것이 핵심적인 과제이다.

보상은 개인이 좋아하고 필요로 하는 물건을 받을 수 있도록 마련해 주는 의미에서 적극적 강화와 비슷하다. 그러나 보상은 항상 개인이 정상적인 동일 환경에서 하지 못하는 어떤 일이나 행동을 할 수 있도록 영향을 미칠 수 있게 함을 내용으로 하고 있다. 바람직한 표적행동에는 제공되는 보상이 개인에게 유익하지만 새로운 행동이나 적응행동을 가르치기 위한 목적에는 적합하지 못하다.

벌과 소극적 강화는 모두가 개인이 싫어하고 괴롭다고 하는 특성을 내포하고 있다는 것 때문에 많은 교사나 부모들이 학생이나 자녀의 훈육과 훈련에 일차적인 방법으로 사용하고 있다. 이것은 사실상 바람직하지 못한 것이다.

벌은 임의적인 것이며 깊은 생각을 하지 않고 어떤 목표, 특히 학교에서 수업목표를 위해서 세심한 배려를 하고 있는 것이 아니라 징계로서 사용되고 있다. 일반적으로 벌은 일시적인 수단이며, 소극적인 강화는 행동수정 기술을 위해서는 극히 바람직하지 못한 경우도 있는 것이기 때문에 사전에 구체적인 계획이 필요하다. 반대로 적극적인 강화와 소멸은 행동수정을 위해서 적용하는 매우 용이한 수단이며 효율적인 기술로 인식되고 있다.

보상과 벌과 적극적 강화와 소극적 강화 사이의 구별되는 특징의 하나는 표적행동의 존속에 대한 점이다. 보상이 없어지면 표적행동은 계속될 것이지만 적극적인 강화는 계획적으로 반응의 지속적인 안정을 견제하면서 점차 없애게 된다.

벌은 행동을 억제하거나 중지시키는 데는 정말 효과가 있지만 벌에 대한 공포가 없어지면 그 행동은 다시 계속될 수 있다. 반대로 소극적인 강화는 새로운 행동이나 변화된 행동의 세력을 증가시킬 수 있도록 조직적으로 적용하게 된다. 적극-소극적 강화와 벌-보상 사이의 차이는 어떤 경우든 간에 논의상의 문제점은 항상 있는 것이다. 다음에 제시한 내용은 개념적인 차이점을 이해하는 데 도움이 될 수 있을 것이다.

(1) 강화

① 강화의 초점은 새로운 행동을 가르치는 데 있다.
② 강화는 조직적으로 적용되고 있다.
③ 정서적인 문제는 최소한의 문제이다.
④ 강화의 제거는 새로운 행동이 지속될 수 있게 계획한다.

(2) 보상과 벌

① 보상은 새로운 행동을 가르치는 것이 주된 관심이 아니다.
② 보상과 벌은 언제나 사전 계획 없이 일시적인 것이다.
③ 정서적인 문제는 매우 높다.
④ 보상과 벌이 계속될 때 표적행동은 멈추게 되며 그렇지 않으면 표적행동은 계속된다.

4. 행동수정 전략

행동수정이 냉정하고 기계적이고 어리석은 짓이라고 생각하는 사람들이 있다. 이는 행동수정의 윤리적인 면에 대하여 문제 제기를 하고 있는 입장의 사람들이 주장하고 있는 경우다. 하지만 행동수정 문제는 현실적인 문제이고 이를 교육적으로 적절히 활용해야 하는 점은 바람직한 행동변화를 기대하는 교육의 목적과도 연결된다.

여기에서는 학교학습 현장에서 많은 교사들이 적절하게 활용해 온 다음의 다섯 가지 기초적인 행동수정의 기초전략을 논의하고 추가로 행동치료 방법을 제시한다.

1) 행동형성과 행동수정

수영장에서나 해수욕장에서 수영하는 사람들의 행동을 관찰할 수 있다. 어떤 사람은 사전 동작없이 곧장 물 속으로 뛰어들어 간다. 그런가 하면 또 다른 사람은 먼저 발을 물에 담그고 손을 물에 적신 다음 다리, 허리 그리고 온몸을 물 속에 담근 다음 수영을 한다. 점차적인 동작진행은 적응과 순응을 위한 개인적인 욕구에 따라서 다양한 것을 볼 수 있다. 위에서 언급한 전체적인 행동은 수영이다.

학교학습에 대부분의 교육내용이나 자료는 전체적인 행동인 수영을 위한 사전 동작이 수반되는 것과 같이 하위요소별 단원으로 조직되어 있다. 교사가 학생들을 학습지도 함에 있어서 교육내용의 계열성과 계속성을 지닌 각 소단원의 구성요소를 습득시키는 데는 반드시 과제의 복잡성의 원리에 따라서 점차적 단계적으로 복잡성을 감소시키는데 비효과적이라면 그는 바람직한 표적행동을 학생들에게 습득시키기에 곤란을 겪게 될 것이다. 여기에는 학생들의 동기화 문제도 아울러 배려되어야 할 것이다. 특히 표적행동 또는 종착행동을 성취하기 위해서는 사전에 요구되는 필수조건적 단계를 반드시 배려하여야 한다.

여기에서 수정행동 형성과정의 한 예를 살펴본다.

유치원 교사인 K선생님은 그녀가 맡고 있는 반의 B유아의 의존행동이 자신에게 화를 내게 하고 있음을 의식하였다. B가 정말 과외의 주의력과 도움을 요구하고 있음도 이해하였다. 그녀는 이와 같은 일로 죄의식 같은 감정을 느끼곤 하였다. B의 한 가지 행동이 그녀의 휴일을 더욱 우울하게 몰고 간 것 같았다. B는 자기 선생님에게 보여주기 위해서 집에서 어떤 물건을 잘 가져오는 습관이 있다. 교실 안에서 선생님이 무엇을 하고 있던 간에 왔다갔다 하면서 '아줌마? 내가 갖고 있는 것이 무엇인지 좀 보세요!' 하고 큰 소리를 치곤하였다. 한 번은 그 선생님이 나지막한 소리로 '자리에 앉아요' 하면서 B에게 이야기했다. B는 갑자기 눈물을 흘렸다. 그녀는 B를 위로한 후 그날 점심시간이 될 때까지 B는 그녀를 귀찮을 정도로 따라다닌 것을 주목하였다. 이날 오전은 내내 B와 함께 무엇을 해야 할 것인가에 대해서 그녀의 욕구불만은 매우 컸다. 그녀는 다시는 B의 마음을 상하지 않게 하고 싶었다. 이와 같은 생각은 그녀의 교사로서의 양심과 개인적 감정 사이에 하나의 갈등 현상을 빚기도 했다.

그녀는 동료교사로부터 원생 가운데 문제 행동을 바로잡았다는 이야기를 들었다. 여기에서 암시를 받고 B와 교실에 들어와 제자리에 조용히 앉아 있게 하는 행동을 표적행동으로 여기고 이일에 관심을 기울이게 되었다.

계획을 실시하려는 첫날에도 전날과 마찬가지로 교실 안으로 급히 들어와서 곧장 여선생님에게로 다가 오는 것이었다. 야구선수 모습이 담긴 그림책을 가지고 있었다. B가 이야기하기 전에 '오! 멋있는데', '마치 야구경기장에 있는 기분인데', '그런데 자 그림책은 책상 서랍에 넣어 두어라. 그리고 네 자리에 앉아라. 나는 잠시 너와 함께 있겠다.'라고 말했다. 그녀는 B와 잠시 동안 야구경기에 대해서 함께 이야기를 나누었다.

다음날 B는 갖가지 색깔의 꽃다발을 가지고 교실에 들어섰다. 'B야! 그것은 좋지 않구나, 뒷 책상 위에 갖다 두어라' 그는 즉시 그녀의 말에 반응하고 자리에 가서 앉았다. 그녀는 꽃 한 송이를 집어서 B의 어깨를 두드리며 그녀의 관심과 주의가 B의 앉아 있는 행동에 집중되고 있다는 것을 확실하게 해 주면서 그의 곁에 잠시 서 있었다. 그 다음날은 더 많은 꽃을 가져와 뒷 책상 위에 정돈해서 놓아두었다.

B는 그 여선생님이 뒷 책상 위에 가지런히 놓아둔 꽃을 지적하면서 웃고 있는 동안 자리에 조용히 앉아 있었다. 며칠이 지난 뒤부터는 교실에 조용히 들어와서 자기 자리에 앉아 있는 B의 행동이 일관성 있게 되었다. 처음 며칠 동안은 여선생님의 행동 때문에 B는 고통스러우면서도 자리에 앉아 있는 것처럼 보였는데 얼마 후는 다른 유아들과 꼭 같이 아침에 교실에 와서 인사도 하게 되었고 조용히 앉아 있는 행동을 갖게 되었다.

위의 예는 형식절차를 설명한 것에 불과하다. 교사는 유아의 순수한 욕구를 의식하고 교사가 원하는 행동패턴을 지향하고 있었다. 그 유아는 교사의 주의와 관심을 받고자 했던 것이며, 교사는 그 유아의 의존행동을 격려하지 않으면서 지원적인 관계를 유지하고자 했던 것이다. 그 교사는 위의 설명에서와 같은 행동형성 절차를 마련했던 것이다.

이처럼 보다 복잡성을 띤 행동형성 과정도 비슷한 절차를 밟게 된다. 어떤 경우에 있어서는 형성을 방해하는 하나의 문제점은 행동수정가의 수용여부에 따른 것으로서 내적인 목표인 기대하는 표적행동을 단시간 내에 형성시키고자 하는 데서 비롯되게 된다. 다만 행동형성 과정에서 전체적 결과, 즉 원하는 전체행동이 성취될 때 까지는 어떠한 보상도 억제하는 것이 바람직하다.

2) 모형과 행동수정

모형 또는 모방적인 행동은 교실 내에서 교사가 관심을 두든 두지 않든 나타난다. 인간의 학습행동에 있어서 매우 중요한 형태가 모방학습이다. 대부분의 사회학습은 모방에 의한 것이 많다(Bandura & Harris, 1966). 우리는 유행, 은어표현 및 재미나 취미 같은 현상을 생각할 수 있다.

만일 학교에서 어떤 인기 있는 학생이 시중에서 처음 판매되고 있는 신발을 신고 등교한다면 여타의 학생들도 그와 같은 신발을 사서 신게 되는 것처럼 학생들은 학생들 상호간에, 교사로부터 그리고 제반 대인관계에서 많은 모방행동을 하게 된다. 이와 같은 모방행동이나 학습에 있어서는 가장 필요한 요소가 정확하고 바람직한 모형인 것이며, 바르지 못한 행동이나 태도를 수정하고자 함에 있어서는 명확하고 모범이 될 수 있는 모형을 제시하거나 준비해야 한다. 이와 같은 모형을 통해서 바람직한 행동을 형성하려는 것은 매우 효과적인 경우가 많다.

학교학습의 현장에서 활용하고자 하는 모형은 관찰자인 학생들에게 특정한 유인성을 가진 것이어야 하고 동일시의 가능성을 모형으로부터 발견할 수 있다는 것을 확신할 수 있게 하는 것이 매우 중요하다. 예를 들면 중년부인은 남학생에게는 어떠한 행동의 경우에서든 아마 이상적인 모델이 될 수 없을 것이다.

사실 모형은 그 자체 만으로 효과적인 기술이 될 수는 없다. 여기에는 또 다른 기술이 결부되어서 사용할 때 모형은 행동수정 프로그램으로 강하게 작용할 수 있다. 즉 모형은 바람직한 행동 촉진은 가능하지만 강화는 바람직한 행동이 나타난 후 이것을 지속시켜 주는데 유용한 것이기 때문에 강화와 결합해서 모형의 전략은 행동수정으로써 의의있게 이루어질 수 있다는 점이다.

3) Time-out과 행동수정

예전에 학생들의 지도 방법으로 학생들을 교무실 구석의자에 앉아 있게 하거나 복도 등에서 무릎을 꿇게 하고 손을 들게 하는 등의 모습이 있었다. 이러한 훈육방법들은 일부 행동에 대한 행동수정 방법으로 활용되었다. 이러한 훈육방법과 비슷한 행동적 테크닉이 T.O(Time-out)로 알려진 행동수정의 한 방법이다. T.O(Time-out)방법은 적절하게 활용한다면 벌 이상의 효과를 가져올 수 있다.

잘못된 행동이 일어나는 것은 환경이 일조를 하는 경우가 많으므로 우리는 잘못된 행동이 일어나는 환경을 개선할 필요가 있다. 다시 말하면 T.O(Time-out)의 합리성은 바람직하지 못한 행동을 지속시켜 주는 강화물로부터 잘못된 행동을 하고 있는 개인을 일정시간 격리시켜 주는 것이다. 왜냐하면 격리 장소나 공간은 개인에게는 최소한의 자극제가 되기 때문이다. 그리고 그와 같은 공간과 장소는 즐겁지도 불쾌하지도 않은 장소이다. 이 공간을 T.O(Time-out)공간이라고 한다.

행동수정을 위한 T.O의 적용은 잘못된 행동을 하고 있는 아동이 T.O공간에 투입되어 마음을 진정시킨 순간부터 최대한 10분 이상을 초과하지 말아야 한다. 즉 행동이 산만한 아동이 T.O 적용으로 T.O공간에 들어가 있게 되면 교사는 아동의 군소리가 없어지는 때부터 시간조절을 시작한다. 복도, 교무실의 구석에서 학생을 세워두거나 무릎을 꿇어 앉히는 벌의 질은 T.O를 실시하는 이유와는 다르다.

T.O는 학생이 지닌 버릇없는 행동에 대해서 그 학생에게 벌을 주고자 하는 것이 아니고 바람직하지 못한 행동을 지속시키는 강화물의 연결성을 차단코자 하는데 관심을 두고 있다. 즉 T.O는 잘못된 행동에 대한 보복 조치로서 과해지는 징계가 아니라는 점을 이해하여야 한다.

T.O를 실시할 때 말은 되도록 삼가야 한다. T.O의 지시와 그 필요성에 관해서는 학급 전체 학생들이 다 알 수 있도록 T.O 실시 전에 설명되어야 한다. T.O가 필요해서 이미 실시되고 있는 순간에 그 필요 전 설명과 지시가 있어야 하고 조용한 가운데 T.O는 실시되어야 한다는 점을 이해하여야 한다.

T.O 적용 대상 학생에게는 수업 중이라도 조용히 교사는 손가락으로 T.O 장소를 지시 또는 신호를 해 주는 것이 좋다. T.O의 과도한 사용이 있을 수 있는 위험도 없지 않다. 잘못된 행동에 대한 억압효과를 T.O가 가지고 있는 이상, 교사는 빈번하게 사용하고자 시도할지 모르며 골치거리 문제학생이 없도록 하기 위해서 오랫동안 사용하게 될 수도 있을 것이다.

앞에서 설명한 모형과 마찬가지로 T.O 역시 그 자체 만으로는 효과가 없고 적절한 행동을 위한 적극적인 강화와 결합을 적절하게 안배하여 활용할 때 특정 개인에게 계속적인 T.O 사용의 필요성을 줄일 수 있게 된다.

4) 토큰제(Token systems)와 행동수정

예전에 버스를 탈 때 Token을 사용하였을 때가 있었다. 돈 대신 토큰을 사용함으로써 돈과 동일한 효과를 기대할 수 있었다. 이러한 토큰은 행동수정에 있어서 효과적인 강화수단으로서 구체적인 보상 대리물 역할을 통하여 행동을 수정하는데 중요한 방법으로 활용된다.

강화는 가급적 즉각적으로 제공하여야 표적행동을 낳는데 효율적이다. 예를 들어 교사가 제공할 수 있는 것으로서 학급 전체 학생들이 극히 바람직한 행동을 보였을 때 다음 주에 야외놀이를 한다거나, 생태공원 나들이를 간다고 했을 때 즉시성은 없는 것이다. 하지만 또는 바람직한 행동이 나타나는 즉시 토큰을 제공하고 이를 모으면 어떤 혜택이 주어진다고 하면 학생들은 토큰을 통하여 즉시적인 강화가 일어날 수 있을 것이다. 이와 같은 방법으로 수정해야 할 행동이 있으면 수정이 이루어질 때마다 토큰을 제공하여 행동수정을 도모할 수 있다.

토큰 강화는 여러 가지 형태를 취할 수 있으며 실제 적용에 있어서는 매우 다양하다. 일반적으로 활용하기 쉬운 것은 토큰을 만들어 이를 몇 장 모으면 이에 따른 혜택을 주는 경우가 있다. 또 여러 개의 공간을 마련하고 그 공간에 토큰으로 채운다면 학생이 원하는 보상을 주는 경우다.

글을 아는 학생의 경우는 수정해야 할 행동에 대하여 올바른 행동양상을 보일 때 스티커에 올바른 행동을 했던 내용을 적어 주고 이 스티커를 모으면 적절한 보상을 해준다. 이러한 토큰제는 노력을 집중시키고 학생들의 학습활동이 슬럼프에 빠졌을 때, 학급의 어떤 변화를 갖고자 할 때, 또는 잘못된 행동으로 보상을 구하고자 하는 초기에 있는 학생들의 행동수정에는 의의있는 방법이 될 수 있다.

5) Premack 원리와 행동수정

Premack(1959)은 행동수정이 매우 상식적으로 응용될 수 있도록 잘 설명하였다. 그는 고·저가능성 활동으로서 개인의 활동선택 내지는 기호에 대해서 설명하였다. 교과서를 앉아서 읽는 것보다는 신문을 읽으면서 앉아 있는 것이 훨씬 편하다. 이 경우 신문을 읽는 것은 높은 가능성을 지닌 일이다. Premack의 원리를 행동수정에 적용하는 것은 간편하고 매우 효과적이다. 이는 조직, 관련, 계획, 소성 등에 대한 아무런 의식이 없는 교사나 부모들이 실제로 이용해 왔던 방법이다.

예를 들면 '여러분이 이 수학문제를 정확하게 풀면 여러분은 벨 소리가 날 때까지 자유시간을 준다', '너는 김초밥을 먹기 전에 손을 깨끗이 씻어야 한다.'는 경우에서 '수학과 손을 깨끗이 씻는 것'은 비교적 낮은 가능성 행동이며, '벨 소리가 날 때까지의 자유시간과 김초밥을 먹는 것'은 높은 가능성 행동들이다. 이것이 Premack의 원리를 적용한 예이다. Premack은 저가능성 행동(low-probability behavior)은 고가능성 행동(high-probability behavior)을 조건으로 하고 있을 때 항상 개발될 수 있고 개선 가능하다는 것을 명백히 제시한 바 있다.

> "……월요일 아침 교사는 학급을 컨트롤하기가 몹시 어려웠다. K는 지난 주말 사람과 침팬지가 싸우는 영화를 보았다. K는 급우들과 영화 장면을 이야기하였다. 반 학생들은 거의가 '침팬지 이야기'로 소란스러웠다. 그런가 하면 교실 안에서 침팬지와 사람이 싸우는 흉내를 내면서 날뛰는 것이었다. 교사는 학생들을 심히 꾸짖었다. 그리고는 타일렀다.
>
> 교사는 학생들에게 제의하였다. "9시 50분까지 모두가 제자리에 앉아서 조용히 공부한다면 10시 10분까지는 너희들이 그렇게 좋아하는 침팬지 이야기며 싸우는 흉내내는 것을 허락한다. 자 공부하자!"라고 하였다. 학생들은 모두 동의하였다."

위의 예에서 보면 낮은 가능성 행동은 '수업하는 것'이며, 높은 가능성 행동은 '원숭이 이야기하는 것'이며 이것이 조건이 되어 수업을 하게 된 것이다.

Premack의 원리는 마치 위대한 심리학적 발견처럼 생각할 필요는 없다. 이것은 하나의 상식이다. 교사는 학생들이 좋아하는 행동이나 활동이 무엇인가를 관찰하고 파악해서 반드시 바람직한 행동(수업) 다음에 바람직하지 못한 행동(침팬지 이야기)을 계획하고 배열하여야 한다. 이것이 곧 높은 가능성 행동(침팬지 이야기)이 조건이 되어 낮은 가능성 행동인 수업의 효과를 갖게 하는 것이 Premack의 원리인 것이다.

6) 행동치료

여기서 말하는 행동치료는 학습이론을 적용하여 행동을 조작·변화시키는 정신치료를 말한다. 모든 인간행동은 어려서부터 성장하면서 학습된 것이므로 이상행동은 이상성 있는 학습을 하며 성장하였기 때문에 이상하게 학습된 행동을 바른 행동을 바꾸도록 학습이론에 따라 학습시킴으로써 이상행동을 소멸시킬 수 있다고 본 것이다.

행동치료에서 주로 사용하는 학습이론은 파블로프의 고전적 학습이론과 스키너의 조작적 학습이론이다.

치료자는 강화기계가 되어 내담자의 행동을 관찰하고 교정할 행동을 설정하고 반응하여 내담자의 반응이 바르면 정적 강화를 부여하고 바르지 않으면 부적 강화를 부여하거나 소멸시키어 행동을 수정해 간다. 비사교적인 아동의 치료를 예로 든다면 아동들은 교사의 인정을 받으려고 하므로 교사의 인정을 강화원리에 따라 체계적으로 사용하여 아동이 사교적인 반응을 보일 때, 주의와 관심을 보이고 혼자 있을 때, 관심을 보이지 않음으로써 아동의 사교적인 행동은 점차 증대되게 한다.

행동치료의 장점은 이론이 명료하고 이해하기 쉬워 치료자가 되는데 훈련이 비교적 간단하다는 것이다. 그러나 동물 치료실에서 발견한 이론을 인간에게 적용하는 데는 무리가 된다는 반론도 있다.

참고 문헌

김용래(1985). 교육심리학. 서울: 세광출판사.

Allyon, T. & Michael, J.(1959). *The psychiatric nurse as a behavioral engineer*, Journal of Experimental Analyses of Behavior. 3, pp. 323~334.

Bandura, A. & Harris, M. B.(1966). *Modification of syntatic style. Journal of Experimental child Psycholody. 4,* pp. 341~352.

Daley, M. F.(1969). *The reinforcement menu: Finding effective reinforcers*, In J. D. Krum-boltz and C. E. Theoresen(ed.), *Behavioral Counseling: cases and echniques*, New York: Holt, Rinehart, and Winston. pp. 42~45.

Premerk, D.(1959). *Toward empirical behavior laws: Positive reinforcement, Psychological Review.* 66, pp. 219~233.

저자 소개

✍ 임채식

건국대학교 대학원 교육학과 석사

건국대학교 대학원 교육학과 박사

전, 한국전문대학 유아교육과 교수협의회장, 영유아교육학회장

건국대학교, 인하대학교, 인천대학교,

경기대학교, 동남대학, 부천대학 강사

현, 인천재능대학교 유아교육과 교수

열린유아교육학회 이사

한국교육학회 영구회원

이메일) yugy018@hanmail.net

✍ 권숙진

한양대 교육공학과 (이학사)

한양대 대학원 교육학석사

한양대 대학원 교육학박사

LG CNS 대리

현) 호원대 유아교육과 부교수

이메일) sukjinkwon@gmail.com

✍ 류관열

계명대학교 교육학 학사, 석사, 박사

전, 계명문화대, 가톨릭상지대, 경운대, 동국대, 대구과학대 강사

대구과학대 조교수

현, 계명대학교, 대구과학대 강사

이메일) sanhanl@dreamwiz.com

교육심리학

초판인쇄 2017년 8월 25일
초판발행 2017년 8월 31일

2017. 8.

저 자 임채식 · 권숙진 · 류관열
발행인 김현태
발행처 태영출판사

주 소 (08301) 서울 구로구 구로동 104-10 동남오피스텔 201호
전 화 02 · 839-3757, 839-3752
팩 스 02 · 837-3754
등 록 2005년 5월 30일 제12-421호
http://www.taeyeongbook.co.kr
E-mail tys2005@hanmail.net
ISBN 978-89-6302-216-1 93370
정 가 16,000원